民國書籍文化雜記

荣杰 著

国家图书馆出版社

图书在版编目（CIP）数据

民国书籍文化杂记 / 荣杰著. — 北京：国家图书馆出版社，2023.10

ISBN 978-7-5013-7824-1

Ⅰ.①民… Ⅱ.①荣… Ⅲ.①出版工作—文化史—中国—民国 Ⅳ.①G239.296

中国版本图书馆CIP数据核字（2023）第086786号

书　　名　民国书籍文化杂记
著　　者　荣　杰
责任编辑　谢阳阳
责任校对　刘鑫伟
扉页题签　荣德福
封面设计　王新颖

出版发行　国家图书馆出版社（北京市西城区文津街7号　100034）
（原书目文献出版社　北京图书馆出版社）
010-66114536　63802249　nlcpress@nlc.cn（邮购）
网　　址　http://www.nlcpress.com
排　　版　九章文化
印　　装　北京金康利印刷有限公司
版次印次　2023年10月第1版　2023年10月第1次印刷

开　　本　710×1000　1/16
印　　张　21.25
字　　数　255千字
书　　号　ISBN 978-7-5013-7824-1
定　　价　88.00元

从“爬架子”说起

——《民国书籍文化杂记》自序

这本小书从动议到付梓，一晃竟然已经过了十多年。都说十年磨一剑，若要拿来形容这本书，却需要将其中的含义改一改，即“磨”在这里并非是“磨砺”，而是“磨蹭”了。也正是因为自己的懒散与磨蹭，这本小书的诞生才一直拖延到了现在。出版之际，检点书稿，又不免想起了自己与民国书的细碎往事。

2006年，偶然的机会，我成了国家图书馆民国书刊库的看门人。说实话，那时候我对所谓的民国书实在茫然无知，至多是从琉璃厂古旧书市中得来的一知半解，晓得民国时候商务印书馆、中华书局出了很多书，牛得很；听说过新文学的什么本子很少见，贵得很，仅此而已。至于民国书里能有什么样的学问，可以怎样研究，根本无从谈起。

大概是这一年的春节前后，我第一次进了库房。这也是我在国图工作八年以来，第一次走进大书库。大书库果然是名副其实的大，每层分作南中北三个库，如果从一头往另外一头望过去，满眼都是士兵一样整齐肃立的书架，说望不到边也不算夸张。大书库的书架不同于阅览室的，要更高、更密，每架上满满的全是书，俨然已经成了书墙。我那时候感慨，在这工作真是“坐拥书城”了！民国书刊库其实不在一起，一部分在负一层，一部分在十二层。我到十二层的时候，忽然感觉自己钻进了故纸堆中，身边一派的沧桑沉寂。随手翻检一本，手指便黏上泛黄的纸屑。见到一个土纸的包裹，打开看看，经年的灰尘就蹭了满手，至于里面一大摞的油印本也无不是“灰头土脸”。陪我一道进库的同事开玩笑说，这些书都是陈年物件，上面的灰说不定还是一百年前留下的。后来我才知道，这些书都是尚待整理的馆藏。

面对这些满架林立的民国书刊，我一时很是踌躇，不知如何下手。一位同事点拨了我几句，叫我去“爬架子”，简单说就是一架书一架书地看；随便怎么看，一目十行亦可，地毯式翻检亦可，逐字逐句读亦可，只看封皮亦可，总之就是先“漫无目的”地进去逛。不过一定要坚持，一架一架地走下去，把库房转个遍，这样慢慢就会发现书中的奥妙。于是，接下来的日子里，只要有空我就进库里去“爬架子”。至于为什么叫“爬架子”，我也是渐渐才明白。大书库的书架都是“顶天立地”的。我一米七八的个子，抬手够最顶层的书还略显吃力，若想看清楚那里的书，必须要踩着脚蹬。这样身子几乎都贴在了架子上，双手还要不时举过头顶，那样子恐怕还真有些像在架上攀爬吧！

就像“爬格子”是作家独有的运动，我想“爬架子”也应当算作图书馆员特有的运动了吧？我很感激发明这项“运动”的前辈，因为它为我打开了一座全新的宝库。我那时候曾经用废纸钉成手掌大小的册子，随身携带、随手记录，逐渐也有了五六本。我给它们送了个雅号“爬架册子”，算作我爬架子的成果见证。现在再来翻看当时的记录，也真是“东一榔头西一棒子”：哪本书破得简直要散架了，哪本书上发现了奇怪的印章或者标记，哪本书印得格外精美，哪本书做得实在潦草，哪本书的封面很是别致，哪本书的排版很是独特，哪本书翻译得实在“高深”，凡此种种，不厌琐碎，随看随记，自得其乐。若是发现某位大人物的签名或者批注，那就更是“可喜可贺”了，必要记上一笔。这些小发现虽然微不足道，却常能带给我喜悦，因为我隐隐感到，继续这样摸索下去，还会有更大的“惊喜”。

过眼的书渐次多了，疑问自然也就多了。第一个引起我注意的是民国书的纸。我每次爬完架子，必是两手灰尘、一身纸屑。对架上的书再是小心翻动、轻拿轻放，也不能避免纸屑脱落。同事都说，库里的书，最糟糕的就要属民国书了，年头不长，“身板太弱”，稍微碰碰就掉渣。后来，在网上看到一些报道，方才知道原来其他图书馆的民国书也大体如此。既然做了民国书刊库的看门人，也就不免想弄明白它们何以年纪尚未满百，却衰朽至如此，同时更想看看还有什么挽救的办法。这就需要去把它们的肉身，也就是用纸搞清楚。可是动手一查才发现，一时竟然找不到这方面的详细材料。大多数民国出版史的论著对于当时出版物的用纸情况几乎只字未提，少数几本略有提及，也是一带而过，提一下“白报纸”“道林纸”“土纸”之类的，便话锋一转说旁的去了。我那时候就感慨，古籍离开我们动辄数百年，但是对纸张的讲究还能说得明白，怎么距离现在不过百年的民国书刊用了什么纸、有什么讲究，却反倒模糊起来了呢？

寻找答案，我的办法仍然是“爬架子”，只不过这一回算是“改良版”，不再漫无目的，而是聚焦于用纸；不再随心所欲，而是一本一本地翻。逐渐地，原本书上提到而不知何物的“白报纸”“道林纸”“土纸”，我终于得以见到真容：原来所谓的“白报纸”早已“花容失色”，成了整日“脱发”的“黄脸婆”；道林纸果然“驻颜有术”，虽历久而不失高贵本色；“土纸”有如背朝黄土面朝天的农夫，虽然土里土气，但是“筋骨结实”。再进一步分析，结合这些书的主题内容、出版时间、出版地域等信息，又发现：不同时段、不同地域，甚至不同来历的书，用纸也有差别。比如，清末的“维新书”多用道林纸“精印”，抗战时期的大后方几乎就是土纸书的天下，等等。

这一回的尝试着实令我兴奋，但这兴奋其实并不在于上面的发现，而是由此意识到的一个问题：一本民国书，除去它最易为人所注意的文本内容之外，剩余的“边边角角”，比如用纸、封面、排版，以及版权页上的那些出版信息都有特定内涵，值得拿来研究；将这些片段信息加以聚合、对比，一些原本隐蔽的历史信息就有可能被发掘出来。这个时候，我更是觉到“爬架子”的“妙处”。考古学有田野调查，社会学有社会调查，“爬架子”也许就是图书馆员的“田野调查”“社会调查”吧。

我相信，置身于文献的“广大田野”中，“一草一木”皆有惊喜。果然，之后引起自己关注的“点”越来越多了。比如，同样是书的版权页，有的不仅内容完备，而且形制规范；但有的简直潦草到了不像话的地步，不印书名、著者，甚至连价格都不标。版次信息也是五花八门，同样一本书居然会有两个时间不同的初版本或再版本。同一家书局同一年所出的书，篇幅、体量基本相当，标价却相差几十倍甚至数百倍；而有些书又居然没印书价，难道是免费奉送？还有的书版权页上会贴一方类似邮票的纸片，上面还加盖了印章——这其实是版权印花——只是我那时候却不晓得。可是，为什么同一个书局的书，有的就会贴，有的又不贴呢？总之一段时间之后，类似的现象东鳞西爪地发现了不少。我很是欣喜，因为这些不寻常的现象背后一定有值得挖掘的内容，但同时又感到困惑，现象见到了，但是内中的含意却茫然不知。去翻已经出版的几部近现代出版史，几乎找不到直接的答案。原因并不是出版史的疏忽，而是叙述角度与关注点的不同。

这时候，我偶然翻到了多年前在旧书摊淘到的唐弢先生的《晦庵书话》，一篇一篇读了起来，越看越觉得眼前发亮，因为这里提及的很多内容正可以解释之前的疑惑。于是我找来更多类似的书话，又翻出手头的《藏书报》，里面也多有这样的书话。从这里主要得到两点收获，其一是越读思路越活，观察一本书的视角也就变得更加立体了；其二就是从书话里知道了久负盛名的张静庐先生编的《中国近代现代出版史料》。进库去找，皇皇八册立在架上，厚重感十足。一本一本翻看起来，接着就又得到了一个启发，原始文献似乎更有助于回答我之前的疑惑。看这些史料，有不少是引自民国期刊，便又将寻找的目光投向了它们。那时候，民国书主要在大书库的十二层，民国刊都收藏在地下一层，我经常就在这两处跑来跑去，真有点“上下求索”的意思了。

翻民国刊的收获也不小，发现了一些和民国出版史关系密切的老刊，比如商务印书馆的《出版周刊》《同行月刊》，还有《出版界》《印刷艺文月报》，等等。这里面的文章多是当时业内人士或者读者所做，可算得是第一手的史料，十分重要。更为难得的是，这个时候一批民国出版史料相继出版，民国报刊的全文影像数据库也相继推出，使得原本埋没在尘土之下的珍贵史料得以重见天日。即如《申报》，毫无疑问就是一个出版史料的巨大宝库。这样，我之前“田野调查”所得的“零星碎片”，放到由这些一手史料构建起来的历史“坐标系”中，便呈现出了新的信息，有了对现象加以合理解释的可能。

这本小书里的小文章也就是在这个过程中陆续得到的成果，大体说主要有三个部分。一是有关用纸的，即“纸上谈书”部分。这里面粗略地将民国时期出版物用纸的主要类型和变化情况与变化原因进行了梳理。二是有关民国图书版本与价格问题的，即“版权页里的玄机”部分。这都是从版权页上的内容而来，比如版权页所反映出来的版权保护意识和措施、抗战全面爆发前后出版业生态的主要变化，再有就是有关图书价格的问题。三是有关民国出版市场的，即“书里书外”部分。主要是梳理史料，呈现民国出版市场中的一些“边边角角”，比如“古书年”、“一折八扣书”、《新元史》的代销纠纷与版权官司，等等。

这些文章所想表达的概括起来，大概是这样的一个意思：晚清民国这一段不长的历史，却是天翻地覆的巨变年代，东西交汇、新旧杂糅。世道变了，人心变了，出的书也跟着变了，从里到外都变了；但这变化又不是一蹴而就的，也不是从天而降的，新的大体是从旧的中脱胎出来的。这些变化中的曲折回环，有些就化为那个时代文献肉身上不可抹去的历史烙印。由此入手，梳理总结这些现象，解读其传达出的信息，探究其背后的成因，也可以是民国书籍文化史研究的一条路径吧。

书的后面还附录了几篇史料性质的文字，大多原载于《申报》。这几篇是属于我过眼史料中印象比较深的。《申报》上刊登的有关民国出版业的文章并非全出自业内人士之手，所做的分析虽然有可取之处，但是有些即便在我这个同样的外行看来都觉得难以实现，有自说自话之叹。这样比较，就更显得业内人士的记述和议论更为难得。《书店杂景》和《各书局印象记》是两篇长文，作者都是李衡之先生。可惜的是，我孤陋寡闻，即使查了手头的资料，总还是不清楚他的情况。但从他的记述推断，李先生当是业内人士，且十分留心时事，因此在很多问题上讲得很透。至于《开明书店创业十周纪念特刊》，更是难得的史料。当初开明十周年时曾经出过一种纪念的集子，两册。我知道后专门进库去找，猜想里面必定会有大量的史料。可是打开看罢，不免失望，所收的都是散文、小说之类的文学作品。我那时候还想，开明的十年大庆未免有点潦草了吧。正因为有这个前情，当我在《申报》上见到整整两个版面的纪念特刊，除了激动外似乎又多了份亲切。都说20世纪30年代是出版业的黄金时代，但是黄金时代却又赶上了种种的困境，我觉得这三篇文献无疑为我们全面把握这个时代的出版业生态提供了重要的史料支撑。至于《独立出版社的苦斗》一文，最大的特点就是作者花了大量笔墨，不厌其烦地记载了20世纪40年代初期重庆等大后方地区出版物资（纸、墨等）的具体价格，把这些叫人眼花缭乱的数字加以分析，对于了解40年代大后方出版业的细节无疑具有意义，因此也收录进来了。书中所引用的史料和附录中的史料，大多也是出自《申报》、上面提及的刊物和出版史著作。因为不想写成学术论文，所以引用的史料大多没有标注出处。民国时期的行文习惯、标点方式和现在多有不同，为了保持原汁原味，所引原文除了排版错误、明显错字、不当标点直接改正外，全部照旧，也不加说明了。民国书的版本情况也较为复杂，书中引用的图书信息主要依据过眼的版本，可能还有其他版本，彼此存在差异。书中的书目信息主要根据版权页内容著录，不足的尽量补出，译著未注明原作者的尽量补录作者及其国籍，无法查核的，只好空缺。

这本小书终于能够出版，离不开领导与朋友的热忱帮助。感谢国图对我二十多年的培养，引我步入书籍的殿堂；感谢我曾供职的典藏阅览部同人的鼓励与帮助，使我得以沉浸式体验到民国文献的魅力；感谢《藏书报》的支持，肯于刊登我的那些“豆腐块”文章，这本书正是在此基础上写出来的；感谢国家图书馆出版社的支持，让这本小书得以面世；还要感谢我的父亲为这本书题写了书名。

刊行之际，心情不免如同大考交卷，书中错处，恳请读者不吝赐教。

目录

纸上谈书

版权页里的玄机

书里书外

附 录

纸上谈书

纸是书的肉身，影响着书的风貌，决定着书的寿命。为什么民国书刊和传统古籍在外观上有着如此明显的差异？为什么很多民国文献都会发黄变脆？为什么抗战时期大后方的书大多与众不同？为什么民国文献虽然不过百年却已亟须保护？所有这些问题都与其用纸密切相关。谈民国文献、谈民国出版史，不能不谈纸。

从手工纸到机制纸

自从纸张得到广泛使用后，我国古籍一直使用手工制造的纸张印刷。但是，近代以来这一局面发生了根本变化，手工纸在文献印刷上的统治地位逐渐为机制纸所取代。所谓机制纸，也就是以机械化方式生产的纸张。今天我们所见的民国时期印制的书、报刊等文献基本上都是用机制纸印刷的（抗战时期的大后方等地区除外，之后会专门提到）；即便是当时的线装书，有一些也是用机制纸印刷。可以说，机制纸已经是民国出版印刷业须臾不可或缺的物质基础了。

从手工纸到机制纸的变化发生在19世纪末至20世纪初。潘吉星先生在其《中国造纸史话》中就曾指出，这个时期“在中国是手工纸与机制纸并存时期，但仍以手工纸为大宗，同时也以印刷机用两种纸印刷。再往后，机制纸产量大增，最终取代手工纸成为主要用纸”。《申报》1928年12月8日所载王百雷《中国之造纸事业》一文曾对这一变化原因做过分析：“中国改用洋纸之始，当在通商之后，而其用途增进之速则在戊戌改变之后，当时废科举、立学校、翻译东西洋书籍，以灌输各种新学说，于是印刷之事业渐次发达，而国内所产之纸全系手工，出货既迟，售价尤贵，且又不能两面印字，外人窥此弱点，遂乘□将洋纸输入吾国。品质既坚，价格又较低廉，不数年，洋纸之行销国内飞□猛进。”这里所谓的“洋纸”，即指机制纸。

从这段记述中我们不难发现，机制纸取代手工纸主要有以下几个原因。

首先是时代原因。近代以来，中国千年未有之大变局使全社会深感救亡图存的迫切，各种言论、各种思潮、各种主张对传播媒介的迫切需要，政治、经济、工程技术、自然科学著作译介活动的持续推进，新式教育对各类教材的巨大需求等极大地刺激了新闻出版业的发展。图书、报刊的出版发行，无论是单体出版量，还是整体规模都是之前所无法比拟的，对文献生产方式、印刷材料自然也会提出新的要求。其次是技术原因。清末以来，石印、铅印等当时较为先进的印刷技术及与之配套的印刷机械陆续进入中国，印刷速度得到了大幅度提升，据戈公振《中国报学史》记载，“光宣间，石印机与铅印机输入日多，报纸每日可出数千大张”。1906年华府台单滚筒机的印刷速度已经达到每小时1000张，1908年商务印书馆开始使用铅版印刷机，每小时可印1500张左右。除了印刷速度的提升，机械印刷的品质也非传统手工印刷所能匹敌，时人曾以“细若牛毛，明如犀角”来形容石印书籍的清晰程度。而当传统手工纸面对新式机械印刷时，却暴露出了诸多问题，比如纸张“厚薄不均，机器印转速不能快”，“纸毛落在印版上就形成墨团”等，而这恰恰限制了机械印刷优势的发挥。此外，印书报的手工纸大多薄而软，受湿易破，不利于运输保管。相比而言，机制纸则不存在这些问题，无论是纸张强度、透墨性，还是幅面都更适合机械印刷的要求。最后是成本因素。当时手工纸生产工艺墨守成规、鲜有改良，劳动生产率极低。朱积煊《制纸工业》（中华书局，1949年）中记载，“一日间六七工人所造之纸，尚不及机械一分钟所出之多”，类似的记述亦不少见。一边是人吃马喂、耗工耗时，一边是分秒即成、省时省工，两者成本自不可同日而语。时人曾就几种机制纸和手工土纸价格进行比较，三种机制纸的平均价格比对应的三种手工土纸平均价格便宜近六成，优势可见一斑。本土手工纸不敌机制纸还有一个重要原因，即外洋倾销。自清末始，欧美、日本等造纸大国，“以过剩之纸张，趁中国关税不能自主，陆续输入中国竞卖。价虽跌至成本之内，亦所不惜，只

《点石斋画报》中的近代印刷

求脱货而已”（沈叔夏，《中国造纸所需原料问题》，《申报》1928年6月12日本埠增刊第六版）。正因如此，绝大部分民国出版物系用进口外洋纸印刷。当时人们习惯说的“洋纸”，也就是指进口的各种机制纸。

作为一种工业产品，机制纸因为原料、加工工艺、用途的差异自然也有不同的品种，再加上翻译成中文，以及实际使用过程中的“约定俗成”，也就有了不少名目。1937年第1期的《艺文印刷月刊》刊登了吴康卿《纸张种类名称表》，其中开列的当时普遍用于印刷的纸张就多达68种。1939年第4期的《编译月刊》登载了周琎《印刷杂志的各种纸张及选用原则》一文，其中开列了九大类可用于杂志印刷的纸张，具体包括报纸（News Print或News Printing Paper）、瑞典纸

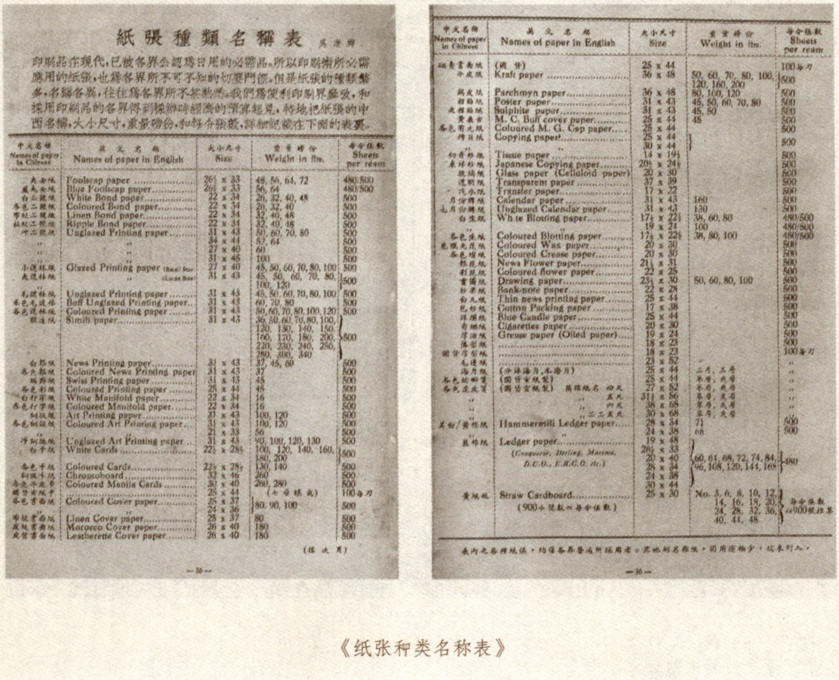

紙張種類名稱表 吳康卿

印刷品在現代，已被各界公認為日用的必需品。所以印刷術所必需應用的紙張，也為各界所不可不知的切要問題。但是紙張的種類繁多，名稱各異，往往為各界所不能熟悉。我們為便利印刷界參考，和採用印刷品的各界得到採辦時經濟的預算起見，特地把紙張的中西名稱，大小尺寸，重量磅份，和每令張數，詳細記載在下面的表裏。

中文名稱 Names of paper in Chinese	英文名稱 Names of paper in English	大小尺寸 Size	重量磅份 Weight in lbs.	每令張數 Sheets per ream
[illegible]	Foolscap paper	26½ x 33	48, 56, 64, 72	480/500
[illegible]	Blue Foolscap paper	26½ x 33	56, 64	480/500
[illegible]	White Bond paper	22 x 34	26, 32, 40, 48	500
[illegible]	Coloured Bond paper	22 x 34	26, 32, 40	500
[illegible]	Linen Bond paper	22 x 34	32, 40, 48	500
[illegible]	Ripple Bond paper	22 x 34	32, 40, 48	500
[illegible]	Unglazed Printing paper	31 x 43	50, 60, 70, 80	500
”	”	34 x 44	52, 64	500
”	”	27 x 40	60	500
”	”	31 x 46	100	500
小道林紙	Glazed Printing paper (Small Size)	27 x 40	45, 50, 60, 70, 80, 100	500
大道林紙	” (Large Size)	31 x 43	45, 50, 60, 70, 80, 100, 120	500
毛道林紙	Unglazed Printing paper	31 x 43	45, 50, 60, 70, 80, 100	500
[illegible]	Buff Unglazed Printing paper	31 x 43	60, 70, 80	500
[illegible]	Coloured Printing paper	31 x 43	50, 60, 70, 80, 100, 120	500
[illegible]	Simili paper	31 x 43	36, 50, 60, 70, 80, 100, 120, 130, 140, 150, 160, 170, 180, 200, 220, 230, 240, 250, 280, 300, 340	500
白報紙	News Printing paper	31 x 43	37, 45, 60	500
[illegible]	Coloured News Printing paper	31 x 43	37	500
瑞典紙	Swiss Printing paper	31 x 43	45	500
[illegible]	Coloured Printing paper	25 x 44	45	500
白打字紙	White Manifold paper	22 x 34	16	500
[illegible]	Coloured Manifold paper	22 x 34	16	500
銅版紙	Art Printing paper	31 x 43	100, 120	500
[illegible]	Coloured Art Printing paper	31 x 43	100, 120	500
”		21 x 33	56	500
[illegible]	Unglazed Art Printing paper	31 x 43	90, 100, 120, 130	500
白卡紙	White Cards	22½ x 28½	100, 120, 140, 160, 180, 200	500
[illegible]	Coloured Cards	22½ x 28½	130, 140	500
[illegible]	Chromoboard	32 x 46	260	500
[illegible]	Coloured Manila Cards	30 x 40	260, 280	500
[illegible]		25 x 44	[illegible]	100 每刀
[illegible]	Coloured Cover paper	25 x 37	80, 90, 100	500
”	”	24 x 36		
[illegible]	Linen Cover paper	25 x 37	80	500
[illegible]	Morocco Cover paper	26 x 40	180	500
[illegible]	Leatherette Cover paper	26 x 40	180	500

（待續）

—30—

中文名稱 Names of paper in Chinese	英文名稱 Names of paper in English	大小尺寸 Size	重量磅份 Weight in lbs.	每令張數 Sheets per ream
[illegible]	[illegible]	25 x 44		100 每刀
牛皮紙	Kraft paper	36 x 48	50, 60, 70, 80, 100, 120, 160, 200	500
[illegible]	Parchmyn paper	36 x 48	80, 100, 120	500
[illegible]	Poster paper	31 x 43	45, 50, 60, 70, 80	500
[illegible]	Sulphite paper	31 x 43	45, 50	500
[illegible]	M. C. Buff cover paper	25 x 44	45	500
[illegible]	Coloured M. G. Cap paper	25 x 44		500
[illegible]	Copying paper	25 x 44		500
”	”	30 x 44		
[illegible]	Tissue paper	14 x 19½		500
[illegible]	Japanese Copying paper	20½ x 24½		500
[illegible]	Glass paper (Celluloid paper)	20 x 30		500
[illegible]	Transparent paper	37 x 39		500
[illegible]	Transfer paper	17 x 22		500
[illegible]	Calendar paper	31 x 43	160	500
[illegible]	Unglazed Calendar paper	31 x 43	130	500
[illegible]	White Blotting paper	17½ x 22½	38, 60, 80	480/500
”	”	19 x 24	100	480/500
[illegible]	Coloured Blotting paper	17½ x 22½	38, 80, 100	480/500
[illegible]	Coloured Wax paper	20 x 30		500
[illegible]	Coloured Crease paper	20 x 30		500
[illegible]	News Flower paper	21½ x 31		500
[illegible]	Coloured flower paper	22 x 25		500
[illegible]	Drawing paper	23½ x 30	50, 60, 80, 100	500
[illegible]	Bank-note paper	22 x 28		500
[illegible]	Thin news printing paper	25 x 44		500
[illegible]	Cotton Packing paper	17 x 38		500
[illegible]	Blue Candle paper	25 x 44		500
[illegible]	Cigarettes paper	20 x 30		500
[illegible]	Grease paper (Oiled paper)	19 x 24		500
[illegible]		18 x 23		500
[illegible]		18 x 23		100 每刀
[illegible]		23 x 52		”
[illegible]	[illegible]	25 x 44	[illegible]	”
[illegible]	[illegible]	25 x 44	[illegible]	”
[illegible]	[illegible]	27 x 52	[illegible]	”
”		31½ x 56	[illegible]	”
”		38 x 68	[illegible]	”
”		30 x 68	[illegible]	”
[illegible]	Hammermill Ledger paper	28 x 34	71	500
”	”	24 x 38	68	500
[illegible]	Ledger paper (Conqueror, Darling, Maxima, D.C.O., E.R.C.O. etc.)	19 x 48 26½ x 33 20 x 40 28 x 34 24 x 38 30 x 44	60, 64, 68, 72, 74, 84, 96, 108, 120, 144, 168	480
黄紙板	Straw Cardboard (900÷號數=每令張數)	25 x 30	No. 3, 6, 8, 10, 12, 14, 16, 18, 20, 24, 28, 32, 36, 40, 44, 48	每令張數以900號數計算

表內之各種紙張，均係各界普通所採用者。其他別名稱紙，因用途極少，故未列入。

—36—

《纸张种类名称表》

（Swedish Printing Paper）、道林纸（Glazed or Unglazed Printing Paper或Calendered and Sized or Uncalendered and Unsized Printing Paper）、铜版纸（Art Printing Paper）、模造纸（Simili Paper）、普通书面纸（Coloured Cover Paper）、花纹书面纸（Embossed Coloured Cover Paper）、布纹书纸（Linenfaced Coloured Cover Paper）及西制中纸。《申报》1936年2月21日连载的《上海之造纸业（三）》一文提及了出版印刷常用的报纸（新闻纸）、道林纸、有光纸及连史纸等几种纸张。以我的观察，民国书刊使用最多的为新闻纸，其他常见的印刷用纸还包括道林纸、有光纸、铜版纸等。

“掉渣”的旧书

接触过民国文献的朋友都会注意到，民国书刊报的纸张大多已经泛黄变脆，有的甚至稍加翻动就会“掉渣”。这样的情况在20世纪二三十年代出版的民国书报刊中十分普遍。那时候我在书库里整理民国书，一天下来衣服上都是纸渣碎屑。不管翻动得如何小心，这些如同头皮屑一样的碎屑还是不可避免。

这种“盛产头皮屑”的纸主要是“白报纸”。

“白报纸”是民国时期人们的一种习惯叫法，在不少史料中常能见到，但并不准确，按照现在的纸张分类标准，应称为“新闻纸”。当时，还有“报纸”“白报纸”“普通印书纸”的叫法，大体都是指新闻纸。根据朱积煊《制纸工业》一书的记载，新闻纸是用碎木纸浆、亚硫酸盐木浆及苛性钠木浆制成。碎木纸浆因价格低廉及抄造便利，故多为主要原料，约占十分之七八。由于新闻纸生产成本相对低廉，且较适于书刊及报纸的印刷，因此在出版印刷中使用最为广泛。我所见到的国图馆藏民国书刊（不包括线装书）及报纸使用最多者即为新闻纸。据经验判断，除抗战时期外，新闻纸图书占民国时期图书总量的80%以上，期刊当占总量的90%以上，至于报纸则几为百分之百了。当时有人曾经说“报纸一项，在国内用途为最大”，由此看是有根据的。

白报纸如今的颜色基本都已经不再“白”了，而多呈现出黄褐色（类似牛皮纸的颜色）。一些时间相对较早（如20世纪20年代出版）和纸张质量较差的书，颜色就更深一些，相应的碎屑也就更多一些。从文献保护的角度说，这种情况叫作纸张老化。纸张一旦老化就会出现变色变脆的情况，如果任由其发展下去，最终将变成一堆纸屑。所以这个问题对于文献来说是致命的，可谓是民国文献的“癌症”。

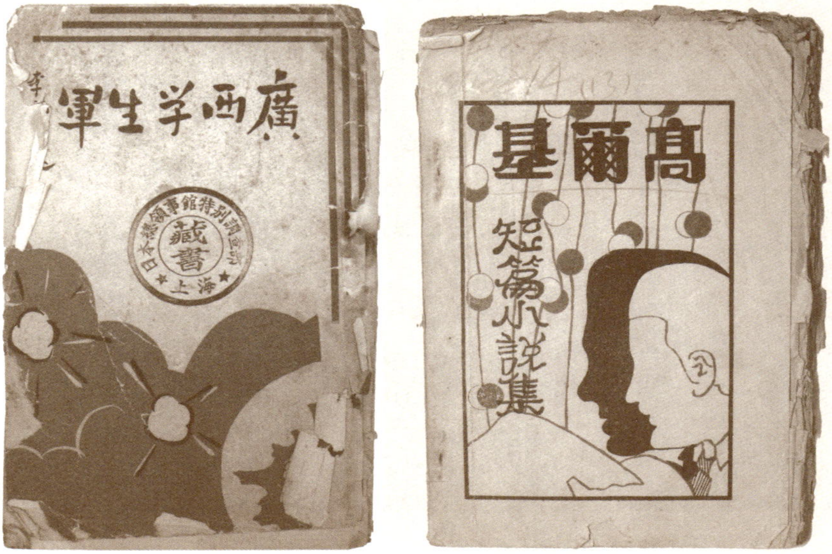

掉渣的白报纸

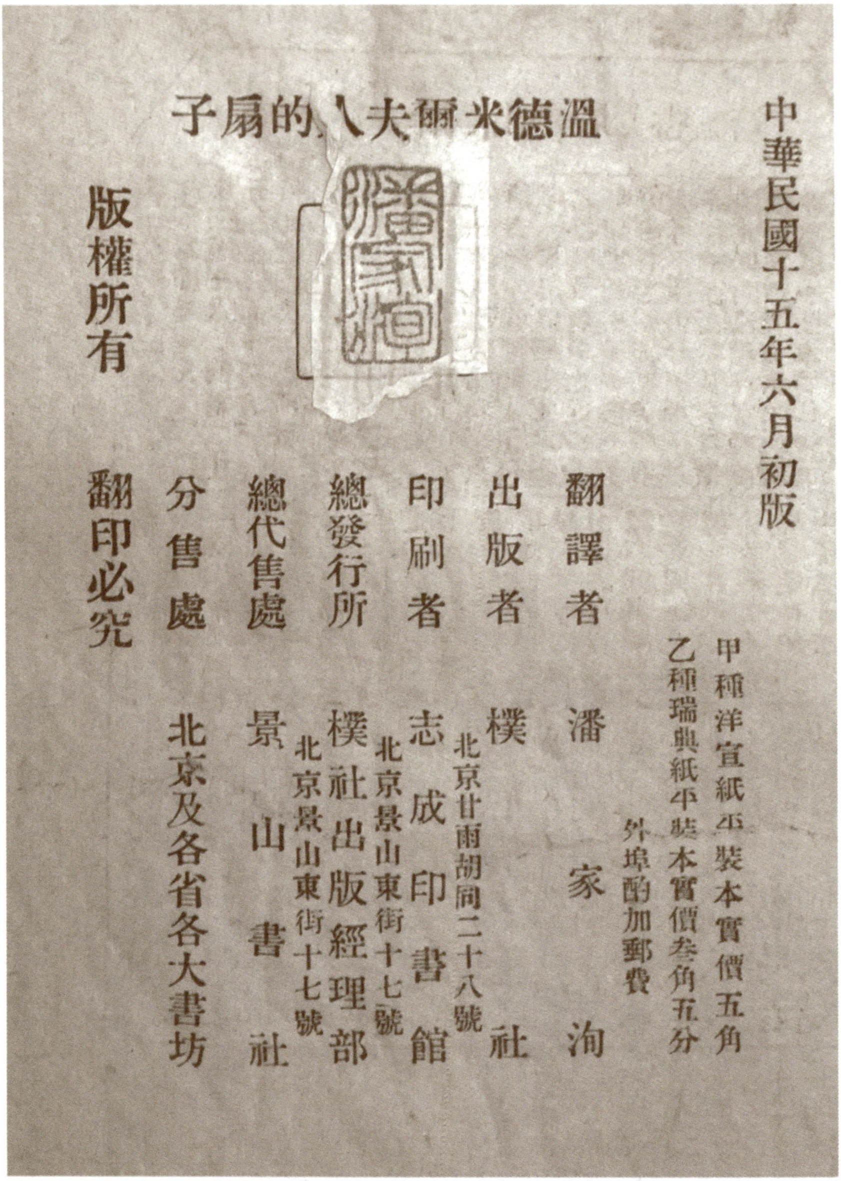

溫德米爾夫人的扇子

中華民國十五年六月初版

甲種洋宣紙平裝本實價五角
乙種瑞典紙平裝本實價叁角五分
外埠酌加郵費

翻譯者　潘家洵

出版者　樸社　北京甘雨胡同二十八號

印刷者　志成印書館　北京景山東街十七號

總發行所　樸社出版經理部　北京景山東街十七號

總代售處　景山書社

分售處　北京及各省各大書坊

版權所有　翻印必究

瑞典纸

新闻纸为什么如此容易老化呢？简单说来，纸张是由无数的纤维交结在一起而构成的。可以说，纤维就是纸张的骨骼筋脉。而纤维一旦大量老化断裂，纸张自然也就距离“粉身碎骨”不远了。加速纤维老化的因素中，酸性物质是主要推手。而新闻纸中本就有大量的碎木纸浆，纸浆中含有大量叫作木素的物质。木素本身并不稳定，酸性环境更易促其分解，释放出酸性物质和一些有机物质，这些就成了新闻纸自断筋骨的“癌细胞”。随着时间的推移，“癌细胞”对纤维的破坏越来越大，新闻纸自然也就呈现出了越来越严重的老化现象。对于这个问题，其实民国时就已经有些人注意到了，《申报》1926年10月22日登载的《书籍的装订和印刷》一文中就说，“最坏的是新闻纸，时间一长色便变黄了”。

在一些史料中还记载了一种“瑞典纸”，据《邮局代购书籍目录》第一期上册（1935年1月，交通部邮政总局所辖驻沪供应处印行）记载，北平的景山书社1933年7月初版的《左氏春秋考证》《诗辨妄》、1933年4月初版的《朱熹辨伪书语》、1931年8月第六版的《古史辨》第一册、1930年11月再版的《古史辨》第二册、1931年11月初版的《古史辨》第三册、1933年3月初版的《古史辨》第四册及1936年5月再版的《戴氏三种》等书均曾使用瑞典纸印刷。《申报》1930年1月18日刊登的《人权论集》一书广告中也以“用上等瑞典纸精印”标榜。我曾经专门找来其中的几种查看，发现这些标注了瑞典纸的书，“外貌特征”同新闻纸基本一致，只不过比一般的新闻纸要厚实一些，同样已经变色发黄，后来翻阅史料也验证了我的经验判断。瑞典纸其实也是一种新闻纸，不过印刷界因为它的品质比较好，特地把出产国的国名连着称呼，以区别一般的新闻纸。曾有人将瑞典纸、一般新闻纸和道林纸进行比对，称“瑞典纸优于报纸而次于道林”（《信纸谈》，生兰,《申报》1925年7月8日本埠增刊第一版)。

在新闻纸成为出版印刷首选之前,还有一种机制纸曾经广泛使用,这即是有光纸。有光纸是一种薄页、单面光的文化用纸,因其正面光滑、反面毛糙,取正面之性质,故命名为有光纸。我国东北、华北地区也把这种纸叫作雪连纸或粉连纸,出版界、印刷界则亦称之为“洋毛边”,有些文献中还称为“油光纸”。所见文献中亦有称为“光蜡纸”的,如上海文明书局光绪二十九年(1903)5月出版的《群学肄言》版权页即标注为光蜡纸。今天常见的清末民初扫叶山房、文明书局等老书局的石印本线装书,很大部分就是用有光纸印制的。

据说,用有光纸印制书刊是我国所独有的“发明”。据商务印书馆元老之一的高翰卿回忆,用有光纸印书是商务印书馆夏瑞芳想出来

光緒二十九年四月印刷
同　年五月發行
(羣學肄言每部四冊)
棉料紙每部定價三元
連史紙每部定價二元七角
光蠟紙每部定價二元五角
版權所有
原著者　英倫斯賓塞爾
繙譯者　侯官嚴復幾道
發行者　上海文明書局
印刷所　上海四馬路胡家宅　文明書局活版部
發行所　上海棋盤街北首　文明書局發行所
發行所　北京順治門外北半截胡同　北京文明書局

有光纸本《群学肄言》版权页

商务印书馆《御批历代通鉴辑览》书影

的，商务印书馆所出的《御批历代通鉴辑览》即是用有光纸印刷的。《申报》1936年2月21日所载《上海之造纸业（三）》对有光纸的兴衰曾有简略的概括："从前各书局印刷小说、教科书等所用纸张，以有光纸为最多，故各洋行常有大宗定货。近年来报纸售价低廉，如与有光纸比较，相差无几，且有光纸仅能一面印刷，不若报纸便利，因是各书局均已改用报纸，即墨色石印书局印刷旧式书，亦皆改用报纸，故近来有光纸销路已大不如前矣。"因为有光纸中也含有大量碎木浆，因此也和新闻纸一样，存在严重老化现象，很多已经不堪翻阅了。

除了新闻纸和有光纸之外，史料中还曾提及两种不太常见的纸，这里也一并提一提。

矾纸。王云五在其《商务印书馆与新教育年谱》中曾回忆说，1939年，为了尽量降低战时出版成本，经过反复试验，决定采用磅重比新闻纸轻一半，且"耐用性与适合印刷性，不下于普通报纸"的矾纸作为印刷用纸。"工具书如《辞源》合订本及各种字典、词典等，大部丛书如'万有文库简编'等，皆利用此种纸张印刷"。根据我所积累的资料和馆藏实物的抽样统计，从1937年抗战全面爆发到1941年12月太平洋战争爆发前，商务印书馆的出版物还是使用机制纸印刷；之后，完全退居大后方后，也不得不采用当地的土纸印刷。由此推测，矾纸只是在1939年到1941年间用于商务印书馆的出版物印刷。

考贝纸。戈公振《中国报学史》中曾提及部分清末创办的报刊曾用此种纸张印刷，如光绪二十七年（1901）正月在上海出版的《译林》、宣统二年（1910）7月创办于成都的《蜀报》、光绪二十八年（1902）正月创办于上海的《政艺通报》等。《中国报学史》中皆作"考贝纸"，推测当为拷贝纸。有的专业书籍解释其为适用于复写、打字及高级装潢包装等用的双面光薄页纸。

民国书里的高档纸

在我最初接触民国书刊的时候，第一反应就是感叹于它们的破旧。现在看，这样的印象主要“归功于”新闻纸和有光纸的“衰老”，以及抗战时期土纸书的那股子“土”味。不过，没多久我发现了夹杂在它们中间的其实还有一部分书与众不同：纸张光洁如新，丝毫没有老化脆裂的迹象。这种强烈的对比，使我生出了疑问，为什么大部分书已经“满目沧桑”，而这些书却能够“驻颜有术”？由此也就开始关注民国书刊的用纸。

这种“历久尤新”的纸就是民国书刊中的两种高档纸：道林纸和铜版纸。这里主要说说道林纸。

道林纸现在依然还在普遍使用，规范的学名是胶版印刷纸，是以漂白化学木浆为原料，经过半游离状打浆、施胶后抄造而成的（刘仁庆《造纸辞典》）。关于道林纸名称的由来，我查到了几种说法。刘仁庆、黄秀珠编著的《纸张指南》一书称，这种纸张最初是英国的道林股份有限公司向国内销售的，纸张质量得到了广泛好评。按照当时的命名习惯，“从哪里来的就叫那里的名字”，因为这种纸是从道林公司买来的，“所以便冠以‘道林’之名，成为道林纸了”。岑麒祥所编《汉语外来语词典》认为道林纸最先由美国道林制纸公司创制，因以得名。关于道林纸进入中国的时间，也有不同说法。《纸张指南》认为道林纸是20世纪20年代末进入国内市场的，刘仁庆编著的《造纸辞典》则认为是20世纪30年代进入国内的。我所见到的最早的关于道林纸名称由来的记载见于《申报》1926年10月30日刊登的《洋纸名称说略》一文。该文称：“道林纸为上质印刷纸，专供书籍印刷之用。约二十年前由上海公兴洋行输入在英国伦敦道林Darling & Co.，Zd.公司制造之印刷用纸，称为道林纸。即以其制造厂名而名之也，现在已成惯语，故称道林纸，即指印刷用纸（上等的）而言。亦有称桃林纸者。”此文记载得最为详细，且其作者张天荣即在造纸行业供职，其记载自当可信。据此说来，道林纸即是因其生产商而得名。至于流入中国的时间也远较前几种推测的时间为先，早在清末即已传入我国了。这与我所见的馆藏文献情况也是吻合的。清末我国印制出版的一些所谓新学著作用的即是道林纸，至今纸墨如新。

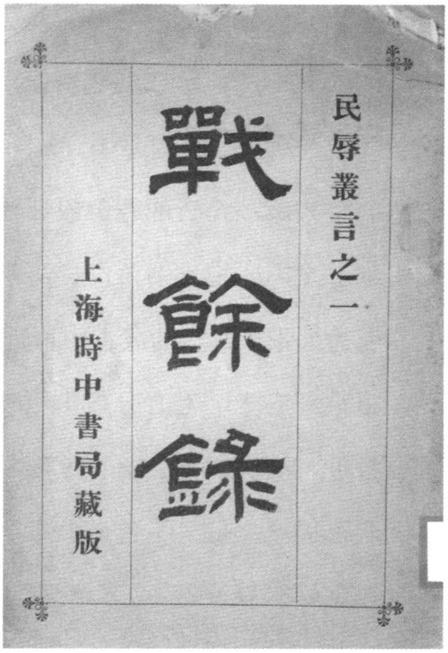

道林纸书书影

从张天荣的记述我们还可以知道，道林纸在当时就被视作

"上等"印刷纸，堪称印书纸中的贵族。这一点，在当时应该说是普遍共识。《申报》所载《上海之造纸业（三）》称，道林纸"为印刷西文书籍所必需，其他凡略为讲究之书籍，多以道林纸印刷之"。翻阅当时的书刊广告便不难发现，用"道林纸精印"乃是经常提及的卖点，即便像商务印书馆《丛书集成》这样的高规格大部头也在广告中特别点出"用上等道林纸精印"。而道林纸与新文学书刊似乎更是有着不解之缘。由于当时不少作家都有留学的经历，有机会接触日本及欧美的原版图书，对于书籍的审美要求也自然很高。比如，"看惯了日本书"的郭沫若在泰东图书局为其出版《女神》和《茵梦湖》时就曾要求"用新五号字印在洁白的毛道林纸上"。于是不知道从何时起，道林纸便逐渐成了新文学图书的"御用纸"。著名的"良友文学丛书"等良友系文艺图书就多用米色道林纸，再配上布面或纸面精装，还外加封套腰封。这就成了鲁迅先生戏称的"良友式"装帧的标配。今天翻阅北新、开明、泰东、新月等文艺书局的新文学图书，也经常可以看到用道林纸精印的本子。这种本子只要拿在手中就能判别出来，原因很简单——比新闻纸的书沉，于是就有了一种厚重感。当然，并不是所有人都像当年的文艺家和今天的收藏家那样欢迎道林纸，那时候有读者就曾经在报纸上发声，抱怨书价高，买不起。而书价高主要归罪在道林纸身上，因为纸张在书籍的成本中算是大头，道林纸又确实比新闻纸贵。

道林纸有光、毛之分，出版物中常见的除白色外，还有一种米色纸也常见。从实物看，道林纸较新闻纸更为厚实、硬挺，大部分白道林纸颜色仍然洁白，米色道林纸颜色则呈现温和的米黄色（不同于新闻纸老化后的焦黄色）。光道林纸光滑，有光泽；毛道林纸略感毛糙，没有光泽。以我的观感论，白色光道林纸的书显得很高贵（有的甚至有点高傲），而米色毛道林纸的书就给人以亲切可人之感，若那上面再印上徐志摩的小诗一首，怎不叫文艺青年爱不释手！

根据文献记载，不同规格的道林纸重量不一，“自四十五磅起，至一百廿磅止。印刷书籍最适用者则为七十磅与八十磅两种”（《上海之造纸业（三）》）。一些史料中还提及了所谓的“副道林”或“次道林”，这主要是以重量而言。例如生活书店《店务通讯》中就曾经记载了一种60磅副道林纸，可知是厚度相对较薄、克重较低的道林纸。在少量出版实物和记载中还曾经出现过所谓“洋宣纸”的称谓，例如朴社版《温德米尔夫人的扇子》《诗的听人》，以及海音书局版《中国新诗坛的昨日今日和明日》。经过观察实物，所谓的洋宣纸，其外观和道林纸基本没有差别，我推断可能是当时对道林纸的另外一种俗称。

再简单说说铜版纸。这也是至今仍在广泛使用的一种印刷纸。在民国书刊中，这种纸张主要用来印制图书插图、高档画册、图片集等。

道林纸书书影

《蜜柑》，沈从文著，新月书店，1928年5月再版，道林纸印

《史嘉本的诡计》，[法]马里哀著，唐鸣时译，商务印书馆，1930年8月初版，道林纸印

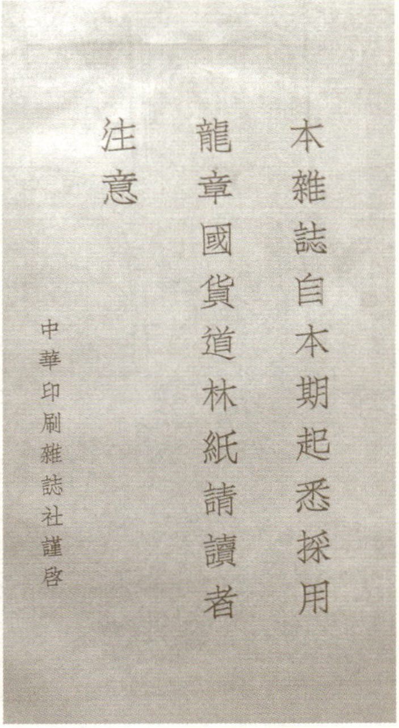

本雜誌自本期起悉採用龍章國貨道林紙請讀者注意

中華印刷雜誌社謹啓

用龙章纸厂自制国货道林纸印刷的《中华印刷杂志》

《中国新诗坛的昨日今日和明日》，[日]草川未雨著，海音书局，1929年5月初版，厚报纸和洋宣纸印

《父与女》，汪静之著，大江书铺，1929年4月初版，道林纸印

铜版纸价格较高，因此印成品的售价也较高，良友图书印刷公司曾用铜版纸出版过《美术杂志》，虽然编印精良，奈何售价太高，只出了两三期就停刊了。

抗战时代的印记

——土纸

抗日战争从全面爆发到胜利的这些年是民国出版史上一段较为特殊的时期。这一时期，原本集中在上海的出版机构几经辗转，西迁到四川、广西等大后方地区，主要集中在重庆、桂林，同时成都、昆明等城市也成为重要的出版业集散地。

此时的出版业面临着“无米之炊”的窘境。由于战争的全面爆发，进口印刷纸数量锐减，加之战势的严峻多变，各处交通阻塞严重，进口纸很难大量进入西南地区。而当地工业基础几乎空白，一时无法就地设厂生产。在这种情况下，当地土产的纸张遂成为大后方地区文化用纸的重要来源，时人一般笼统称之为“土纸”。由于这种纸张与民国其他时期普遍使用的进口机制纸在外观上有较大差异，因此这一时期出版的“土纸书”与民国其他时期的出版物相比也就有着明显的差别，粗糙的外观赋予了土纸书一种历史沧桑之感，可以说，这是抗战大时代在文献上留下的独特印记。

所谓“土纸”，是一个并不严谨的概念，更多是和进口“洋纸”相对而称。土纸可分作手工土纸和机制土纸。手工土纸是指用传统手工工艺制造而成的纸张。就地取材，采取机制或半手工、半机制的方式生产的印刷纸则是机制土纸。根据相关文献记载，战时土纸产地主要集中于四川、江西等西南地区。当地有自制土纸的传统，农户多有制造土纸的手艺，家家户户“各自为战”，因此手工土纸的产量最大，土纸书用的最多的也就是这种纸。至于机制土纸，主要是20世纪40年代在西南地区建立的规模不等的造纸厂所制，产量相对有限，价格自然也高，因此使用不多。

先来说说手工土纸。

手工土纸的名目繁多。1943年出版的《四川手工纸业调查报告》中列举的夹江、铜梁、广安地区出产的可用于印刷的纸张，就有十余种之多（土报纸、粉报纸、新闻纸、大对方、小对方、贡川、勾边、漂白元边、书连、罗表、花坯、漂粉、本贡、夹江、毛边、报纸）。从这些名目即可知道命名是有较大随意性的，如果从用料、工艺流程上说，可

中華民國三十三年十二月初版
國立中央研究院歷史語言研究所專刊
隋唐制度淵源略論稿 一冊
渝版熟料紙
定價國幣貳元貳角
印刷地點外另加運費
版權所有 翻印必究
著作者 陳寅恪
發行人 王雲五 重慶白象街
印刷所 商務印書館印刷廠
發行所 商務印書館 各地

熟料纸

中華民國三十五年十月渝初版（夾江白報紙本）
國立西南聯合大學行政研究室叢書
中國省行政制度
（＊35695渝）
定價國幣拾貳元
印刷地點外另加運費
版權所有 翻印必究
著作者 施養成
發行人 朱經農 上海河南路
印刷所 商務印書館印刷廠
發行所 商務印書館 各地

夹江白报纸

能大同小异者居多；而且，当时的土纸书大多数不会标注所用何纸，因此想要一一对应地在土纸书中区分出每一种名目的土纸几乎办不到。好在少数出版机构（如商务印书馆、中华书局等）出于成本核算及发行管理的需要，会在书末注明纸张种类，这为比较不同种类纸张的品质差异提供了一些样本。在我搜集到的一千多个样本中，标注的纸张种类主要有熟料纸、生料纸、浏阳纸、粉报纸、夹江白报纸、重纸（江西重纸）、漂白纸、上白土报纸、改良纸。

这些纸有的名目虽然不同，但是外观特征相差无几，自然也有特征相对显著的。概括而言，手工土纸的外观大体有如下共同特点：一是，纸张呈现比较清晰的横纵交错的帘纹。二是，纸张颜色以深浅不一的黄褐色居多，较为常见的颜色还有青灰色；此外，还有少数纸呈绿色，如《青年与革命》（湖北省政府教育厅编，新湖北书店经售，1941年7月出版）、《大时代中的青年问题》[简贯三编著，青年书店（重庆）1941年6月初版]、《丁郎约三事》[许里著，生活书店（重庆）1940年3月再版]、《国际政局的动向》（国民出版社编辑，1940年3月初版）等书用纸即是。三是，纸张表面粗糙，可见明显的纤维状杂质；破洞、透墨现象也较为常见。四是，纸张厚度不一，大多较薄，翻页时有“粘手”之感。

同一种类的手工土纸，其外观有时也有差异。比如，同为熟料纸，《行业组合与近代思潮》（商务印书馆，1943年12月初版）的纸色就是黄褐色，《国史大纲（上册）》（商务印书馆，1944年1月渝第一版）则为青灰色；而《战时苏联游记》（中外出版社，1945年7月初版）一书中黄褐色、青灰色纸张同时存在。至于纸张的厚度，相同种类也有差异。比如《事务管理概要》（商务印书馆，1943年7月初版）和《中国行政新论》（商务印书馆，1943年7月再版）同用粉报纸，但《事务

戚繼光平倭記

（白）話說明朝嘉靖年間，東洋倭寇來我中國作亂，害得我沿海七省人民塗炭，鷄犬不存。虧了我軍人愛國，百姓齊心，軍民合力才平定了倭寇。諸位要知詳細，聽在下慢慢道來：

（唱）大明朝一統錦家邦，嘉靖年四海昇平民安康，浙江省杭州府有個錢塘縣，東門外劉家莊有個劉金方。他年紀不過三十以上，他的妻名叫張四娘。家道富厚夫婦又和睦，生

1

好似猛虎趕羣羊。那倭寇死了一半跑了一半，巧不巧偏偏跑到雁翎塘。雁翎塘、梆子響、燈籠火把放了光，梆子再響箭兒放，萬箭齊放賽飛蝗。倭寇中箭地下倒，逃生無路死個光，這一次馬到成功打了大勝仗，大破賊巢斬了首級二千雙。戚家軍乘勝往前打，六十座賊營一掃光。收復了福清牛田興化府，又在那仙遊漳浦排戰場。三萬倭寇死個淨，斬草除根再難猖狂。東南七省永不鬧倭寇，百姓安居樂非常。劉金方投軍報仇遂了心願，戚繼光定國安邦英雄將，萬古姓名香。

16

《戚继光平倭记》用绿色土纸印刷

管理概要》比《中国行政新论》用纸薄得多。有时，同一本书里的纸也有明显的厚薄之分，比如《非常时期过分利得税之理论与实际》(独立出版社，1944年9月初版）所用的生料纸即是如此。之所以出现这种情况，一是因为手工土纸均出自手工作坊，用料、加工并没有技术标准，全凭经验，成品自然存在较为明显的差异。加之战时纸张多处于供不应求的状态，槽户（造纸匠人）急于出货求利，“萝卜快了不洗泥”，品质参差不齐也实属难免了。

究竟哪种纸更好一些，除了进实验室做理化分析外，也有一种相对简单的办法。那时候一些图书采用两种纸分别印制，价格的差异自然也反映出所用纸的品质高下，通过图书价格的比较我们自然也就知道哪种纸更“高级”些。我搜集到一些，不妨罗列一部分。

1.《桑弘羊及其战时经济政策》，中国文化服务社1944年3月出版，土纸本国币20元、熟料纸本国币30元。

2.《宪法纲要》，独立出版社1945年10月初版，白报纸本5元、浏阳纸本4元4角、熟料纸本3元6角。

3.《中国古史的传说时代》，中国文化服务社1943年12月出版，生料纸本国币100元、熟料纸本国币130元。

4.《从叔本华到尼采》，在创出版社1944年5月出版，生土纸本75元、熟料纸本100元。

5.《哥萨克人》，文风书局1944年9月新一版，生料纸本120元、熟料纸本180元。

6.《朱执信文存》，中国文化服务社1944年11月出版，生料纸本国币3.8元、熟料纸本国币5元。

7.《法律概论》，大东书局1944年12月出版，生料纸本国币

3元、熟料纸本国币4元。

8.《战后问题论文集（第四集）》，独立出版社1945年2月出版，浏阳纸本4元5角、熟料纸本3元。

9.《巴黎的陷落》，独立出版社1945年10月出版，白报纸本4元8角、浏阳纸本4元2角、熟料纸本3元5角。

从搜集到的样本看，浏阳纸本价格最高，熟料纸本其次，生料纸本最便宜。据我的观察，常见土纸中，浏阳纸的品质的确较好。这种纸虽然薄，但是韧性好，印刷透墨的现象也不多，纸张杂质也比较少，价格贵些也是有道理的。生料纸的品质较差。这种纸的制造过程因为减省掉了蒸煮程序，因此更为粗糙，杂质、破洞也更多，印刷透墨更是司空见惯。今天我们查阅土纸文献的缩微胶片或者数字化影像文档，时常有文字漫漶不清的情况，主要就是因为纸张透墨严重，一面的字常常透到背面去，难以辨识。其实，不要说这些复制件，即便去看原版原件，在成行成片的透墨中辨识文字也是极费目力的。还有一个有趣的现象。若以产地比较，在江西以及广东曲江印刷的图书用纸普遍较好，比如江西所产的江西纸或江西重纸虽薄，但韧性好、纸浆分布均匀、杂质较少、孔

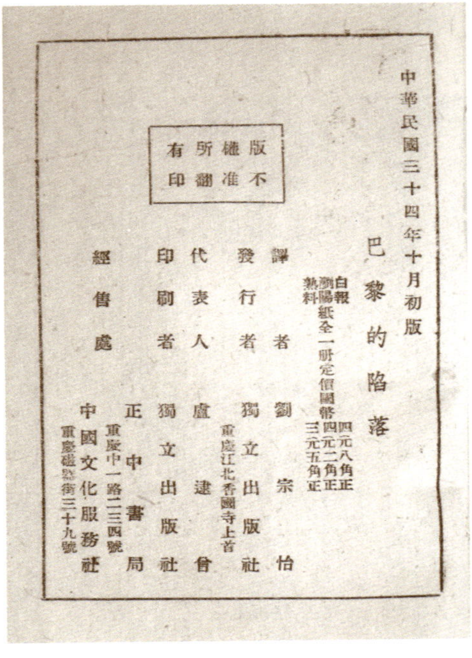
中華民國三十四年十月初版
巴黎的陷落
白報 瀏陽 熟料 紙全一冊定價國幣 四元八角正 四元二角正 三元五角正
譯者 劉宗怡
發行者 獨立出版社 重慶江北香國寺上首
代表人 盧逮曾
印刷者 獨立出版社
經售處 正中書局 重慶中一路二三四號 中國文化服務社 重慶磁器街三十九號
版權所有 不准翻印

三种用纸的价格差异

洞少、手感细腻，品质通常优于一般的川纸。

再来说说机制土纸。

机制土纸其实是从手工土纸改良而来的。传统手工纸不适应现代印刷设备的情况之前就说过了，只不过那是在清末。哪知道，因为抗战的全面爆发，出版业又在工业极端落后的西南地区遇到了当年的问题。据生活书店《店务通讯》的记载，书店初到桂林时，就曾因印刷厂的全张印刷机无法适应土纸，造成生产率降低了五分之三。因此，当时多有呼吁改良土纸的声音。20世纪40年代，随着造纸厂的逐步建设，这项工作也付诸实践了。改良主要体现在几个方面。一是，生产工艺的调整。例如采取机械制浆、人工抄纸的方式，提高纸浆质量的同时提高生产率。二是，纸料成分的调整。例如，纸料中配入明矾及小粉浆、滑石粉等作为黏液填料，降低油墨渗透性。三是，纸张幅面

中華民國三十二年十二月初版
勞力供給與國防
全一册 正中機製造紙本 定價國幣三元九角
(外埠酌加運費匯費)
版權所有 翻印必究
主編者 社會部研究室
譯述者 張永懋
發行人 吳秉常
印刷所 正中書局
發行所 正中書局
唐宗麟校對
(1764)
(1.45)渝·本 2/1－0.05

正中机制纸

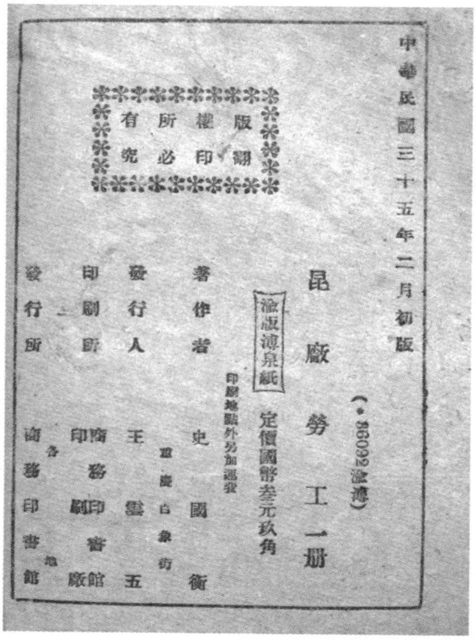
中華民國三十五年二月初版
(•86092渝溥)
昆廠勞工 一册
渝版溥泉紙 定價國幣叁元玖角
印刷地點外另加運費
版權所有 翻印必究
著作者 史國衡
發行人 王雲五 重慶白象街
印刷所 商務印書館印刷廠
發行所 各地商務印書館

溥泉纸

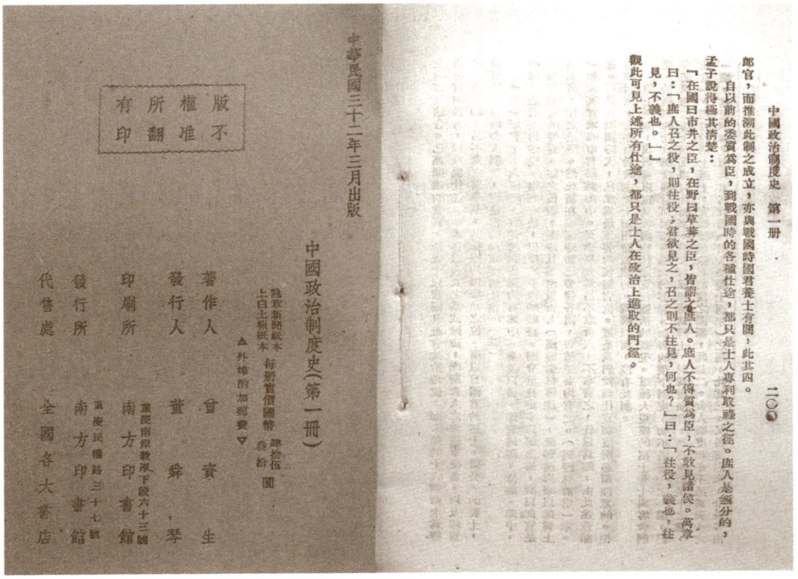

中國政治制度史 第一册 二〇〇

郎官，而推溯此制之成立，亦與戰國時國君養士有關，此其四。

自以前的委質爲臣，到戰國時的各種仕途，都只是士人專利取祿之徑。庶人是無分的，孟子說得極其清楚：

「在國曰市井之臣，在野曰草莽之臣，皆謂之庶人。庶人不傳質爲臣，不敢見諸侯。」萬章曰：「庶人召之役，則往役；君欲見之，召之則不往見，何也？」曰：「往役，義也，往見，不義也。」」

觀此可見上述所有仕途，都只是士人在政治上進取的門徑。

中華民國三十二年三月出版

版權所有 不准翻印

中國政治制度史（第一册）

龍章新聞紙本 每册實價國幣 肆拾伍 圓
上白土報紙本 叁拾 圓

△外埠酌加郵費▽

著作人 曾資生

發行人 董舜琴

印刷所 南方印書館 重慶南岸彈子石下段六十三號

發行所 南方印書館 重慶民權路三十七號

代售處 全國各大書店

《中国政治制度史（第一册）》所见实物用龙章新闻纸印刷，纸色洁白，杂质少，外观品质与进口白报纸相差无几

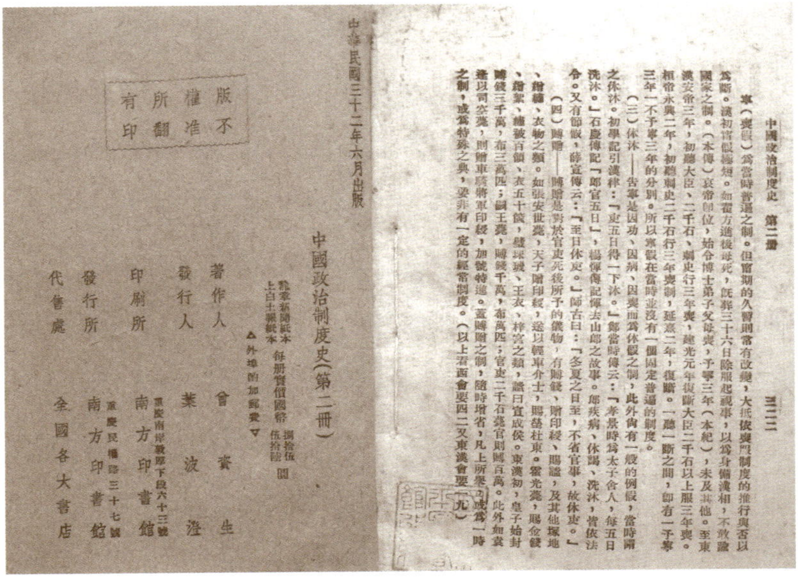

中國政治制度史 第二册 三二二

事（喪假）爲當時普通之制。但當期的久暫則常有改變，大抵依喪門制度的推行與否以爲斷。漢初官假極短。如翟方進後母死，既葬三十六日除服起視事，以爲身備漢相，不敢踰國家之制。（本傳）哀帝即位，始令博士弟子父母喪，予寧三年（本紀），未及其他。至東漢安帝三年，初聽大臣、二千石、刺史行三年喪，建光元年復斷大臣二千石以上服三年喪。桓帝永興二年，初聽刺史二千石行三年喪制，延熹二年，復斷。一聽一斷之間，即有一予寧三年一不予寧三年的分別。所以寧假在當時並沒有一個固定普遍的制度。

（三）休沐——告事是因功、因病、因喪而爲休假之制，此外尚有一般的例假，當時謂之休沐。初學記引漢律：「吏五日得一下沐。」鄭當時傳云：「孝景時爲太子舍人，每五日洗沐。」石慶傳記「郎官五日」，楊惲傳記惲去山郎之故事。郎疾病、休謁、洗沐，皆依法令。又有節假，薛宣傳云：「至日休吏。」師古曰：「冬夏之日至，不省官事，故休吏。」

（四）賻贈——賻贈是對於官吏死後所予的儀物，有賻錢、賻印綬、賜謚，及其他塚地、縉纁、衣物之類。如張安世薨，天子贈印綬，送以輕車介士，賜謚敬侯。霍光薨，賜金錢、繒絮、繡被百領、衣五十篋，璧珠璣、玉衣、梓宮之類，謚曰宣成侯。東漢初，皇子始封薨，賻錢三千萬，布三萬匹；嗣王薨，賻錢千萬，布萬匹；官吏二千石薨官則賻百萬。此外如袁逢以司空薨，則贈車騎將軍印綬，加號特進。蓋賻贈之制，隨時增省，凡上所舉，或爲一時之制，或爲特殊之典，要非有一定的經常制度。（以上看西漢會要四二又東漢會要（九））

中華民國三十二年六月出版

版權所有 不准翻印

中國政治制度史（第二册）

龍章新聞紙本 每册實價國幣 捌拾伍 圓
上白土報紙本 伍拾陸 圓

△外埠酌加郵費▽

著作人 曾資生

發行人 葉波澄

印刷所 南方印書館 重慶南岸彈子石下段六十三號

發行所 南方印書館 重慶民權路三十七號

代售處 全國各大書店

《中国政治制度史（第二册）》所见实物用土纸印刷，纸色呈黄褐色，杂质分布明显，外观品质和手感不及龙章新闻纸

的规范。原本各地手工纸的幅面既不统一也不规范，甚至同地同名目的纸幅面都不一致，且也没有考虑纸张幅面大小是否适合印刷设备。一些地方对此进行了改良，如商务印书馆重庆工厂所使用的纸张大部分为对开手工土制纸，可见，这是针对商务印书馆的需求而专门设计的。

机制土纸外观大体有如下共同特点：表面大多较为粗糙，可见较为明显的点状或纤维状杂质；没有横纵交错的帘纹；比手工土纸厚且硬。这种纸在当时无疑是高档货，国民政府印制的一些文献多使用这种纸。我所见到的机制土纸名目主要有龙章新闻纸（如《中国政治制度史（第一册）》，南方印书馆，1943年3月出版）、正中机制纸（如《劳力供给与国防》，正中书局，1943年12月初版）、溥泉纸（如《昆厂劳工（一册）》，商务印书馆，1946年2月初版），以及黔元纸（如《中国通史（第一册）》，贵阳文通书局，1942年7月初版）。龙章纸颜色较为洁白，接近进口新闻纸颜色。正中机制纸（正中书局造纸厂所造）、黔元纸为黄褐色，溥泉纸为青灰色。相比而言，龙章纸品质最好，较接近进口机制纸品质，可以说是我见到的战时西南地区最好的印刷纸了；其他几种纸的品质不相上下，较龙章纸品质则相差了不少。

土纸虽然“品相”不佳，但是由于原料和加工工艺的缘故，却有着新闻纸、有光纸等洋纸望尘莫及的好处——“身子骨更结实”。土纸，特别是手工土纸的用料和生产工艺基本沿袭传统古法，和进口机制纸相比，用料上较少有工业化学品，亦不掺入碎木纸浆，因此稳定性更强。几十年后的今天，在新闻纸、有光纸已经老化严重的情况下，土纸书却没有出现类似的“症状”。在相同的保存保护条件下，可以肯定，土纸书比新闻纸书、有光纸书要更为“长寿”。

各领风骚

——不同时期的书刊用纸

前几篇小文，据我的所见简要介绍了民国书刊的主要用纸情况。这些纸，有的终民国一代都在广为使用，有的却只在某一时段广泛使用，其或短或长的生命力也并非偶然。因此，说说不同时期各类纸张的使用情况，还是有必要的。为了方便介绍，不妨大体做一个时间段划分。

第一阶段：19世纪末至20世纪初机制纸逐渐取代了手工纸。有光纸成为我国最早得到广泛使用的机制纸，之后新闻纸又逐渐取而代之。

据《中国报学史》记载，清末报纸多用手工纸印制，“迨洋纸输入渐多，始则以价廉而用油光纸”。如，光绪二十四年（1898）《申报》即改用有光纸印刷。有光纸被广泛使用，首要原因是价廉。此外，有光纸薄且为单面印刷，类似手工纸，较适应石印设备要求；有光纸书仍保持了线装形式，降低了读书人心理接受度和习惯门槛。因此，有光纸书刊曾一度流行于坊间。

新闻纸进入中国的时间与有光纸大体相同，就在《申报》改用有光纸的同一年，上海《时务日报》即使用了新闻纸两面印刷。此后，伴随着报纸版式从传统册页形式向现代报纸版式的变革，少数维新派

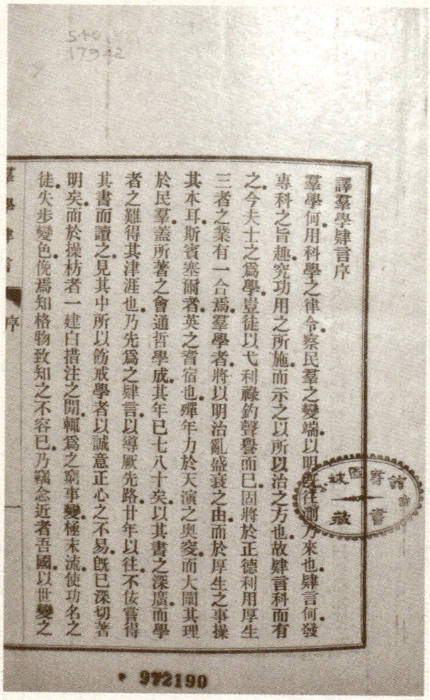
譯羣學肄言序
羣學何用科學之律令察民羣之變端以明既往測方來也肄言何發
專科之旨趣究功用之所施而示之以所以治之方也故肄言科而有
之今夫士之爲學豈徒以弋利祿釣聲譽而已固將於正德利用厚生
三者之業有一合焉羣學者將以明治亂盛衰之由而於厚生之事操
其本耳斯賓塞爾者英之耆宿也殫年力於天演之奥窔而大闡其理
於民羣蓋所著之會通哲學成其年已七八十矣以其書之深廣而學
者之難得其津涯也乃先爲之肄言以導厥先路廿年以往不佞嘗得
其書而讀之見其中所以飭戒學者以誠意正心之不易既已深切著
明矣而於操枋者一建白措注之間輒爲之窮事變極末流使功名之
徒失步變色俛焉知格物致知之不容已乃竊念近者吾國以世變之

有光纸

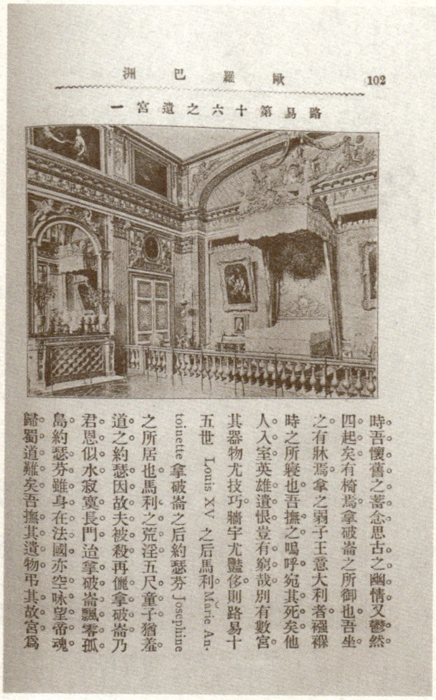
歐羅巴洲 102

路易第十六之遺宮一

時吾懷舊之蓄念思古之幽情又鬱然
四起矣有椅焉拿破崙之所御也吾坐
之有牀焉拿之弱子王意大利者襁褓
時之所寢也吾撫之嗚呼宛其死矣他
人入室英雄遺恨豈有窮哉別有數宮
其器物尤技巧牆宇尤豔侈則路易十
五世 Louis XV 之后馬利 Marie An-
toinette 拿破崙之后約瑟芬 Josephine
之所居也馬利之荒淫五尺童子猶羞
道之約瑟因故夫被殺再儷拿破崙乃
君恩似水寂寞長門迨拿破崙飄零孤
島約瑟芬雖身在法國亦空咏望帝魂
歸蜀道難矣吾撫其遺物弔其故宮爲

道林纸

报纸开始改用新闻纸两面印刷。辛亥革命后现代报纸版式逐渐成为惯例，新闻纸也在报纸印刷中全面取代了有光纸。在书刊印刷上则是并存而各有侧重，有光纸主要用于小说、教科书的印刷，其他类型的图书则逐渐使用新闻纸印刷，一些杂志也改用新闻纸印刷。这一时期，道林纸书刊相对少见，所见的大多是日本印刷、国内发售的。教会出版物中也有部分用道林纸印刷。至于这一时期的铜版纸书刊，我没有见到过。

第二阶段：20世纪20年代至抗战全面爆发。新闻纸广泛使用，有光纸逐渐淡出，而道林纸、铜版纸等高级书刊印刷纸的使用也有明显增加。

随着出版业的发展，新闻纸使用愈加广泛，成为出版印刷的首选，年进口平均值为各类纸张之首。另一方面，有光纸进口数量逐年递减，1929年有光纸进口数量为230千公担，1935年已经跌至18千公担，有光纸在印刷界的地位“日趋没落”。简言之，三个方面的因素造成了这一变化。首先是价格因素。有光纸原本以价格低廉取胜，但随着世界新闻纸产量的持续增长和倾销国内数量的相应增加，新闻纸价格与有光纸价格逐渐持平，有光纸的价格优势不复存在。其次是印刷适应性，有光纸只能单面印刷，而新闻纸则可以双面印刷；有光纸对印刷机械的适应性亦不及新闻纸。在出版量大幅增长的背景下，有光纸的印刷适应性难以满足实际需求。最后是读者审美要求的变化。清末民初的书籍身上“古书”味道依旧明显，不少书虽然用了现代的印刷与装帧方式，但是从封面到排版仍旧“古里古气”的。有光纸书籍的面貌尤其与传统的古籍一般无二。但是，新文化思潮兴起后，著作者、读者与出版者对于书刊的装帧都产生了新的要求，无论封面、字型、版式都有了新的变化。这一点集中表现在了新文学书籍上。这些新变化无论如何不可能通过“石印+有光纸”呈现，在审美上有光纸无可挽回地落伍了，只能逐渐被淘汰出局。

新的审美还带动了道林纸书的“兴盛”。很多作者由于经常接触日本及欧美原版图书，对书籍的审美要求很高。比如，“看惯了日本书”的郭沫若在出版《女神》和《茵梦湖》时就曾要求“用新五号字印在洁白的毛道林纸上”。像泰东、北新、新月、开明版的新文学图书不少都采用道林纸印刷。20世纪二三十年代还是中国学术研究发展的重要时期，一些经费较为充裕的学术机构所刊行的学术著作也多用道林纸印刷，显得庄重大气。

新文学图书中的道林纸本

随着期刊业的发展，刊物越来越注重使用图片。为了保证印刷品质，道林纸和铜版纸也被较多用于期刊的印刷。中国第一本大型综合性新闻画报《良友画报》1926年创刊之初即用道林纸印刷，1929年7月第37期起用铜版纸代替了道林纸印刷。

第三阶段：抗战全面爆发至抗战胜利。进口洋纸供给基本断绝，西迁至西南地区的出版业主要依赖大后方所产土纸印刷。关于这一时期的用纸情况相对较为复杂，不妨另开一篇，这里就暂略过。

第四阶段：抗战胜利至中华人民共和国成立前夕。由于物价飞涨和物资垄断，道林纸、铜版纸等高档纸几乎见不到，主要使用新闻纸印刷。土纸出版物仍然在一定程度上存在。

这一时期，机制纸的供给逐步恢复，但是由于物价飞涨和物资垄

土纸本

断，出版业已经无力使用道林纸、铜版纸等高档纸张，基本用新闻纸印刷。同时，由于进口新闻纸受限，且国内产量严重不足，在西南等地区土纸出版物仍然在一定程度上存在。

据黄宝珣回忆，抗战胜利后新闻纸图书、期刊很快被运到重庆，土纸图书很快失去市场。从实物看，商务印书馆、中华书局等出版机构在1946年下半年回沪前，仍在当地用土纸印制了一批书刊，到各家出版机构陆续迁回上海后，新闻纸书刊重新成为主流，不过手工纸并没有完全退出出版印刷界。1946年11月，国民政府对包括纸张在内的进口商品施行“输入许可制度”。此举使得纸张进口数量受到很大限制，出版界、报界受到极大影响，不得不压缩出版规模，报刊版面也被迫压缩。在这种情况下，西南地区的出版印刷不得不使用成本相对低的土纸。例如《大公报》就同时使用新闻纸、嘉乐纸、土纸印刷，售价以土纸最廉。一些小型出版社也不得不采用土纸（包括机制土纸）出版图书，如南京童子军生活社于1948年7月出版的《童子军欢呼一百〇一首》即使用机制土纸印刷，纸张粗糙灰暗，品质尚不及抗战时的土纸书。此外，解放区仍然大量使用土纸印刷出版物。

上面的梳理虽然是粗线条的，但是仍能从中看到纸与出版业的紧密关系。一本民国书用什么纸，自然有作者的好恶与书店老板的算计在其中，但其实更受到背后时代的无形左右，这里面既有政治因素、经济因素，也有文化因素。所以说，纸的进退变化又何尝不是时代的折射呢？

土纸的登场与谢幕

这一篇小文说说抗战时期土纸使用的情况。一些民国出版史著作提到过抗战时期大后方普遍使用土纸印书的情况。不过，土纸究竟什么时候在大后方普遍使用，却又有些模糊。我曾经在国图民国书库中随机抽取了商务印书馆、中华书局、开明书店、生活书店、独立出版社在大后方出版的图书一千余册，对它们的用纸情况进行了逐一梳理，发现了一些有趣的现象，对于了解土纸书何时登场、何时谢幕，或有所帮助。

这些图书的出版时间在1937年底到1946年底之间。它们中并不全是土纸书。事实上，几家书局在使用土纸印刷的时间上还相差得不少。早在1938年，开明书店、生活书店、独立出版社已经刊印了土纸书，而商务印书馆和中华书局则分别到1942年和1943年才出现土纸书。时间点上的差异绝非偶然，结合相关史料，可以梳理出大量使用土纸印刷的两个重要时间节点。

时间节点一是1938年下半年至1939年初。1938年11月，作为出版业重要据点的长沙发生“文夕大火”，出版界损失惨重，出版机构仓皇西撤，目的地主要为重庆和桂林。加上此前已经撤进重庆、桂林的出版机构，两地已经成为名副其实的战时出版中心。根据相关史料记载，当时两地的进口纸供给已经十分吃紧，桂林“白报纸奇缺”；而重庆新闻纸价格一路暴涨，1938年2月每令17元，到了9月“每令最高价竟达廿余元”，到了11月前后，“涨至四五十元”，使不少书局不堪重负，于是土纸开始渐取洋纸而代之。独立出版社于1938年3月迁至重庆，到了12月直接宣布今后改用土纸出版：“本社迁渝续刊，因战区日广，内地交通渐行阻隔，报纸来源几濒于绝，纸价日渐飞涨，兹为提倡国产，减低成本，节省读者经济负担起见，自十二月起，改用四川土纸印刷，想亦为读者所乐闻。”生活书店则决定“移渝出之各种什志及新书、重版书，均改用土纸”。1938年底，开明书店在桂林

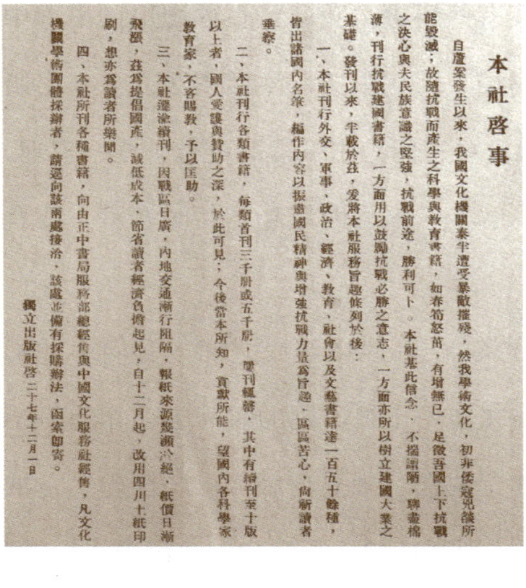

本社啓事

自盧案發生以來，我國文化機關泰半遭受暴敵摧殘，然我學術文化，初非倭寇兇燄所能毁滅；故隨抗戰而產生之科學與教育書籍，如春筍怒茁，有增無已，是徵吾國上下抗戰之決心與夫民族意識之堅強，抗戰前途，勝利可卜。本社基此信念，不揣譾陋，聊盡棉薄，刊行抗戰建國書籍，一方面用以鼓勵抗戰必勝之意志，一方面亦所以樹立建國大業之基礎。發刊以來，半載於玆，爰將本社服務旨趣條列於後：

一、本社刊行外交、軍事、政治、經濟、教育、社會以及文藝書籍達一百五十餘種，皆出諸國內名筆，編作內容以振盪國民精神與增強抗戰力量爲旨趣，區區苦心，尚祈讀者垂察。

二、本社刊行各類書籍，每類首刊三千册或五千册，雙刊輒罄，其中有續刊至十版以上者，國人愛護與贊助之深，於此可見；今後當本所知，貢獻所能，望國內各科學家教育家，不吝賜教，予以匡助。

三、本社遷渝續刊，因戰區日廣，內地交通漸行阻隔，報紙來源幾瀕於絕，紙價日漸飛漲，玆爲提倡國產，減低成本，節省讀者經濟負擔起見，自十二月起，改用四川土紙印刷，想亦爲讀者所樂聞。

四、本社所刊各種書籍，向由正中書局服務部總經售與中國文化服務社經售，凡文化機關學術團體採辦者，請逕向該兩處接洽，該處並備有採購辦法，函索卽寄。

獨立出版社啓 二十七年十二月一日

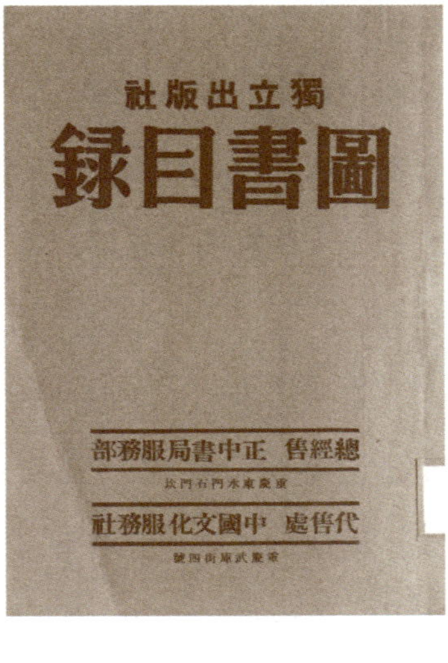

独立出版社启事

设立总办事处。据唐锡光《开明的历程》一文回忆，1939年，开明书店利用上海运来的纸型在桂林用土纸印书，“成为战时内地土纸印书的滥觞”。唐先生的回忆似不甚确切，至少独立出版社就比开明书店更早用了土纸印书，不过若以唐先生的回忆反推，可能开明书店用土纸印书在桂林地区算是比较早的。至于用土纸印书的“发明权”该给谁，目前尚未看到确切的记载。类似的记载，还有一些。《申报》1939年4月9日载文称“重庆报纸仍有十家以上，新闻来处皆出一源，加以纸张、油墨价格飞涨，多数已用土纸印刷”。8月7日报道称，因重庆大空袭而停刊报纸，准备恢复出版，“惟因进口纸张售价过昂，故各报此后均不用新闻纸，而改用本国出产之土纸”。除了西南几省外，其他一些地区的出版物也相继采用土纸印刷。据《申报》1939年3月6日的报道，西安等地采用土纸印刷报纸，并称赞此举减少国家资金外溢，“确实是个可喜现象”。《申报》同年7月11日的报道称，浙江省战时教育文化事业委员会曾先后召集全省刊物主编及金华区刊物主编，讨论各报各刊物采用土纸印刷的问题，该会还以淡色土纸试印《老百姓》旬刊数期，结果颇为满意。据称，浙江省《东南日报》、《正报》、决胜印刷所等当年7月1日起采用土纸，其他各地书店、杂志社等亦均纷纷响应，或已改用土纸。从这些记载可以大体认定，1938年下半年起，大后方出版物已经逐步采用土纸印刷了。

那么，商务印书馆、中华书局又为什么直到几年以后才开始用土纸呢？原来，上海孤岛时期，租界区印刷设备齐全、纸张供给相对充足，同时由于客源不足，低价揽客，印刷成本较为低廉。一些具备一定经济实力的出版机构遂将租界作为重要造货基地。1938年10月，中华书局将上海中华书局印刷厂更改为美商永宁公司，用美国商行的名义对付日军的骚扰。这一时期中华书局图书版权页印刷所一栏，基本

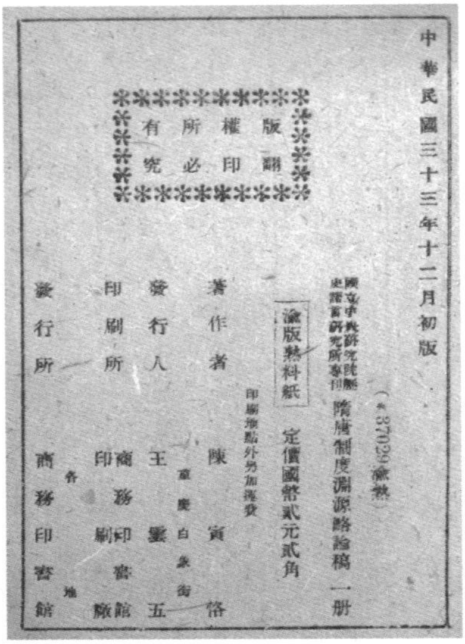

《隋唐制度渊源略论稿》商务印书馆土纸本

上标注为“美商永宁公司”。生活书店上海分店改称远东图书公司，计划利用当地优越的印刷条件继续大量出版书籍，但因故未能完全实现，在上海印制的主要是大部头学术著作和文艺名著。除上海外，香港也是重要的造货基地。商务印书馆在香港本就设有工厂，上海沦陷后，香港就成为该馆重要的造货基地，使其“每日至少还能维持一种新书之出版”。中华书局在香港也设有工厂，负责内地课本的造货，“依靠港厂这条路子使大后方的课本供应仍无虞匮乏”。生活书店也于1938年7月在香港成立分店，在香港印刷书刊供应内地。

及至太平洋战争爆发，沪港同时沦陷。商务印书馆在重庆成立总管理处，并在重庆、成都、江西赣县和湖南邵阳四地设厂造货，1942年3月起在重庆继续出版新书。我所见到最早的商务印书馆土纸书正在1942年3月出版的。中华书局于1942年3月在重庆成立总管理处，

民國二十九年九月印刷
民國二十九年九月發行

大學用書 中國政治史（全一冊）
實價國幣四元

著者 周谷城
發行者 中華書局有限公司 代表人 路錫三
印刷者 美商永寧有限公司 上海澳門路
總發行處 昆明 中華書局發行所
分發行處 各埠 中華書局

上海孤岛时期白报纸本

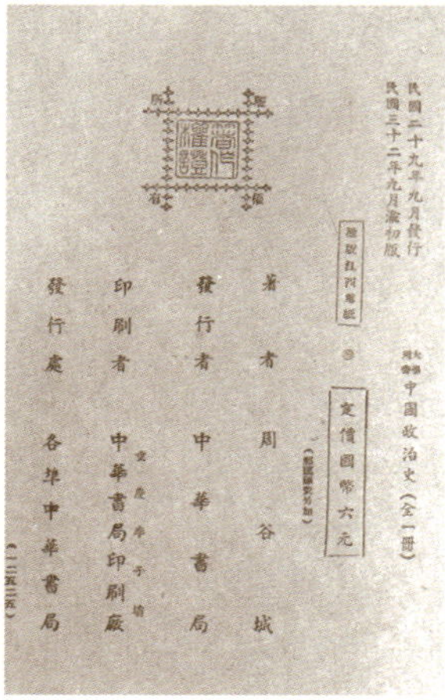

民國二十九年九月發行
民國三十二年九月渝初版

大學用書 中國政治史（全一冊）
實價國幣六元

著者 周谷城
發行者 中華書局
印刷者 中華書局印刷廠
發行處 各埠中華書局

重庆版土纸本（江西重纸）

不同时期的《中国政治史》

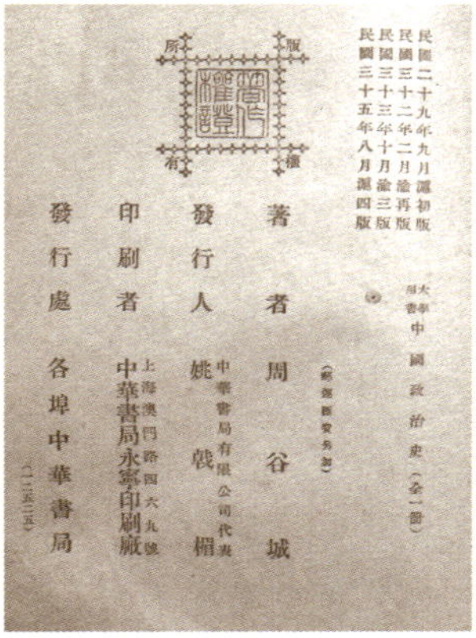

民國二十九年九月滬初版
民國三十二年二月渝再版
民國三十三年十月渝三版
民國三十五年八月滬四版

大學用書 中國政治史（全一冊）

著者 周谷城
發行人 中華書局有限公司代表 姚戢楣
印刷者 上海澳門路四六九號 中華書局永寧印刷廠
發行處 各埠中華書局

复员返沪后白报纸本

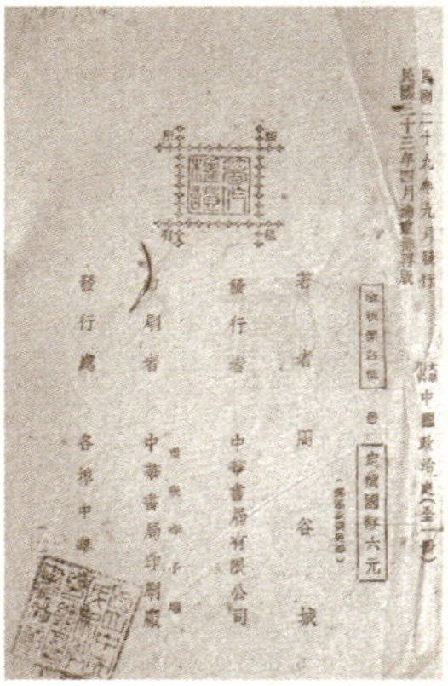

中國政治史（全一冊）
實價國幣六元

著者 周谷城
發行者 中華書局有限公司
印刷者 中華書局印刷廠

重庆版土纸本（漂白纸）

在赣、蓉、桂、渝印课本，1943年继续出版新书，当年出版新书47种。所见的中华书局土纸书最早出版于1943年4月，与史料相互印证。沪港造货基地的丧失，使西南地区几乎成为大后方唯一的纸张供应地，各类书刊几乎只能以土纸印刷了。所以，1942年也可说是土纸广泛使用的另一个重要时间节点。总而言之，从尝试用土纸出版，到土纸全面“占领”出版界，大体经历了五个年头。

1945年8月，抗日战争胜利。纸张进口逐步恢复，土纸使用亦随之减少。据耕耘出版社同人回忆，“1945年8月抗日战争胜利，白报纸的图书、期刊很快运到重庆，土纸本图书一下子失去市场。‘耕耘’在重庆印的一批土纸图书，最后只得称斤当废纸出售”。其他出版社也有类似遭遇。由此可知，土纸退出的速度还是比较快的。1946年底，各家出版机构基本完成了复员东迁工作，上海重新成为出版中心。出版物的“土纸时代”也就基本终结。当然，如前文所说，土纸书在战后并未彻底消失，在一些地方仍继续存在，只不过已经不是主流了。

这样看来，土纸的登场与谢幕，与战局密切关联，同样是时代造成的。

从精致到“土里土气”

——战时大后方图书装帧一瞥

书刊的装帧就好像人的穿衣戴帽一样，有着明显的时代风貌。这既是一种外在的时尚，同时在其背后也有着历史与文化的背景。

民国时期，图书装帧艺术有了新的发展。特别是在抗战前的20世纪二三十年代，无论是新文学作品、大部头的学术著作，还是社会科学作品，大多注重装帧设计，对于版面的布局、字体的选择、纸张的使用都有一番思量，因此当时出现了不少至今为人称道的书刊装帧艺术精品。

但是，抗战的炮火彻底改变了图书装帧风格。此后，在大后方出版的书刊很快就褪去了大上海时代的文艺与摩登，转而呈现出战争所带来的独特风貌。大体说来，战时大后方书刊的变化最为明显的首先是用纸，从之前雪白的白报纸、道林纸变成了灰暗粗糙的土纸。其次，为了尽量在一个版面上多容纳文字，文字字号明显减小，字间距、行间距，乃至天头地脚尽量压缩，整个版面看上去叫人透不过气来。再有就是薄册子多了，大部分都是在一百页左右；自然也有四五百页的“大砖头”，但是比战前要少很多，毕竟越厚越要挤占书商的资金，而且贵了买的人就更少，蚀本的风险也大。此外，封面的设计也尽量简

战前图书封面

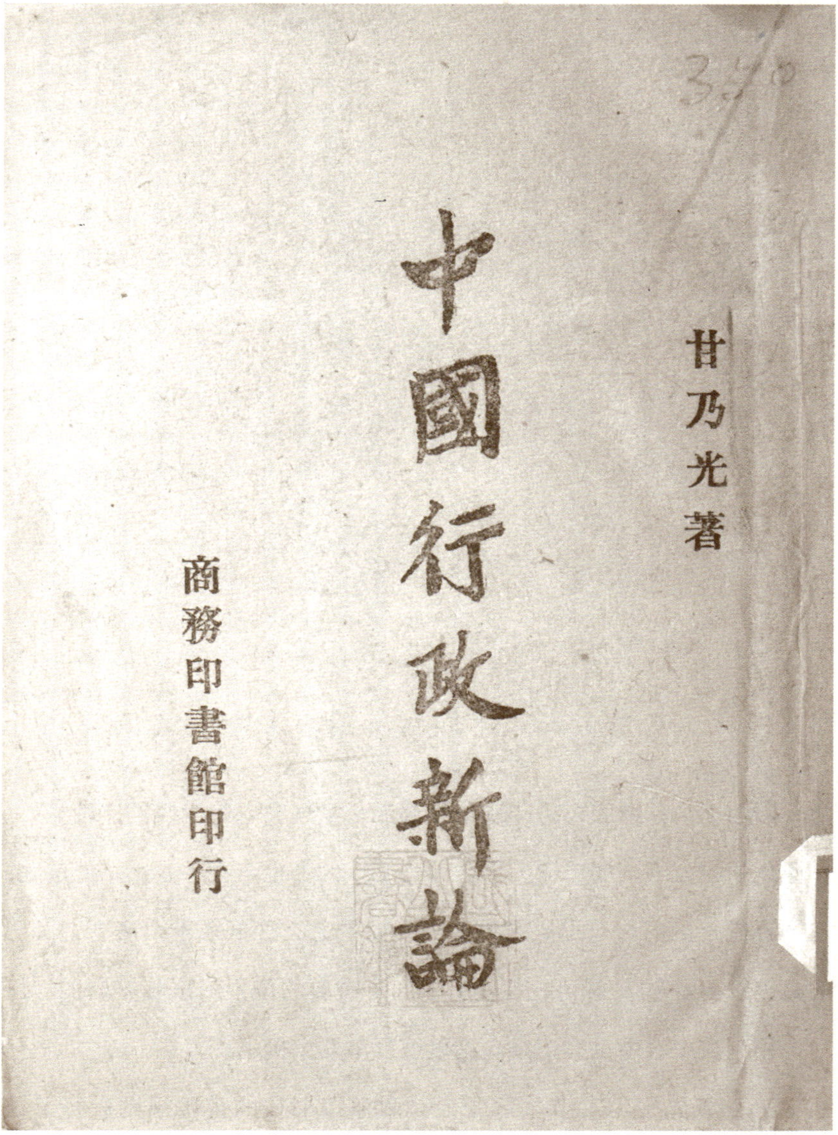

战时图书封面

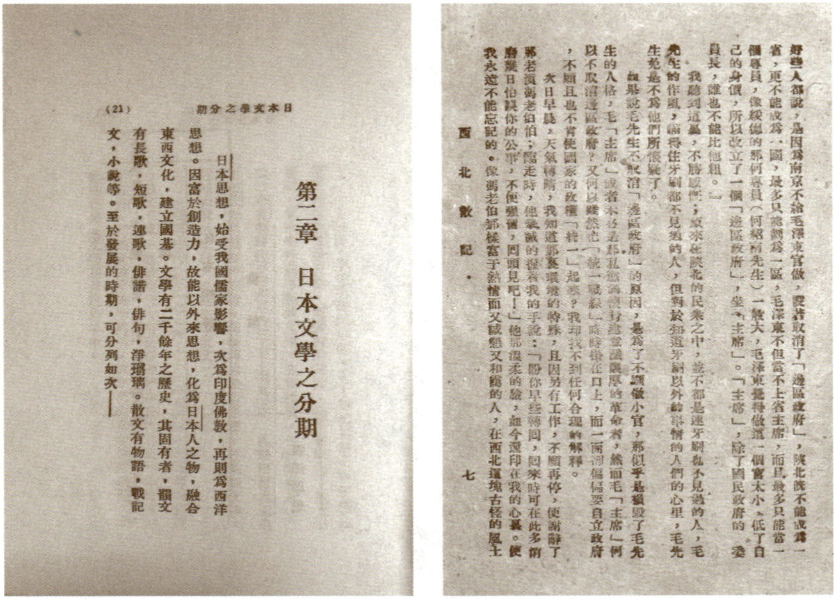
(21)　日本文學之分期

第二章　日本文學之分期

日本思想，始受我國儒家影響，次爲印度佛教，再則爲西洋思想。因富於創造力，故能以外來思想，化爲日本人之物，融合東西文化，建立國基。文學有二千餘年之歷史，其固有者，韻文有長歌，短歌，連歌，俳諧，俳句，淨瑠璃。散文有物語，戰記文，小說等。至於發展的時期，可分列如次——

好些人都說，是因爲南京不給毛澤東官做，但若取消了「邊區政府」，陝北旣不能成爲一省，更不能成爲一國，最多只能劃爲一區，毛澤東不但當不上省主席，而且最多只能當一個專員，像綏德的那何專員（何紹南先生）一般大，毛澤東覺得做這一個官太小，低了自己的身價，所以改立了一個「邊區政府」，坐「主席」。「主席」，除了國民政府的委員長，誰也不能比他粗。」

我聽到這裏，不勝感慨；原來在陝北的民衆之中，並不都是連牙刷也不見過的人，毛先生的作風，瞞得住牙刷都不見過的人，但對於知道牙刷以外的事情的人們的心里，毛先生免是不爲他們所懷疑了。

如果說毛先生不取消「邊區政府」的原因，是爲了不願做小官，那似乎是損毁了毛先生的人格，毛「主席」或者不[illegible]的革命者，然而毛「主席」何以不取消邊區政府？又何以肯然把「統一戰線」時時掛在口上，而一兩個偏偏要自立政府，不顧且也不肯使國家的政權「統一」起來？我却找不到任何合理的解釋。

次日早晨，天氣轉晴，我知道那裏環境的特殊，且因另有工作，不願再停，便謝辭了那老頭蔣老伯伯；臨走時，他誠懇的握着我的手說：「盼你早些轉回，回來時可在此多留幾日，怕誤你的公事，不便强留，回頭見吧！」他那溫柔的臉，如今還印在我的心裏。使我永遠不能忘記的。像蔣老伯那樣富于熱情而又誠懇又和藹的人，在西北這塊古怪的風土

西北散記　·　七

战前、战时版式对比

化，因为无论是纸张还是印刷条件都无法重现大上海时候的那种品质。在原色的封面纸上简单印上书名即告了事的书也不在少数。总而言之，在物资匮乏的时代，出版家们更关心的是怎么降低成本，读者们关心的是怎么少花钱，书刊的装帧就退到了次要的位置。出版家们的“斤斤计较”在史料中也有记载。这里可以举几个例子。

王云五先生为了节约纸张，对商务印书馆的排版规则进行了调整，调整的方法是“减少空白，增加行数字数”。调整的结果是，大小相同的一面此前仅能排五百字，现在排一千字上下，可节省纸张半数；而“将天地头尽可能缩减”，又可减纸张十分之一二。从实物看，商务

富有战时气息的封面设计

印书馆在太平洋战争爆发前印的书，与抗战全面爆发前相比差异不大，只是多用白报纸，而较少用道林纸。改用土纸后，无论开本、字号、行间距等都大幅缩小，书确实薄了许多，之前那种端庄大气的“商务气息”基本见不到了。即便像《唐代政治史述论稿》《隋唐制度渊源略论稿》这样经典级的学术名著也概莫能外。

生活书店在战时为降低成本，“在排印技术上，主要是改革版式，增加每面字数，减少纸张用量。如大部分图书改用新五号字排印，10万字稿，老五号字要排239面，新五号字只要198面。文艺书对话多者改用横排，一律不排书眉、减少插页和空白页等”。

美学出版社所刊“《海滨小集》开本较32开为小，是根据当时所用土纸的尺寸特地设计的，拿在手上或放在衣服口袋里都比较合适”。这也是装帧迁就土纸的一个例子。

战前，一些图书（如学术著作）会分别出平装本与精装本。而战时，精装本就显得奢侈了。有人曾在《申报》撰文回忆道，“‘洋装书’，在内地是一个很生疏的名字了。高中以上的课本，全都是土纸讲义，不止土纸，油墨也是土烟做的，难得几本破字典竖在书架上，已经够神奇的了”。从实物看，也是如此，大后方图书中几乎不见精装本的身影。

对于装帧的这些变化，读者也有话说。

战前，爱书人士通常都很欣赏日本、欧美等国图书的精美装帧和考究用纸。而迫于战争，他们不得不退而求其次，逐渐习惯“土头土脑的土纸”书了。及至看到“沿海运来的报纸与书刊”，“简直是像从外国寄来的东西似的”，但是这样“改善生活”的机会，到了抗战的后期都已经变得几乎不再可能。对于印刷模糊不清，当时就有人抱怨过。有人表示，“近年来各书局用最劣土纸裁成小本，于是因篇幅关系有用最小一号铅字排印者。节省物资，减低售价，以助教育之推展，用意固深，殊不知似是而实非。尝见某书局出版初小抗建读本第六册《黄河和长江的对话》一课，有几字虽穷竭目力，也看不清是什么字”。土纸书简陋的装帧，自然引得一些爱书人的腹诽，有人甚至责怪出版家“不知道对书的尊重”。不过也有更幽默的：“外国纸方以米色道林为美观，我中国本为黄种尚黄，何必竭尽财力，以求变白，但不沦为黑色，亦足以自慰矣。”

当然，战时图书的装帧并非一无是处。比如封面设计，虽然条件不允许用上好的纸张印制彩色的图案，但是通过木刻画来反映书中的思想感情，在烽火硝烟的环境下更有冲击力。战时出现了不少木刻画封面或插图，至今不失时代风貌，堪称经典。

版权页里的玄机

一本书的版权页可以说是它的“身份证”，从里面或繁或简的信息中可以直观地了解这本书。但是，版权页有时候却又会“隐蔽”“藏私”，比如印上些叫读者不明白的暗号，或者故意“留白”。便是那些白纸黑字印上去、读者一看就懂的内容，仔细辨辨也可能产生疑问。这些玄机其实很有趣，值得琢磨研究一番，因为它很可能是发现某种出版现象的钥匙，是走进民国出版业“现场”的一道门径。

版权页上的“暗号”

翻检故纸堆总有些考古探险的意味，不知什么时候就会有意外的发现或者惊喜。比如，抗战时期生活书店出版的一些图书版权页上就暗藏“玄机”：在出版时间及版次之后会标注一个英文字母，所见最多的是“S”，也有一些标注“C”“H”的。比如：

《日本政治研究》版权页：中华民国二十六年五月初版（S）/中华民国二十八年三月再版（S）。

《社会史简明教程》版权页：中华民国廿九年十一月初版（S）/中华民国三十二年二月三版（C）。

《怎样干救亡工作》版权页：中华民国二十七年五月初版（汉）/中华民国二十七年五月再版（粤）。

《读书的方法与经验》版权页：中华民国二十七年一月初版

世界知識叢書之二十一

戰爭途中的日本

每冊實價國幣壹元貳角
外埠酌加寄費

著者 思慕

發行者 生活書店

重慶武庫街 香港皇后大道
桂林中南路 昆明華山南路
長沙東長路 西安馬坊門街
梧州 成都 貴陽 上海 蘭州
南昌 吉安 金華 沅陵 柳州
南甯 南平 宜昌 萬縣 衡陽
南鄭 迪化 天水 嘉定 鄷都

印刷者 生活印刷所

版權所有◆不准翻印

中華民國二十八年四月初版(H)

H.C.0625
1—2000

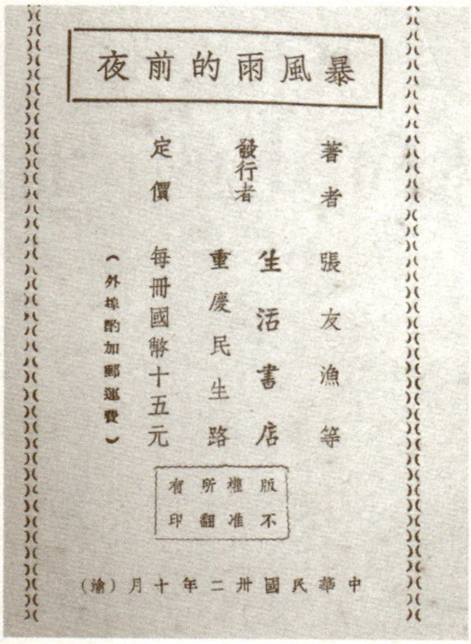

暴風雨的前夜

著者 張友漁等

發行者 生活書店
重慶民生路

定價 每冊國幣十五元
（外埠酌加郵運費）

版權所有
不准翻印

中華民國卅二年十月（渝）

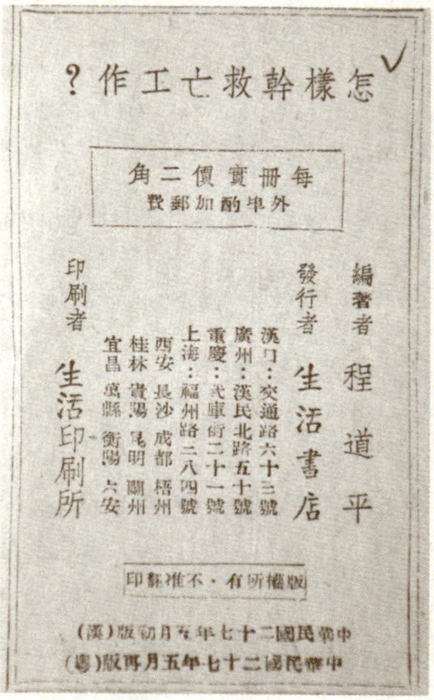

怎樣幹救亡工作？

每冊實價二角
外埠酌加郵費

編著者 程道平

發行者 生活書店

漢口：交通路六十三號
廣州：漢民北路五十號
重慶：武庫街二十一號
上海：福州路二八四號
西安 長沙 成都 梧州
桂林 貴陽 昆明 蘭州
宜昌 萬縣 衡陽 六安

印刷者 生活印刷所

版權所有・不准翻印

中華民國二十七年□月初版（漢）
中華民國二十七年五月再版（粵）

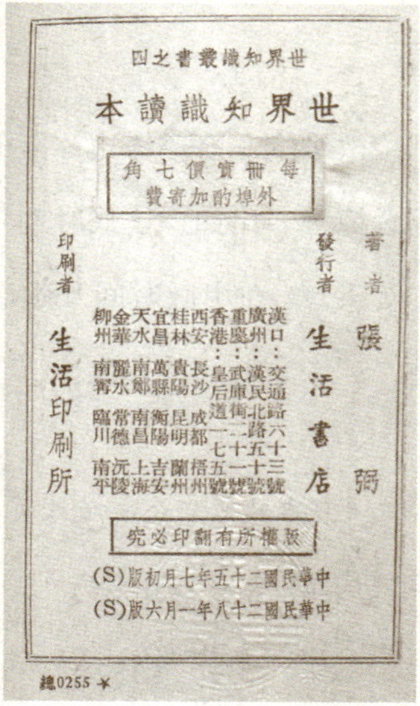

世界知識叢書之四

世界知識讀本

每冊實價七角
外埠酌加寄費

著者 張弼

發行者 生活書店

漢口：交通路六十三號
廣州：漢民北路五十號
重慶：武庫街二十一號
香港：皇后道一七五號
西安 長沙 成都 梧州
桂林 貴陽 昆明 蘭州
宜昌 萬縣 衡陽 吉安
天水 南鄭 南昌 上海
金華 麗水 常德 沅陵
柳州 南甯 臨川 南平

印刷者 生活印刷所

版權所有翻印必究

中華民國二十五年七月初版(S)
中華民國二十八年一月六版(S)

總0255 ✱

带有不同出版地“暗号”的版权页

（S）/中华民国二十八年三月再版（S）。

《西线生活》版权页：中华民国二十八年四月初版（S）。

《形式逻辑》版权页：中华民国二十八年五月三版（S）。

《近代中国经济史》版权页：中华民国二十八年四月初版（S）。

《战争与间谍》版权页：中华民国二十五年十一月初版（S）/中华民国二十八年四月四版（S）。

《大众资本论》版权页：中华民国二十七年七月初版（S）。

《反杜林论》版权页：中华民国二十六年八月初版（S）/中华民国二十八年五月四版（S）。

《战争途中的日本》版权页：中华民国二十八年四月初版（H）。

《沦陷七周年的东北》版权页：中华民国二十七年九月初版（H）。（注：该书为生活书店总经售）

《燕赵儿女》版权页：中华民国二十七年九月初版（S）。

一般而言，版权页上的信息无外乎这么几点：书名、著者、出版者、出版时间及版次、出版地点、价格、版权声明。民国时期，出版物的版权页并没有统一的格式，因此各家书局所出图书的版权页也就大不相同。生活书店所出图书的版权页是比较规范的，版权页的格式也比较统一。可以肯定，版权页上的字母一定有某种特定的含义。

不难发现，上面列举的这些版本大多出版于抗战全面爆发之后。这一时期，生活书店辗转西迁，先落脚武汉，后移到重庆。根据生活书店《店务通讯》的记载，为了适应多变的战局，生活书店将造货地点从原本的上海分散到上海、汉口、广州、香港数地，以便就近发售；

之后又根据战局的变化，对造货基地进行了多次调整。也就是说，生活书店的造货方式从战前集中在上海一地变为多点并进的分区造货。这一改变在当时的出版物上也是有体现的。如1938年2月四版的《中日问题讲话》，出版时间和版次标注为“中华民国二十五年九月初版/中华民国二十七年二月四版（汉）”。《店务通讯》第二号所载“本周在汉重版印出的书”目录中即包括这本书。由此可知，这个“（汉）”表示这一版是在汉口出版的。

这样说来，既然括号中的文字表示出版地，那么也就有理由推测，括号中的英文字母也是表示出版地点。

前面所举例子中的《读书的方法与经验》一书即收录在《店务通讯》第二号所载“在上海印出的新书”目录中，这就证明了“（S）”表示该书是在上海印制出版的，接下来再继续寻找“（C）”“（H）”的具体意思。1939年7月出版的《店务通讯》第五十五号所载《关于推广工作》一文，为我们提供了破解其他“暗号”的线索。文中详细介绍了登载生活书店图书广告的相关要求，在“广告编号”部分列举了排印地点的字母代号，如H代表香港、C代表重庆。我们再用原书对比一下，标有“（H）”的《战争途中的日本》出版于民国二十八年（1939），此时大后方出版的图书基本上都改用土纸印制了，而这本书却依旧用白报纸印刷。当时生活书店的造货基地中，只有香港和上海有较为充足的白报纸可供印刷，用简单的排除法即可推定《战争途中的日本》是在香港印刷的。而1943年出版的《社会史简明教程》（第三版）用土纸印刷。此时，太平洋战争早已爆发，上海、香港已经全部沦陷，生活书店的造货基地均已迁至大后方。书中的“（C）”表示书是在重庆印制的，这就有了更为充分的证明。

为什么要标这些“暗号”呢？据史料分析，当时生活书店在不长的时间里在大后方各地开设了几十家分店。分区造货与分区销售增加了不少管理成本，各造货基地的造货成本有时候相差很大，比如上海和重庆的纸价就相差好几倍，所以同一本书在不同区域售价可能不同，需要在书上做“暗号”，以方便区分。其实，除了生活书店，其他规模较大的书局出版的书上也有类似的“暗号”，大多也是为了方便管理而标注的。

《日本政治研究》的两个再版本

在最初接触民国文献的时候，曾经想过一个问题，民国文献是不是也有版本问题。之所以有这个疑问，是因为民国时期只有短短的38年，而且文献的生产和流通又是依托于现代机械化制造和市场化传播，环境与古籍流行的年代大不相同。随着接触的增加，我逐渐意识到，民国文献不仅存在着版本问题，而且具有其时代的特性。这里即以《日本政治研究》一书做一个例子。

《日本政治研究》，王纪元著，生活书店1937年5月初版，收录在"青年自学丛书"（第二辑）。我无意间发现了这本书竟然有两个不同时间的再版本，分别再版于1938年1月和1939年3月。民国图书的版次一般是重印一次即为一版，与中华人民共和国成立后版次的概念有所不同。每一次重印内容可能原封不动，也可能会有挖改增删，但是大多数时候是不会做特别说明的。不过，不论各版之间内容有无变化，

《日本政治研究》

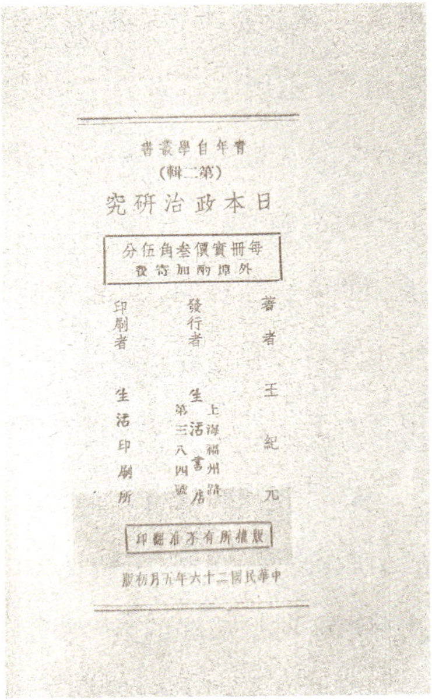

《日本政治研究》初版本版权页

每一个版次应当是唯一的，因此一部书出现两个不同时间的再版本还是不常见的。

为了比较的方便，将1938年1月再版本命名为甲版本，将1939年3月再版本命名为乙版本。经过实物对比，甲乙两种版本相差无几：全书正文174页，每页11行，每行32字（含标点）；均用新闻纸印刷；价格均为“实价三角五分”；封面设计图案相同。不同之处主要包括：甲版本书名页、版权页各1页，目录页2页；乙版本另增广告2页。甲版本封面右下方印有“上海生活书店发行”字样，乙版本封面同样位置则印有“生活书店发行”字样。甲版本书名页正下方印作“上海生活书店发行/中华民国二十七年一月”，乙版本书名页正下方印作“各地生活书店发行/中华民国二十八年三月”。版权页信息中，版次信息，甲版本著录为“中华民国二十六年五月初版/中华民国二十七年一月再版”，乙版本著录为“中华民国二十六年五月初版（S）/中华民国二十八年三月再版（S）”；发行者信息，甲版本为生活书店，店址作“上海福州路第三八四号”，乙版本为生活书店，其左开列了重庆、香港、西安、桂林四城市的分店址，并长沙、成都等28个城市名称；乙版本注有“本书业经内政部登记注册　注册执照警字第九七九五号”，甲版本无。乙版本封底印有生活书店徽标，甲版本无。

在《版权页上的“暗号”》中，我曾经提到过，抗战时期生活书店出版的一些图书，其版权页出版时间及版次信息之后会标注一个英文字母，所见最多的是“S”。根据相关史料的记载，这表示该书是在上海印制的。而乙版本的版次信息后恰好标注有“S”字样，即可证明这版书是1939年3月在上海再版印刷的。根据北京印刷学院韬奋纪念馆整理出版的生活书店《店务通讯》记载，《店务通讯》第一号（1938.1.22）中“在汉重版中书籍”清单内即包括《日本政治研究》一书，则可知甲版本为1938年1月在汉口再版印制的。从两书正文部分完全一样的情况分析，两书应当用的是同一副纸型。

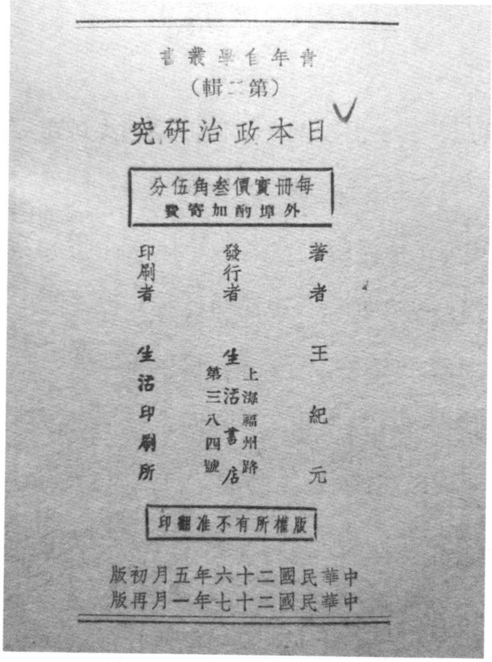
青年自學叢書
（第二輯）
日本政治研究
每冊實價叁角伍分
外埠酌加寄費
著者　王紀元
發行者　生活書店　上海福州路第三八四號
印刷者　生活印刷所
版權所有不准翻印
中華民國二十六年五月初版
中華民國二十七年一月再版

《日本政治研究》甲版本版权页

一种书先后出现两个地区印制的再版本，这个现象所反映的是生活书店战时分区出版的状况。

在抗战爆发之前，出版业基本采用集中造货、逐层分销的做法。造货基地主要设在上海、广州、香港等东南沿海大城市。印成的出版物通过中间渠道分销至各地。但是，抗战爆发后，这些传统造货基地先后陷落，出版机构也基本迁入内地。为了保障供应，一些具有一定实力的出版机构不得不同时考虑多个地点造货，并根据交通情况以造货点为中心安排分销渠道和区域，这也就是分区出版。从现有史料看，商务印书馆、中华书局、生活书店、开明书店等出版机构都采用了这个模式。

根据《店务通讯》的记载，“八·一三”事变后，生活书店将总店西迁至武汉。1938年1月，总店提出造货中心“以汉口、广州两地为主，上海、重庆次之”的思路。10月，武汉、广州陷落，总店决定除沪、渝两地外，将桂林作为西南地区的造货中心，“无时间性的书籍和大量重版的书籍，都归上海排印”。1939年夏，徐伯昕赴港考察后提出，适当扩展香港造货力量，不宜在上海印刷的出版物由香港造货供应。1940年8月，鉴于交通阻隔日益严重等不利因素，生活书店确定造货地集中在沪、渝、桂三地。1941年12月太平洋战争爆发，上海租借地亦为日寇占领，生活书店在沪的造货基地也随之丧失。

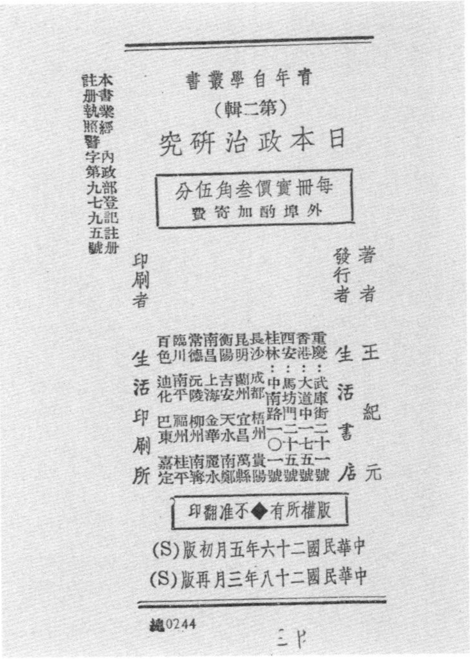
青年自學叢書
（第二輯）
日本政治研究
每冊實價叁角伍分
外埠酌加寄費
著者 王紀元
發行者 生活書店
重慶：武庫街二十一號
香港：大道中二七五號
西安：馬坊門一十五號
桂林：中南路一〇一號
長沙 昆明 衡陽 南昌 常德 臨川 百色
成都 蘭州 吉安 上海 沅陵 南平 迪化
梧州 宜昌 天水 金華 柳州 福州 巴東
貴陽 萬縣 南鄭 麗水 南寧 桂平 嘉定
印刷者 生活印刷所
本書業經內政部登記註冊
註冊執照警字第九七九五號
版權所有◆不准翻印
中華民國二十六年五月初版(S)
中華民國二十八年三月再版(S)
總0244

《日本政治研究》乙版本版权页

由于同时存在多个造货

地，也就出现了一种书或同时或先后在多地印制，又在多地分销的情况。这也就是《日本政治研究》存在汉沪两个再版本的原因。之所以不采用“大流水”的方式统一排列不同地出版的同种书的版次，也不难推想。当时战局动荡、通信不畅，各区域造货销售情况存在差异，各次自行排列版次自然比集中排列更易于操作和管理。自然，这并非绝对，毕竟各家对于分区出版的管理思路、手段不尽相同，且各自的办法也因时因地有所调整。

再谈《日本政治研究》的两个再版本

前文就生活书店版《日本政治研究》一书出现的两个再版本，谈到了抗战时期的分区出版现象。这里，借这两个再版本再来谈谈生活书店的战时发行网。

《日本政治研究》两个再版本分别为1938年1月汉口再版本和1939年3月上海再版本。对比两个版本的版权页，最大的差别就是“发行者”栏。汉口再版本“发行者”内容很简单：“上海福州路第三八四号生活书店。”而上海再版本“发行者”栏中的信息则十分丰富：在标注了“生活书店”字样之后，详细罗列了重庆、香港、西安、桂林四城市的分店址，及长沙、成都、梧州、贵阳、昆明、兰州、宜昌、万县、衡阳、吉安、天水、南郑、南昌、上海、金华、丽水、常德、沅陵、柳州、南宁、临川、南平、福州、桂平、百色、迪化、巴东、嘉定28个城市。可知，当时生活书店在这些城市也建立了分支机构。

这两个再版本出版时间相距不过一年多的时间，何以发行信息的繁简会有如此大的差异呢？如果再以这一时期生活书店版其他图书加以比对，还会发现版权页上所罗列的分支机构亦有变化，这又是什么原因？回顾生活书店在20世纪30年代末到40年代初不寻常的发展轨迹就不难发现，这一简一繁的变化正可以作为其在这一特殊时期逆势快速发展的一个缩影。

战前，生活书店除了上海的总店以外，其面向全国的发行模式主要是邮寄和第三方代售。当时生活书店的邮购服务模式在书业界都是有影响的。根据《生活书店史稿》的记载，抗战全面爆发前，生活书店只在汉口、广州两地开设了分店，直接隶属于总店；此外还曾经在香港开设了一家名为“安生”的书店，但是因为营业不理想，不久后收歇；1937年8月又决定在西安和成都设立分店。如果说，前三家分店的设立有拓展内地和南洋市场的意图，那么西安与成都分店的设立更多则是为转移到内地做准备。

生活书店重庆分店

在1938年1月22日刊印

的《店务通讯》第一号中，生活书店表示，要将“一切力量尽可能分散至内地，用游击式来开展我们的文化工作”。《生活书店史稿》记载，按照这个原则，由徐伯昕牵头制订了一个“宏大”的发行网建设计划，“在各省市重要城镇建立分支店，并尽可能深入内地和临近战区地带，以便普遍供应人民迫切需要的精神文化食粮”。

在极其动荡的局势下逆势扩张自然需要极大的勇气，而编织这样一张覆盖半个中国的大网更需要全局视野和战略谋划，生活书店对此有着清晰的考虑。《店务通讯》第一号所载《业务报告》做了详尽的分析。第一，要“从长计议”，“我们的抗战是全民抗战，并且是持久战，书店工作的开展，当然要和全面抗战配合起来”。第二，根据战势变化和救亡运动需要，调整既有分支机构职能。“汉口的重心，先分散一部分力量于华南”，“把反映现实最快的全国性的三日刊《抗战》和专研讨国际情势的半月刊《世界知识》迁往广州出版，同时在那里也可编印些新的丛书”。第三，做好后备安排。“汉口部分，于必要时准备移至重庆工作。广州将来如因客观形势变动而无法继续营业时，可以迁到桂林”；“西安也要作单独作战的准备，渐次向兰州、迪化伸展。将来纵使粤汉受到威胁，华西重心的重庆，可与成都、西安互相连络，西南中心的桂林，可与贵阳、昆明、长沙、梧州等处呼应”。第四，建立分区发行模式。“邮购、批发的工作，是含有一些地域性，为避免邮程转辗迟延，所以尽先逐步分散至各分店，由各处就近办理，什志发行，暂由汉粤二地分别负责，将来也要做到分散至各分店”。

从这些分析谋划中可以看出，生活书店对后方分支机构的设置，经过了一番深思熟虑。首先是充分考虑到战势的可能变化。比如，所预测的“粤汉受到威胁”，不到一年就变成了严峻的现实。如果不是早有谋划，恐怕要措手不及了。其次考虑到与邻近其他分支机构的呼应配合，尤其是交通的便利。从后面的变化看，这个布局是符合实际的。

1939年3月上海再版本《日本政治研究》版权页中所开列的这些城市正反映了当时生活书店发行网络的建设情况。由此可知，它们的发行网络已经基本遍布了当时大后方的主要地区。在所列诸多分支机构中，为首的四家（重庆、香港、西安、桂林）是居于地域性枢纽位置的，版权页中也加以特别的标注，这里不妨略加介绍。

重庆分店设立于1937年12月。重庆在战时是国民政府的陪都，也成为战时的经济文化中心。生活书店自然要将这里作为发行网络的关键节点，重庆分店成为众多分支机构中规模最大的分店，承担着华西地区发行中心的职能。1938年10月，原在汉口的生活书店总管理处迁至重庆。原本由总店办理的邮购、批发业务也并入了重庆分店，由此该分店的职能、作用更与其他分店有所区别了。

西安分店于1937年12月开始营业。在生活书店整个发行网络中，西北地区的分支机构相对较少。因此，该分店就承担着西北地区发行中心的职能，发往兰州、天水、迪化的书籍多由此发运，送往延安的书籍亦由此经转。西安分店也是比较早遭到破坏的分支机构。翻阅《店务通讯》，多有国民党当局搜查、扣押该店图书，干扰该店经营的报道。1939年4月该店遭到查封，资产被官办的中国文化服务社占用，经理周名寰更被关押多年，最终牺牲于狱中。

桂林分店设立于1938年3月。桂林是战时西南地区重要的枢纽城市。在武汉、广州失守后，大量人口涌入桂林，其中也有很多知识分子、学生，桂林一时间成为西南地区的文化城。生活书店在此设立分店，既便利与当地文化界形成良性互动，又有较为稳定的市场，同时

生活书店昆明分店

也便利西南地区其他分支机构的发行。

香港分店设立于1938年7月。虽然此前在港设点经营的尝试并未成功，但是鉴于香港在战时的重要战略位置，在克服了很多困难之后，生活书店最终还是成功在此设立了分店。香港分店对生活书店的经营发挥了重要作用，除了便利境外发行外，更为重要的是，大量出版物资和出版品都赖以由此转运进入大后方。港店所承担的造货、交通中转等重要职能，给身在物资匮乏大后方的生活书店提供了重要的支撑。

据《生活书店史稿》记载，生活书店全国发行网络的建立主要集中在1938年、1939年中，先后建立分支店及办事处达52个、临时营业处3个，此外还有9个流动供应所。这些发行据点遍及后方14个省份，除新疆、西藏、青海、宁夏4省外，各省都有分支店或办事处。

随着战势的发展，生活书店的发行点还必须及时做出调整。例如，

生活书店桂林分店

1938年7月间，南昌形势已经十分紧张，设在此地的分店已经处于“挣扎”之中。为了提前进行准备，生活书店即安排专人到吉安筹办分店，以备南昌失守后经营业务的转移；在武汉、长沙即将陷落之际，派员赴常德开设分店，因为当地有大量疏散下来的两地市民。六安一度为安徽省政府移驻地，且交通相对便利，生活书店曾于1938年4月间在此开设分店，至8月间六安形势吃紧，遂又在立煌（今安徽金寨）设立分店接续营业。

1938年10月，武汉、广州同时沦陷，战局发生重大变化。生活书店不得不紧急对分支机构的布局做出整体调整。11月19日，《店务通讯》登载了徐伯昕先生所做的《粤汉退出后我店业务上的新布置》一文，对“各店的后移与伸展”做出了详细安排。限于篇幅，这里就无法展开了。本文所提的《日本政治研究》1939年3月上海再版本版权页中所列的28个城市中，诸如柳州、南宁、百色、巴东、迪化等处的分支机构即是在这时候谋划设立的。

由于国民党当局的遏制与打压，这些分支机构存在不长时间就先后被迫关闭，到1941年初仅剩重庆分店。在硝烟战火和险恶的政治环境中编织起如此庞大的文化之网，仅仅靠规划是不可能实现的。根据《店务通讯》第一号的报告，仅仅用了4个月的时间，重庆、长沙、成都、梧州等分店已经建立；书店又根据战势的发展，“作进一步的挺进计划，在向来文化落后环境统治的地方，去做些积极的推动工作”，着手在贵阳、昆明、桂林、兰州、宜昌、万县、衡阳等地设立分支机构。可见，当时生活书店同人的执行力与战斗力之强。自然，他们在这一过程中所付出的努力和辛劳，恐怕也不是我们可以轻松想象的。

《店务通讯》《生活书店史稿》等史料中多次出现他们在各地奔波活动的记录。看到这些记载，我们不得不佩服生活书店各位前辈的执行力和奉献精神。据记载，派去某处筹建分店的往往不过一两位员工而已，有的甚至刚刚处理完某地的筹建事宜，又奉令转战他处。他们要去的目的地，多是经济文化相对落后的地方，从无到有开办书店面临不少的困难；路途上，为了及时搭乘车船而到处奔走，连夜排队买票；住宿不过寻个小旅店将就过夜，有时候甚至不得不露宿街头；除却辛苦，还要面对各种危险，躲避敌机轰炸已经是家常便饭。前往贵阳筹办分店的张子旼还在途中遇到了“匪先生”，究竟是有惊无险，还是只好“破财免灾”也不得而知了。到了当地，则要及时了解行情、设法租赁场地；一些地方当局得知生活书店在此设点，还要横加刁难，不发营业执照，为此少不得还要动用关系代为请托。

邹韬奋先生在其《抗战以来》一书中，对此有一番描述和感慨：“号称‘经理’，实际上等于流亡。因交通拥挤，曾有同事乘船被挤得落下水去，勉强获救，得全生命。有同事因经济苦窘，登岸后即在码头上露宿一宵，然后努力建立新的工作据点，执行‘经理’职务。他们所以能有这样苦干的精神，是深刻明了他们的勤苦不是为任何少数人谋利，而是为中国的文化事业奋斗。”

说到此，我们不得不感叹，生活书店冒着各种危险，凭一己之力在文化落后的大后方编织文化网，促进文化抗战，真乃文化壮举！

闲话版权印证

版权印证是民国时期出版史上一个独特且富有韵味的文化标签。相对于庞大的民国图书总量而言，存世的版权印证实在不算多，当初我也是在“爬架子”的过程中偶然间发现的，记得最初见到的应该是商务印书馆“文学研究会丛书”里的一种。这套丛书的外观和其他新文学名著相比，显得实在“朴素”。不过，当我翻到版权页，看到了那枚方方正正的版权印花时，立刻被那精美的图案所吸引。也正是从这里，我开始关注这些贴在版权页上的“邮票”。

版权印证最初的功用在于防止盗版，不过随着时间的推移，当初的“防伪标志”已经逐渐蜕变为藏书文化赏鉴的对象。提到版权印证，藏书家们津津乐道的经常是其精美的设计和独特的风貌。我把这些年过眼的版权印证做了一点梳理。从形态上说，版权印证大体有两种，即版权印章和版权印花。版权印章就是钤盖在版权页上的版权人

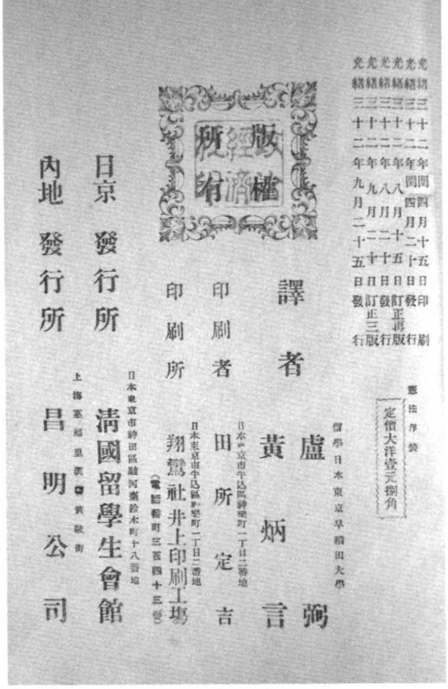
版權所有
經濟
定價大洋壹元捌角
譯者 盧弼 黃炳言
印刷者 田所定吉
印刷所 翔鸞社井上印刷工場
日京發行所 清國留學生會館
內地發行所 昌明公司

《宪法》，清国留学生会馆、昌明公司发行，1906年9月25日订正三版

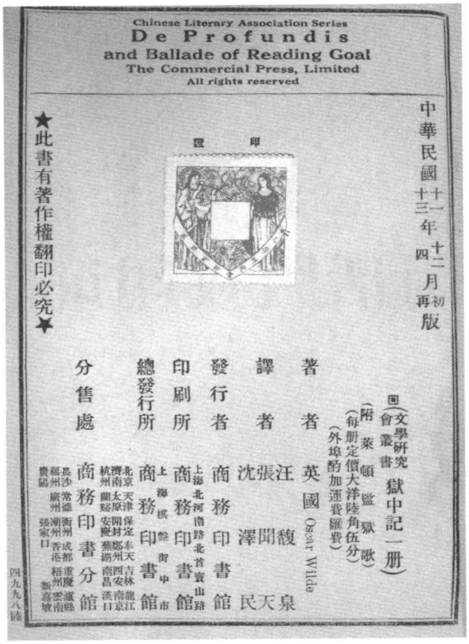
Chinese Literary Association Series
De Profundis
and Ballade of Reading Goal
The Commercial Press, Limited
All rights reserved
中華民國十一年十二月初版
中華民國十三年四月再版
印證
★此書有著作權翻印必究★
文學研究會叢書 獄中記一冊（附萊頓監獄歌）
（每冊定價大洋陸角伍分）
（外埠酌加運費匯費）
著者 英國 Oscar Wilde
譯者 汪馥泉 張聞天 沈澤民
發行者 商務印書館
印刷所 商務印書館
總發行所 商務印書館
分售處 商務印書分館

《狱中记》，商务印书馆发行，1924年4月再版

指定的印章，以此标志版权所有。版权印花又被称为版权票，其基本样式是一张类似普通邮票大小的纸片，其上通常钤有版权人指定的印章。一些版权票四边开有齿孔，这种样式和印花税票比较相似，“版权印花”这个称谓大概也是因此得来的。

版权印章或印花的内容，最为普遍的是作者的名章。比如鲁迅、张恨水、蒋光慈等作家即用自己的名章作为版权印章（印花）。一些以机构名义编著的著作，则钤有该机构的印章。例如《一九三五年第一季的世界经济与国际政治》（国际政治经济研究会编辑，1935年5月初版）版权页上就钤有“国际政治经济研究会”椭圆形印章。《国际形势演讲集》（训练总监部编印，军用图书社1933年6月出版）版权页上贴有“训练总监部/不准翻印”的印花。商务印书馆所出“尚志学会丛书”中的《中国史乘中未详诸国考证》(1928年7月初版)版权页上盖有“尚志学会之章”印章。还有一些则标记出版机构的名称。例如《莫里哀全集(一)》(王了一译，国立编译馆1935年8月初版)版权页上即贴有“国立编译馆”印花。《欧洲列国战事本末》(王树枬著，文明书局1904年4月15日发行)版权页钤有“文明编译印书局之印”印章。《逸梅小品》(郑逸梅著，中孚书局1934年6月再版)版权页钤有“中孚书局”印章。《中国的抗战(第二集)》(密勒氏评论报1938年11月初版)版权页钤有“CHINA WEEKLY REVIEW/密勒氏评论报”长方形印章。此外，还曾见到以书名或丛书名作为版权印证内容的。例如《毛线袜及其他》(许钦文著，北新书局1926年8月初版)版权页钤有“毛线袜及其他”印章。开明书店出版的“黎明社丛书”中的《邮吻》(1930年10月三版)以及《旧诗新话》(1929年10月加订再版)版权

《狱中记》版权票，印有“文学研究会板权所有”字样

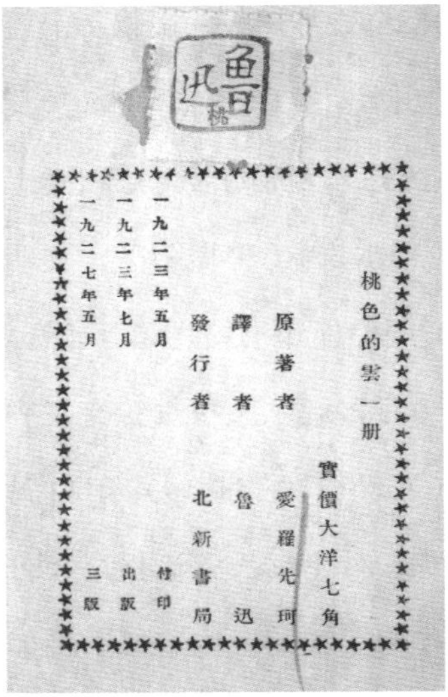
桃色的雲一冊
實價大洋七角
原著者 愛羅先珂
譯者 魯迅
發行者 北新書局
一九二三年五月 付印
一九二三年七月 出版
一九二七年五月 三版

《桃色的云》，北新书局发行，1927年5月三版

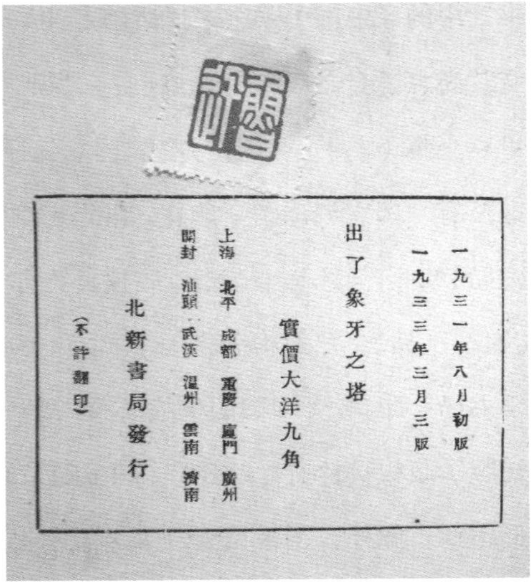
一九三一年八月初版
一九三三年三月三版
出了象牙之塔
實價大洋九角
上海 北平 成都 重慶 廈門 廣州
開封 汕頭 武漢 溫州 雲南 濟南
北新書局發行
（不許翻印）

《出了象牙之塔》，北新书局发行，1933年3月三版

页上均贴有“黎明社丛书”印花。申报馆出版的上海文库之《日本的海军》（1933年5月初版）和《日本的航空》（1933年5月初版）版权页上均钤有“上海文库”印章。

给我印象最深的版权印花则当推严复先生曾用过的一枚，在其翻译的《英文汉诂》［光绪三十一年（1905）三月三版］和《社会通诠》［光绪三十一年（1905）九月三版］上都贴有这种印花。若以其构思的精妙和制作的繁复而论，在我见到的版权印花中也是绝无仅有的，在多个方面都可谓独具特色。中英文合璧的样式权且不说，票面图案采取特殊印制方式，图案凸起，富有立体感，这在过眼的版权票中本就不多见。更加独一无二的是，它采用了骑缝对拼的方式。中间的圆形印花是单独印制的，四边的部分则是印制在版权页上的。而且它们之间有文字拼接，“上海商务印书馆印行/COMMERCIAL PRESS

SHANGHAI”的中英文字样，一部分在版权页上，一部分在圆形印花上，有如古代的“虎符”。从接缝处文字分布并不规则这一特点看，我猜想应该是先把圆形印花贴在大概确定的位置，然后再上印刷机印制版权页。即先贴上印花，再印刷版权页，这就大大增加了伪造的难度。这番构思不知是否出自严复，真可谓心思缜密。不过，大概也就是因为工艺相对复杂，这样“虎符”式的版权印花在所见的版权印证中仅此一种。此后，就连严复自己的版权票也改成了钤着名章的方纸片。

以我所见，精致的版权印证大多出现在20世纪二三十年代，即出版业相对发达的时期；抗战全面爆发之后，版权印证的装饰元素明显减少，有些更是显得寒酸。方寸之间的变化也可以折射时代的兴衰。

版权印证虽然不起眼，但却是一个兼具审美韵味和学术价值且富有时代特色的出版现象。之所以这么说，首先，版权印证应当是民国时期版权保护上的舶来品；中华人民共和国成立之后，出版发行体制发生重大变化，版权印证就基本上退出了历史舞台，直到近些年才偶有现身。其次，版权印证虽然是一种版权保护的技术手段，但是毕竟出自文人之手，于是就带有了浓厚的文化意蕴，

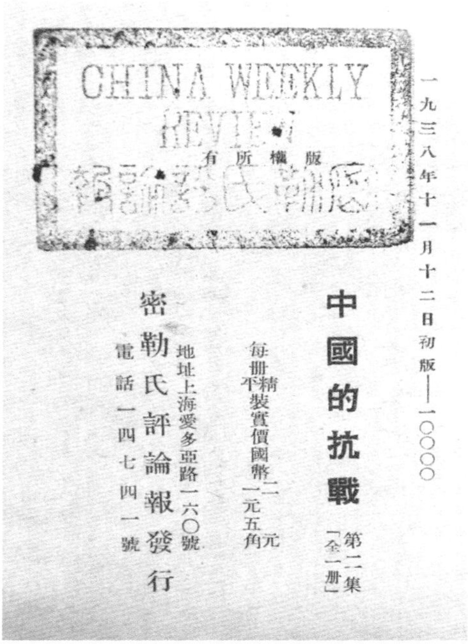
CHINA WEEKLY REVIEW
版權所有
一九三八年十一月十二日初版——一〇〇〇〇
中國的抗戰 第二集 [全一册]
每册 精裝實價國幣二元 平裝一元五角
密勒氏評論報發行
地址上海愛多亞路一六〇號
電話一四七四一號

《中国的抗战（第二集）》，密勒氏评论报发行，1938年11月12日初版

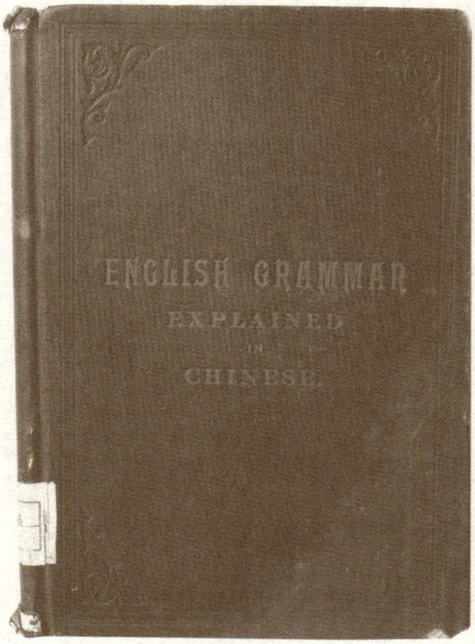

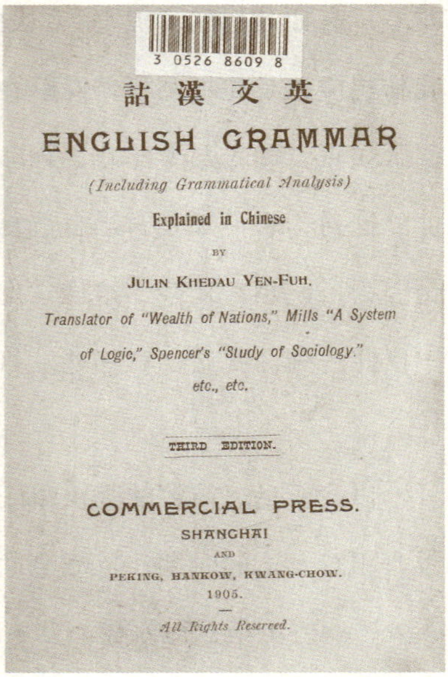

英文漢詁

ENGLISH GRAMMAR

(Including Grammatical Analysis)

Explained in Chinese

BY

JULIN KHEDAU YEN-FUH,

Translator of "Wealth of Nations," Mills "A System of Logic," Spencer's "Study of Sociology."

etc., etc.

THIRD EDITION.

COMMERCIAL PRESS.

SHANGHAI

AND

PEKING, HANKOW, KWANG-CHOW.

1905.

All Rights Reserved.

光緒三十年五月首版

光緒三十一年三月三版

翻印必究

上海商務印書館印行

KNOW THYSELF

COMMERCIAL PRESS SHANGHAI.

每部定價洋壹元貳角

著作者 侯官嚴復幾道

代表者 商務印書館

發行者 商務印書館

印刷所 上海鐵馬路橋北錢業會館西文昌閣隔壁 商務印書館

總發行所 上海棋盤街中市 商務印書館

《英文汉诂》，商务印书馆发行，1905年3月三版　《英文汉诂》“虎符”式版权票

有的版权印证甚至堪称微型艺术品，叫人过目难忘，使读者真切感受到其所包含的审美情趣。当然，除了从艺术的角度来欣赏玩味之外，我们似乎也需要从出版史的角度来考察一下，这样才能更全面地认识这个“小物件”。

简单来说，使用版权印证是一种防止侵犯著作权的手段。盗版一直是困扰著作家和出版家的顽疾。今日如此，民国时期更甚。举几个例子便可见一斑。民国初年盗版活动便已十分猖獗，据上海书业同业公会的相关记述，仅商务印书馆一家印的书，全国就有12省31家图书印销单位涉嫌盗印；上海总商会则称翻版之案“几于无省不有”。到了20世纪30年代，虽屡有打击，但是《申报》在谈及偷印翻版时还是称此风“非常之盛”。到了抗战爆发，特别是上海与内陆印刷品不能通寄以后，盗印沪版图书的事就日渐其多，当时即有人将桂林称为“偷版书商的乐园”，沦陷区内的盗版行为也是屡见不鲜；就算是著作人发现了盗版行为，面对敌情险恶，山川险阻，也只能徒唤奈何。针对屡禁不绝的盗版，著作人、出版人除了求助于政府加大打击力度之外，还想了不少办法，比如上海、北平等地先后成立地方或全国性著作权人、出版人联合会；上海书业同业公会还专门制定了《书业取缔翻版办法》，协调书业联动打击盗版等。而使用“版权认证”也是其中的一项措施。

版权印证的作用类似防伪标识，具体而言，主要是防止两种损害著作人利益的行为。第一种不妨称之为“私印”。民国时期著作人根据图书印量按照一定比例抽取版税，已经比较普遍。这样，无论著作人还是出版机构，其利益都直接和图书印销量挂钩。如果出版机构多印而少报，著作人利益受损，出版人则可以额外渔利。李衡之《书店杂景》一文将此种现象称为“做小货”，即“把易销的书，多印一版作为自己的收入，或是自设纸行或印刷所，与自己所担任的书店相交易”。使用版权印证正可以防止这种情况发生。根据史料记载，严复使用版权印花，其目的似乎也就在于此。吉少甫先生在其《中国最早的版权保护制度》一文中抄录了1903年10月商务印书馆和严复签订的《社会通诠》翻译出版合约，其中规定，“此书出版发售，每部收净利墨洋（即银元）五角。……此书另页须粘稿主印花。如无印花，察系印主私印者，罚洋两千五百元，此约作废，听凭稿主收回版权。……每批拟印刷若干须先通知稿主，以便备送印花”。可见加贴印花正是防止出版机构“私印”。鲁迅先生在与北新书局打完版税官司后，要求在自己的著作上加贴版权印花也是防止“私印”。鲁湘元先生所著《稿酬怎样搅动文坛——市场经济与中国近现代文学》一书对这段版权纠纷做了比较详细的介绍。鲁迅与北新书局庭外达成的协议约定，“双方重新签订合同，依据南京国民政府刚颁布的《著作权施行细则》，实行‘印书证制’”。鲁迅1929年9月11日日记也有托人将“译著印花约四万枚”送交律师的记载。第二种则是盗版。版权印证在著作人手中，盗版书自然无从加盖，这样便可以很容易判定真伪。在我见到的史料中，就有一些通过版权印证判定真伪的例子。比如，在《古代社会（下册）》（杨东蓴、张栗原译，昆仑书店1930年3月初版）版权页上注有“本书贴有本店检印并加盖译者图章否则即系盗版望各同业注意”字样。1929年11月大江书铺在《申报》登载的《经济科学大纲》广告中也申明，“北平方面有《经济科学大纲》翻版出现；该翻版错误繁多；纸张恶劣，读者宜注意之。凡版权页中无译者版权印者，即属翻版，极易认清”。1931年3月出版张恨水《啼笑因缘》的上海三友书社查获了一批盗版图书。据《申报》报道称，这些伪书“铜版模糊，印刷恶劣，内容且多脱节缺页之处，底页又无三友书社红色图章及版权所有字样，真伪可以立辨”。

在我的印象里，版权印证的使用在20世纪二三十年代相对比较普遍，到了抗战爆发就明显减少，到中华人民共和国成立前夕已经鲜有使用了。从一些史料看，20世纪二三十年代，书业和著作人的行业协会还曾经有意推广使用版权印证。例如，1928年12月15日，上海新书业公会召开会议，“议决由公会发给印花证，以免翻版”。1933年1月7日，中国著作人出版人联合会驻沪办事处召开会议，商讨处置盗版问题，有代表提出“为使各埠翻版书易于识别起见，拟由会中印制凹凸精美版权证一种，黏贴各书版权页上”，此议全体通过。

可是，若从带有版权印证的图书占存世民国图书的比例之少这一情

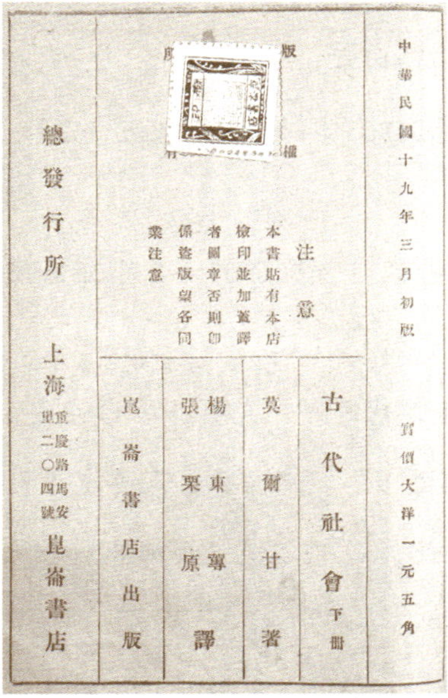

《古代社会（下册）》，昆仑书店，1930年3月初版

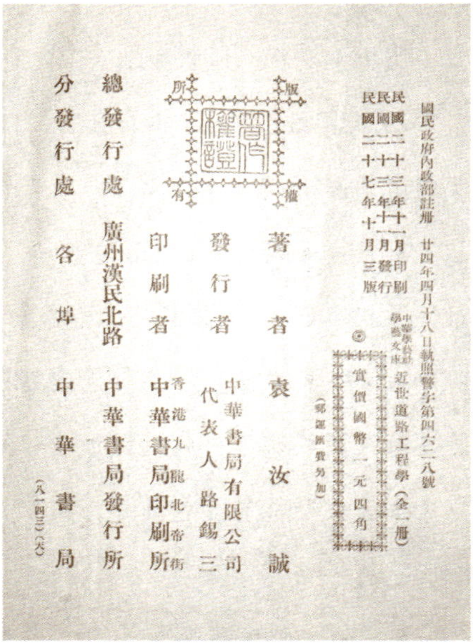

中华书局统一印刷的版权标记

况看，版权印证在民国时期并没有大规模流行起来。像商务印书馆、中华书局这样的大书局，似乎只在其早期的一些出版物上使用过，后来不知是不是嫌麻烦，干脆将“版权所有”的字样直接印到版权页上。更多是中小书局甚至个人出版的作品使用版权印证。对于版权印证没有大规模使用起来的原因，陈巧孙先生在其《闲话“版权认证”》一文中指出，版权印证也被盗版——遭人伪造，因此到后来应用版权印证的作家越来越少，印证也就逐渐失去作用而至绝迹了。

附：

所见版权印证书目

以下是我所过眼的带有版权印证的图书目录。其中一部分系在馆藏实物中所见，一部分是从有关民国文献的配图中搜集而来。

1.《日本维新三十年大事记》，作新社著，作新社1902年10月22日（阴历）发行，版权印证：“作新社印”印章。

2.《英国维新史》，作新社著，作新社1903年1月29日（阴历）发行，版权印证：“作新社印”印章。

3.《欧美政党论》，王钝纂译，新民译印书局1903年2月25日发行，版权印证：“新民书局”印章。

4.《群学肄言》，［英］斯宾塞尔著，严复译，文明书局1903年5月发行，版权印证：版权票加盖“侯官严复”红色方章，又在其粘贴位置加盖文明书局蓝色圆章，文字较为模糊，内容是“上海文明书局□所□制版□”。

5.《地方制度要义》，［日］美浓部达吉著，作新社译，作新社图书局1903年7月初一日发行，版权印证：“作新社印”印章。

6.《朝鲜史》，［日］吉备西邨著，独头山熊译，点石斋书局1903

年8月20日发行，版权印证："绎史文社版权"印章。

7.《支那人之气质》，［美］斯密斯著，作新社译，作新社1903年8月29日发行，版权印证："作新社印"印章。

8.《欧洲列国战事本末》，王树枏著，文明书局1904年4月15日发行，版权印证："文明编译印书局之印"印章。

9.《英文汉诂》，严复著，商务印书馆发行，1905年3月三版，版权印证："侯官严氏版权所有"双叠圆形版权票。

10.《日本现行法典全书（第一编）》，邹致钧译，清国留学生会馆1905年3月20日发行，版权印证："致钧"印章。

11.《社会通诠》，［美］甄克思著，严复译，商务印书馆发行，1905年9月三版，版权印证："侯官严氏版权所有"双叠圆形版权票。

12.《今世欧洲外交史（下卷）》，［法］德比缁儿著，麦鼎华重译，广智书局1905年9月初五日发行，版权印证："广智书局翻刻必究"钢印。

13.《宪法》，卢弼、黄炳言译，清国留学生会馆（日本）、昌明公司1906年9月25日订正三版发行，版权印证："政治经济社印"印章。

14.《明治维新四十年政党史》，日本太阳杂志社著，宪政研究社1907年5月20日发行，版权印证："宪政研究社印"印章。

15.《欧洲列强近世外交秘史》，［日］神藤才一著，胡源鸿、苏艺林译，达达社1907年7月1日发行，版权印证："达达社印"印章。

16.《地方自治模范》，王运嘉著，中国留学生会馆（日本）、上海至诚书局1907年10月20日发行，版权印证："平梁张氏所有"印章。

17.《战时国际公法》，［日］有贺长雄著，严献章译，清国留学生会馆（日本）、湖北官书局1908年8月15日发行，版权印证："尺生"印章。

18.《群学肄言》，［英］斯宾塞尔著，严复译，商务印书馆发行，

1910年2月三版，版权印证："严氏版权之印"印章票。

19.《法国民主政治》，[法]福偶著，朱文黼译，民友社发行，1913年4月四版，版权印证："共和党本部印"印章。

20.《英文典图解》，樊崧骏编辑，科学会编译部发行，1913年7月7日初版，版权印证：版权票残损，无法辨认。

21.《财政学》，熊元楷、熊元襄编辑，安徽法学社经理，1913年8月30日三版，版权印证："安徽熊氏板权"圆形印章，版权页印有"无印押者伪也"字样。

22.《欧洲战役史论（前编）》，梁启超著，商务印书馆发行，1914年12月初版，版权印证："梁启超印"印章。

23.《权界论》，[英]穆勒·约翰著，严复译，商务印书馆发行，1915年3月8日六版，版权印证："严氏版权之印"印章票。

24.《群学肄言》，[英]斯宾塞尔著，严复译，商务印书馆发行，1915年3月4日八版，版权印证："严氏版权之印"印章票。

25.《文通要例》，陶散生著，北京华新印刷局发行，1916年5月10日出版，版权印证："陶氏版权之印"印章。

26.《群学肄言》，[英]斯宾塞尔著，严复译，商务印书馆发行，1916年12月九版，版权印证："严氏版权之印"印章票。

27.《比较商法论》，王家驹编辑，中华书局1917年4月发行，版权印证："维白图记"印章票。

28.《社会通诠》，[美]甄克思著，严复译，商务印书馆发行，1917年8月八版，版权印证："严氏版权之印"印章票。

29.《中国人口论》，陈长衡著，商务印书馆发行，1918年9月初版，尚志学会丛书版权印证："尚志学会之章"印章。

30.《欧美十九世纪外交史》，[日]有贺长雄著，王文俊译，北京新社会日刊社总发行，1920年10月31日出版，版权印证："王文俊印"印章。

31.《中国人口论》，陈长衡著，商务印书馆发行，1920年11月四版，版权印证："尚志学会之章"印章。

32.《群学肄言》，［英］斯宾塞尔著，严复译，商务印书馆发行，1921年3月十一版，版权印证："严氏版权之印"印章票。

33.《虞初支志》，王葆心编纂，商务印书馆发行，1922年4月初版，版权印证："王葆心印"印章票。

34.《汇兑指南》，沈秉庆编辑，银行集益会发印，1922年10月出版，版权印证："集益会章"印章。

35.《飞鸟集》，［印度］R.Tagore著，郑振铎译，商务印书馆发行，1922年10月初版，版权印证："文学研究会板权所有"版权票。

36.《中国历代党争史》，王桐龄、武学易著，北京高等师范学校图书馆总发行，1922年11月初版，版权印证："王桐龄章"印章。

37.《中华银行史》，周葆銮编纂，商务印书馆发行，1923年3月三版，版权印证："周氏葆銮"印章票。

38.《地理哲学》，白眉初著，北京琉璃厂师大号房、北京琉璃厂宏道堂、北京青云阁佩文斋代售，1923年8月初版，版权印证："眉初"印章。

39.《泰戈尔戏曲集（一）》，［印度］泰戈尔著，瞿世英、邓演存译，商务印书馆发行，1923年9月初版，版权印证："文学研究会板权所有"版权票。

40.《清代通史（卷上）》，萧一山著，国立北京大学出版部、武学书馆寄售，1923年12月17日出版，版权印证："铜山萧氏著作权之章"印章。

41.《灰色马》，［俄］Ropshin著，郑振铎译，商务印书馆发行，1924年1月初版，版权印证："文学研究会板权所有"版权票。

42.《狱中记》，［英］Oscar Wilde著，汪馥泉、张闻天、沈泽民译，商务印书馆发行，1924年4月再版，版权印证："文学研究会板权所有"版权票。

43.《春之循环》，［印度］泰戈尔著，瞿世英译，商务印书馆发行，1924年5月四版，版权印证："文学研究会板权所有"版权票。

44.《自己的园地》，周作人著，晨报社发行，1925年5月10日六版，版权印证："周作人"版权票。

45.《江亢虎南游回想记》，江亢虎著，中华书局发行，1925年11月三版，版权印证："江亢虎"印章票。

46.《温德米尔夫人的扇子》，［英］王尔德著，潘家洵译，朴社总发行，1926年6月初版，版权印证："潘家洵"印章票。

47.《古史辨（第一册）》，顾颉刚著，朴社总发行，1926年6月初版，版权印证："顾颉刚"印章。

48.《西行日记》，陈万里著，朴社总发行，1926年7月初版，版权印证："陈万里"印章票。

49.《毛线袜及其他》，许钦文著，北新书局发行，1926年8月初版，版权印证："毛线袜及其他"印章。

50.《上蜃楼（第一集）》，天笑生著，中华书局发行，1926年11月初版，版权印证："天笑生所著书"印章。

51.《上蜃楼（第二集）》，天笑生著，中华书局发行，1926年11月初版，版权印证："天笑生所著书"印章。

52.《丙寅战史（上卷）》，刘髯公著，新天津报馆发行，1926年5月初版，版权印证："新天津报馆"印章。

53.《桃色的云》，[俄]爱罗先珂著，鲁迅译，北新书局发行，1927年5月三版，版权印证：版权票盖有蓝色“鲁迅”名章，“鲁迅”两字中间下方又加盖有红色“桃”字。

54.《歧路灯（第一册）》，李绿园著，冯沅君标点，朴社，1927年8月初版，版权印证：“朴社”印章票。

55.《职业指导大纲》，郎擎霄著，泰东图书局总发行，1927年8月出版，版权印证：“郎擎霄印”印章票。

56.《少女日记（下卷）》，衣萍、铁民译，北新书局发行，1927年8月初版，版权印证：“衣萍铁民”印章票。

57.《国音英译详考》，胡炳熙编辑，天津谦益丰书局发行，1927年10月初版，版权印证：印章字迹不清，无法辨认。

58.《梦幻的陶醉》，李自珍著，北京文化学社发行，1927年11月出版，版权印证：“李自珍印”印章。

59.《佛西戏剧（第一集）》，熊佛西著，北京古城书社发行，1927年12月初版，版权印证：红色版权票，似为人物图案。

60.《国际公法之将来》，[德]Oppenheim著，陈宗熙译，泰东图书局总发行，1928年3月出版，版权印证：“陈宗熙章”印章。

61.《上海一日》，朱作同、梅益主编，华美出版公司，1938年3月10日初版，版权印证：在版权页同一位置分别加盖有“华美出版公司”蓝色圆章及“朱作同印”红色方章。

62.《一个日本人的中国观》，[日]内山完造著，尤炳圻译，开明书店1936年8月初版，版权印证：灰色印章，形状不规则，内中有“开明书店”字样，不能完全辨认。

63.《中国史乘中未详诸国考证》，[法]希勒格著，冯承钧译，商务印书馆发行，1928年7月初版，尚志学会丛书版权印证：“尚志学会之章”印章。

64.《人生观之论战》，郭梦良编辑，泰东图书局发行，1928年10月三版，版权印证：“蓝天一”印章。

65.《董解元西厢》，董解元著，陶乐勤重编，全民书局总代发行，1929年4月三版，版权印证：“乐勤之印”印章。

66.《父与女》，汪静之著，大江书铺发行，1929年4月1日初版，版权印证：绿色纹样大江书铺版权票，印有“□□检印/大江书铺”字样，居中位置加盖有红色印章，字迹不清，无法辨认。

67.《周秦诸子考（上册）》，刘汝霖著，文化学社发行，1929年6月初版，版权印证：“刘汝霖印”印章。

68.《旧诗新话》，刘大白著，开明书店发行，1929年10月加订再版，黎明丛书版权印证：“黎明社丛书”印章票。

69.《唐诗综论》，许文玉著，国立北京大学出版部总发行，1929年10月初版，版权印证：“文玉”印章。

70.《资本论解说》，［德］波洽特著，李云译，昆仑书店发行，1929年11月初版，版权印证：“李云”印章票（版权页上还注有“本书贴有本店检印并加盖译者图章否则即系盗版望各同业注意”字样）。

71.《思想 山水 人物》，［日］鹤见祐辅著，鲁迅译，北新书局发行，1929年，版权印证：“鲁迅”印章票。

72.《背影》，朱自清著，开明书店发行，1930年2月再版，版权印证：版权票残缺，无法辨认所加盖印章文字。

73.《英国劳动阶级运动史》，［英］柯尔著，程希孟译，社会问题研究社出版、北新书局发行，1930年2月出版，版权印证：“程希孟印”印章。

74.《一周间》，［苏］U.Libedinsky著，蒋光慈译，北新书局发行，

1930年3月三版，版权印证："光慈"印章票。

75.《古代社会（下册）》，［美］莫尔甘著，杨东莼、张栗原译，昆仑书店，1930年3月初版，版权印证："昆仑书店原版权之印"版权票（版权页上还注有"本书贴有本店检印并加盖译者图章否则即系盗版望各同业注意"字样）。

76.《低诉》，陆晶清著，春潮书局发行，1930年4月10日初版，版权印证：版权印章字迹不清，无法辨认。

77.《循环舞》，［奥］显尼志勒著，赵伯颜译，水沫书店，1930年5月初版，版权印证："赵伯颜章"印章票。

78.《苏俄政治制度》，施伏量译，新生命书局，1930年6月10日三版，版权印证："新生命书局"版权票。

79.《现代欧洲的艺术》，［匈］玛察著，雪峰译，大江书铺发行，1930年6月28日初版，版权印证："雪峰"印章。

80.《人类学》，陈映璜著，商务印书馆发行，1930年7月十版，版权印证："陈映璜印"印章票。

81.《昆仑及南海古代航行考》，［法］费瑯著，冯承钧译述，商务印书馆发行，1930年9月初版，尚志学会丛书版权印证："尚志学会之章"印章。

82.《法住记及所记阿罗汉考》，［法］莱维、［法］孝阀纳著，冯承钧译，商务印书馆发行，1930年9月初版，尚志学会丛书版权印证："尚志学会之章"印章。

83.《邮吻》，刘大白著，开明书店发行，1930年10月三版，版权印证："黎明社丛书"印章票。

84.《文学通论》，张崇玖著，乐华图书公司发行，1930年11月初版，版权印证："张崇玖印"印章。

85.《中国西部考古记》，［法］色伽兰著，冯承钧译，商务印书馆发行，1930年12月初版，尚志学会丛书版权印证："尚志学会之章"印章。

86.《史地丛考》，冯承钧编译，商务印书馆发行，1931年1月初版，尚志学会丛书版权印证："尚志学会之章"印章。

87.《乐府文学史》，罗根泽著，文化学社发行，1931年1月出版，版权印证："罗根泽"印章。

88.《爱的牺牲》，王志之著述，北平文化学社发行，1931年9月再版，版权印证："王志之鉥"印章票。

89.《东亚文化之黎明》，［日］滨田耕作著，孟世杰译述，文化学社发行，1932年4月出版，版权印证："孟世杰印"印章。

90.《信》，金淑姿著，新造社，1932年9月15日，版权印证：加盖圆形印章，分内外两圈，内圈文字为"断虹书室"，外圈上下分别为"金华程畈""程氏藏版"。

91.《日美战争（第一卷）》，北平晨报社编辑处译述，北平晨报社发行，1933年1月15日六版，版权印证："北平晨报社章"印章。

92.《中国小说史略》，鲁迅著，北新书局发行，1933年3月九版，版权印证："鲁迅"印章票。

93.《小小画家》，黎锦晖著，中华书局发行，1933年3月九版，版权印证："著作权证"印章。

94.《出了象牙之塔》，［日］厨川白村著，鲁迅译，北新书局发行，1933年3月三版，版权印证："鲁迅"印章票。

95.《满洲伪国》，陈彬龢著，日本研究社，1933年4月1日发行，版权印证："龢"红色方印。

96.《马相伯先生国难言论集》，徐景贤笔记编录，文华美术图书公司总发行，1933年4月初版，版权印证："徐景贤印"印章。

97.《日本的海军》，上海文库主编，孙公度著，申报发行，1933年5月25日初版，版权印证："上海文库"蓝色方印。

98.《日本的航空》，徐渊若著，申报发行，1933年5月1日初版，版权印证："上海文库"蓝色方印。

99.《国际形势演讲集》，训练总监部编印，军用图书社发行，1933年6月出版，版权印证："训练总监部/不准翻印"版权票。

100.《修辞学举例（第一卷）》，宫廷璋著，中国学院出版科发行，1933年7月15日初版，版权印证："宫廷璋印"印章。

101.《鲁迅自选集》，鲁迅著，天马书店总发行，1933年8月再版，版权印证："鲁迅"印章票。

102.《胡石青三十八国游记（上册）》，胡石青著，1933年10月初版，版权印证："胡石青印"印章。

103.《写剧原理》，熊佛西著，中华书局，1933年11月发行，版权印证："著作权证"印章。

104.《人间词及人间词话》，沈启无编校，人文书店，1933年12月初版，版权印证："闻步庵"印章。

105.《逸梅小品》，郑逸梅著，中孚书局，1934年6月再版，版权印证："中孚书局"印章。

106.《欧美情诗与恋歌》，邱楠选译，立达书局发行，1934年8月30日初版，版权印证：印章字迹不清，无法辨认。

107.《中国诗学研究》，田明凡著，大学出版社发行，1934年8月初版，版权印证："明凡居士"印章。

108.《长城明陵游记》，李慎言著，北新书局经售，1934年10月出版，版权印证："李慎言印"印章。

109.《近代欧洲政治社会史（上卷）》，［美］CARLTON J.H.HAYES著，曹绍濂译述，国立编译馆，1935年5月再版，版权印证："国立编译馆"版权票。

110.《一九三五年第一季的世界经济与国际政治》，国际政治经济研究会编辑兼发行，1935年5月初版，版权印证："国际政治经济研究会"椭圆形印章。

111.《女权运动与继承法》，毛家驹著，晨光书局发行，1935年6月初版，版权印证：红色图文印章，中间为日出光辉与雄鸡剪影，其下有"晨光"字样。

112.《莫里哀全集（一）》，王了一译述，国立编译馆，1935年8月初版，版权印证："国立编译馆"版权票。

113.《鲁迅杂感选集》，鲁迅著，何凝选，青光书局发行，1935年9月二版，版权印证："何凝"印章票。

114.《竖琴》，鲁迅编译，良友图书印刷公司印行，1935年，版权印证："鲁迅"印章票。

115.《中国之美文及其历史》，梁启超著，中华书局，1936年3月初版，版权印证：版权页上方位置印有方框，"版权所有"四字各居一角，框中加盖"著作权证"红色方章。

116.《最近之国际政治经济》，李次民著，龙门书局经售，1936年4月15日出版，版权印证："李次民印"印章。

117.《有闲集》，钱昌年著，万象出版社发行，1936年8月28日初版，版权印证："钱昌年"印章票。

118.《南腔北调》，鲁迅著，联华书局，1936年9月重版，版权印证："鲁迅"印章票。

119.《英语发音学》，翟文厚编辑，志文学社印行，1936年10月出版，版权印证："翟文厚印"印章。

120.《中国边疆问题十讲》，方秋苇著，引擎出版社发行，1937年1月15日出版，版权印证："引擎"红色方印。

121.《天明了》，梅英著，血光周刊社发行，1938年4月20日出版，版权印证："梅英版权"印章。

122.《成都导游》，胡天编，开明书店总代售，1938年4月1日初版，版权印证："胡天之章"印章。

123.《中国的抗战（第二集）》，密勒氏评论报发行，1938年11月12日初版，版权印证："CHINA WEEKLY REVIEW/密勒氏评论报"印章。

124.《满文会计法释义》，徐渐九编辑，四宝堂发行，1939年4月5日发行，版权印证："徐渐九印"印章。

125.《名伶新剧考略》，刘雁声、沈正元编著，立言画刊社发行，1939年5月15日初版，版权印证："风雅存"印章。

126.《行政管理》，何鲁成著，浙江省地方行政干部人员讲习所，1939年9月初版，版权印证："地方行政丛书版权证"印章。

127.《抗战中的祖国与华侨》，陈拔群著，侨南文化事业公司，1940年3月29日初版，版权印证："陈拔群"红色方印。

128.《留日漫记》，萧昔生著，东方书店发行，1940年5月1日出版，版权印证："萧昔生"印章。

129.《新县制之实际》，张毅忱著，洛阳中华书局总经售，1941年9月初版，版权印证：红色印章，字迹不清。

130.《准风月谈》，鲁迅著，鲁迅全集出版社，1941年10月10日初版，版权印证："鲁迅"名章票。

131.《热风》，鲁迅著，鲁迅全集出版社，1941年12月20日三版，版权印证："鲁迅"名章票。

132.《无线电通信学（上卷）》，张家钰著，成都开明书店经售，1941年12月成都初版，版权印证："张家钰"印章票。

133.《西北民族研究》，荆三林编著，建国编译社发行，1942年1月初版，版权印证：印章字迹不清，无法辨认。

134.《生理学实习指导》，沈俊淇、李茂之著，文通书局发行，1942年元月初版，版权印证："沈雋淇印"印章票。

135.《乡镇社区实地研究法》，张少微编著，文通书局发行，1942年4月初版，版权印证："张少微印"印章票。

136.《贵州苗夷歌谣》，陈国钧编著，文通书局发行，1942年4月初版，版权印证："陈国钧印"印章票。

137.《菲希德讲演全集》，臧渤鲸译，文通书局发行，1942年6月初版，版权印证："臧渤鲸印"印章票。

138.《中国通史（第一册）》，蓝文征著，文通书局，1942年7月初版，版权印证："蓝文征"印章票。

139.《明季哀音录》，祝实明著，文通书局发行，1942年7月初版，版权印证："祝实明印"印章票。

140.《英文里的中国字》，佘坤珊著，文通书局发行，1942年9月初版，版权印证："佘坤珊印"印章票（文通书局版权票为该局统一制式，长方形纸片上印绿色古钟形图案，加盖著作人印章后再粘贴在版权页上）。

141.《中国文化演进史观》，陈安仁著，文通书局发行，1942年9月再版，版权印证：版权票加盖印章内容模糊，不能辨识。

142.《中兴鼓吹选》，卢前著、任中敏选，文通书局发行，1942年9月初版，版权印证："冀野版权"印章票。

143.《破产法全书》，胡元义著，四川大学法律系主任室发行，

1942年11月初版，版权印证："胡元义印"印章。

144.《中国地方行政》，黄豪著，文通书局发行，1942年11月初版，版权印证："黄豪"印章票。

145.《实用实验诊断》，黄登弼编译，文通书局发行，1942年11月初版，版权印证："黄登弼印"印章票。

146.《战时英文读本》，许祖惇编纂，东南书局发行，1943年7月第一版，版权印证："许祖惇著作权之章"印章票。

147.《水浒新传》，张恨水著，建中出版社发行，1943年7月初版，版权印证："恨水"印章票。

148.《金丝雀》，周贻白著，世界书局，1944年2月出版，版权印证："周贻白"印章票。

149.《歌者之歌》，李宝璇编著，建成书店发行，1944年2月初版，版权印证："建成书店"红色方印。

150.《圆谎记》，朱端钧著，世界书局，1944年3月出版，版权印证："朱端钧印"印章票。

151.《鱼》，梅娘著，新民印书馆发行，1944年3月20日八版，版权印证：新民印书馆版权票上加盖"梅娘"红色印章。

152.《潮来的时候》，徐讦著，东方书社发行，1944年4月初版，版权印证：手绘版权票，中心为"徐讦"，四角各有一字，为"三思楼书"，各字间用双直线连接。

153.《阖第光临》，洪谟著，世界书局，1944年4月出版，版权印证："洪谟"印章票。

154.《孔雀屏》，石华父著，世界书局，1944年4月出版，版权印证："石华父印"印章票。

155.《秋初》，关永吉著，新民印书馆发行，1944年4月25日出版，版权印证：新民印书馆版权票上加盖“永吉”红色印章。

156.《黄浦江头的夜月》，徐訏著，东方书社发行，1944年8月初版，版权印证：手绘版权票，中心为“徐訏”，四角各有一字，为“三思楼书”，各字间用双直线连接。

157.《雁来红》，石华父著，世界书局，1944年12月出版，版权印证：“石华父印”印章票。

158.《延安一月》，赵超构著，新民报社，1946年2月沪再版，版权印证：“超构”印章票。

159.《南国情歌（下）》，欧阳彤著，海疆出版社，1946年3月14日再版，版权印证：印章字迹模糊不清，无法辨认。

160.《山洪》，吴组缃著，星群出版公司刊行，1946年4月沪新一版，版权印证：图文组合式版权印花，图像为几何形状组合等，文字有“星群版”“STARS”。

161.《大江东去》，张恨水著，南京新民报社，1946年12月沪四版，版权印证：“张恨水章”印章票。

162.《高级英语文法读本合编》，赵丽莲编著，丽莲英文丛刊社，1947年3月初版，版权印证：红色印章，内中有“丽莲”字样并有英文签名。

163.《蓝天使》，鲁思著，世界书局，1947年6月再版，版权印证：“鲁思”印章票。

164.《三闲集》，鲁迅著，鲁迅全集出版社，1947年10月，版权印证：“鲁迅”印章票。

165.《古小说钩沉（上册）》，鲁迅著，鲁迅全集出版社，1947年10月，版权印证：“鲁迅”印章票。

166.《古小说钩沉（下册）》，鲁迅著，鲁迅全集出版社，1947年

10月，版权印证：“鲁迅”印章票。

167.《最近之国际政治》，樊仲云著，新生命书局发行，版权印证：“新生命书局”印章。

168.《白蕉》，白蕉著，励群书店，版权印证：版权票字迹不清，无法辨认。

169.《三闲集》，鲁迅著，北新书局发行，第二版，版权印证：“鲁迅”印章票。

170.《三闲集》，鲁迅著，北新书局发行，第四版，版权印证：“鲁迅”印章票。

171.《文字精华》，黄之根著，版权印证：“黄之根印”印章。

“同业公议照码加一”

图书作为一种商品，其价格是随着市场行情的波动而上下起伏的。民国时期由于内外部的复杂因素作用，物价时有波动，至于末期的价格飞涨更是大家熟知的。图书价格自然也不可能脱离开这个大环境。在不少书上都有价格涂改的痕迹，这些就是具体的印记。当然，这其中有的是个别商家的调整，但也有大面积行业性的价格调整。前者不妨归结到商家的逐利，而后者则是出版史研究需要引起关注的课题。

“同业公议照码加一”就是一个曾经引起我注意的标记。这个标记不算普遍，但也不是绝无仅有，而且其形制还有所不同。见到比较多的是贴在版权页上的长方形纸条，其上用绿色油墨以隶书字体印着“同业公议照码加一”，四周还点缀了纹样边框。也有简单的，用普通纸条印上这行字，直接贴在版权页上。更直接的则是将这几个字钤印在版权页上。

我把当时留存了照片的书进行了整理，具体信息如下。

1.《霸都亚纳》，［法］赫勒马郎著，李劼人译，北新书局1928年3月初版。

2.《女人的故事》，［英］乔治著，胡学勤译，开明书店1928年7月再版。

3.《一九二八年的国际》，乔平、郭真、继郇、龚彬编，北新书局1929年4月再版。

《旧诗新话》，开明书店一九二九年十月加订再版

4.《牺牲》，［日］滕森成吉著，沈端先译，北新书局1929年7月出版。

5.《文学入门》，章克标、方光涛著，开明书店1930年6月初版。

6.《漂流三部曲》，郭沫若著，光华书局1930年10月出版。

7.《旧诗新话》，刘大白著，开明书店1929年10月加订再版。

8.《孤灵》，于赓虞著，北新书局1930年7月初版。

9.《金贵银贱问题之研究》，夏赓英编，北新书局1930年3月初版。

10.《文艺与性爱》，［日］松村武雄著，谢六逸译，开明书店1929年7月三版。

11.《两种不同的人类》，蒋光慈编，北新书局1930年8月初版。

12.《奶妈》，魏金枝著，上海联合书店1930年11月10日初版。

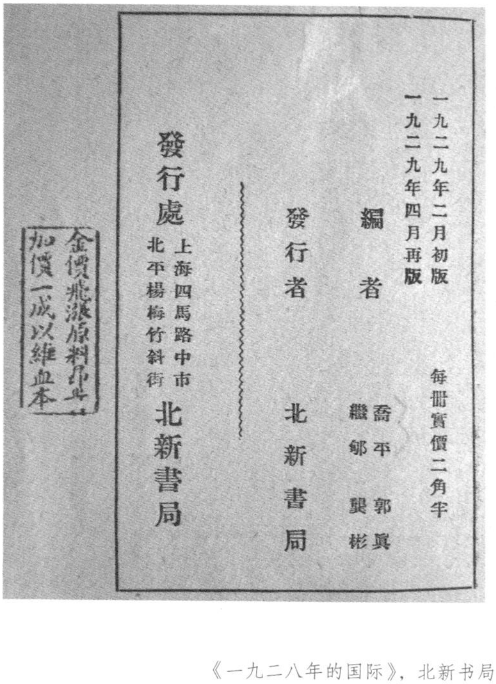
一九二九年二月初版
一九二九年四月再版
每冊實價二角半
編者 喬平 郭眞 繼郇 龔彬
發行者 北新書局
發行處 上海四馬路中市 北平楊梅竹斜街 北新書局

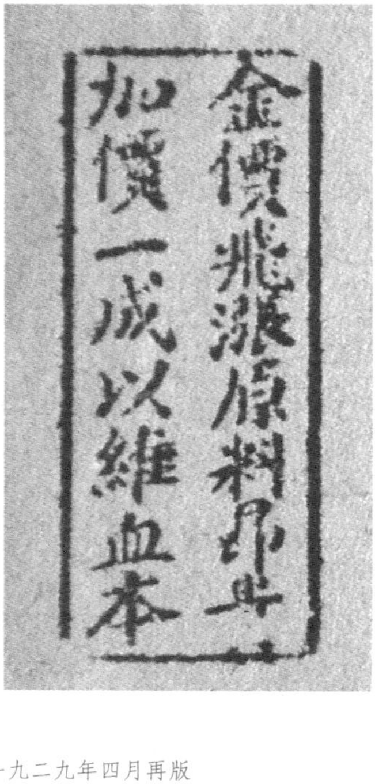

《一九二八年的国际》，北新书局一九二九年四月再版

从这些样例中可以发现两点，第一，附加这个标注的并非仅限于某一家出版机构，仅上面的数条样例中就包括了北新书局、开明书店、光华书局和上海联合书店。第二，这些书的出版时间基本集中在了20世纪20年代末到30年代初这段不长的时间里。

“同业公议照码加一”其实不难理解。所谓“同业”，按照当时书业界的习惯，大体有两层含义，一是泛指图书行业，一是指称图书出版的行业组织，如上海书业同业公会等。“同业公议”一般是指书业行业组织按照一定程序议定，形成某项对组织成员具有约束性的决议。有时候，一些具有一定影响力的出版机构联合达成某个约定，也冠以类似的说法。“照码加一”即是“同业公议”的结果。也就是说，在既有图书价格的基础上加价“一成”，即百分之十。

这样看来，这次的价格调整并非某家书局的个体行为，而是带有普遍性的行业行为。在当时书业界中心的上海，书业进行全行业的价格上调，这也绝非偶然，一定和当时的政治、经济环境有着密切的关联。那么，这背后又有着什么因由呢？

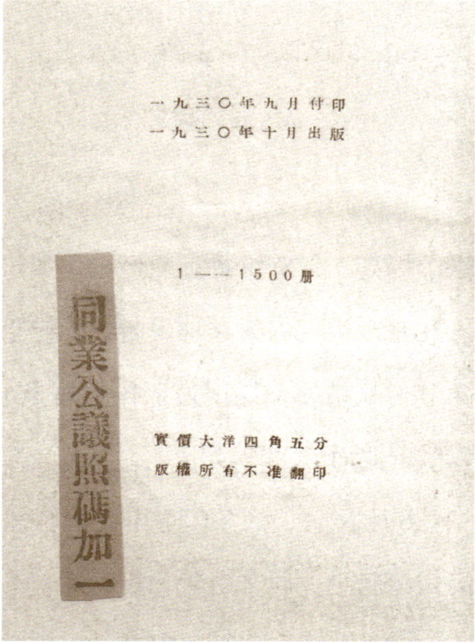
一九三〇年九月付印
一九三〇年十月出版
1——1500册
同業公議照碼加一
實價大洋四角五分
版權所有不准翻印

《漂流三部曲》，光华书局1930年10月出版

检阅史料，发现在1930年的《申报》上出现了不少图书“增价”的消息，这里按照时间顺序，择要罗列。

1930年2月11日所刊《上海书业公所通告各埠同业》称：“因近来纸价飞涨，其他材料等亦继涨增高，不得已将书价

中華民國十九年六月十六日 （申報） 星期一

上海 商務印書館 啟事

▲本版圖書照定價實售
▲小學教科書暫售八折
▲外埠仍照舊酌加運費匯費

敝啓者 敝館出版圖書爲輔助教育發揚文化起見原來售價均極低廉乃者百物昂貴開銷激增原料飛漲成本陡重若不急謀補救殊覺無法維持茲定自本年國曆六月十六日起所有 敝館出版圖書一律按照定價十足發售惟小學教科書暫照定價八折發售稍顧血本藉資維持謹此通告諸祈 公鑒

中華書局 各種圖書照定價實售 小學教科書暫售八折 通告

年來原料昂貴稅捐增加成本日高苦難維持本局各種圖書從前門市畧有折扣茲定於十九年六月十六日起概照定價實售不折不扣惟爲補助教育起見小學教科書暫照八折出售曁習用之字典尺牘可折扣者另行規定外埠仍照向例酌加郵匯費特此佈告伏希 公鑒

上海四馬路 新月書店 三週紀念 大廉價

期限 六月三十日止 外埠展限一月

辦法 本版實價七折 外版照實價九折

最近出版的 新書

可欽佩的克來敦

威尼斯商人

塘沽工人調查

人權論集

共產主義論

自然淘汰與中華民族性

民族性之比較的研究

何侃生與倪珂蘭（傳奇小說）

迷眼的沙子（喜劇）

浙江民政旬刊第二十五期出版 目錄

世界書局爲小學中學教科書變更售價通告

半年以來金漲銀跌工料昂貴核計成本比較售價損失甚巨不得已自十九年六月十六日起小學教科書暫照八折發售中學教科書暫照定價實售外埠並照向例酌加郵匯費此僅足以勉敷成本於困難環境之下仍不忘宣揚文化輔助教育之責特此佈告伏希 公鑒

上海及各省世界書局謹啓

刊登于同一天同一版面的商务印书馆、中华书局、世界书局调价启事，《申报》1930年6月16日第三版

略予提高，以资维持。现经全体集议公决，自本年二月十日起对于批发凡有定价之书籍递加一折、无定价之书籍各加一成。再客户往来须随时付款结账，期限遵照国历每逢五、九、十二月须一律结束清楚，以维营业而清手续。”

6月16日，商务印书馆发布启事称：“敝馆出版图书为辅助教育发扬文化起见，原来售价均极低廉。乃者百物昂贵、开销激增、原料飞涨、成本陡重，若不急谋补救，殊觉无法维持。兹定自本年国历六月十六日起，所有敝馆出版图书一律按照定价十足发售，惟小学教科书暂照定价八折发售，稍顾血本借资维持。”同日，中华书局发布声明称：“年来原料昂贵、税额增加、成本日高、苦难维持，本局各种图书从前门市略有折扣，兹定于十九年六月十六日起，概照定价实售、不折不扣；惟为补助教育起见，小学教科书暂照八折出售，最习用之字典尺牍可折扣者另行规定。”世界书局也在同一版面发布通告称：“半年以来金涨银跌、工料昂贵，核计成本、比较售价，损失甚巨。不得已自十九年六月十六日起，小学教科书暂照八折发售，中学教科书暂照定价实售。”

6月28日所刊《上海新书业同行出版图书增价启事》称：“近来金贵银贱，敝业所用印刷纸张、各项原料来价几涨二分一之以上，忍痛迄今，亏累甚巨，如不急图补救，实觉无法维持。兹经公同议决，自本年国历七月一日起所有出版各种图书，无论门市、批发，向售实价者一律照原价增加一成（如一元概售一元一角）、向有折扣者一律照原有折扣提高一折（如八折者概售九折，九折者概售实价）。如此办法尚难维持血本，但为补助文化发展计，不敢增加过巨，将来原料回跌，仍当公议撤消。”启事的落款共有北新书局、亚东图书馆、现代书局、卿云图书公司、开明书店、光华书局、太平洋书店、华通书局等8家书局。开明书店7月在《申报》刊登的广告中即明确标注了“同业公议照码加一”字样。

上海新書業同行出版圖書增價啟事

敬啟者近來金貴銀賤敝業所用印刷紙張各項原料來價幾漲二分之一以上忍痛迄今虧累甚鉅如不急圖補救實覺無法維持茲經公同議決自本年國曆七月一日起所有出版各種圖書無論門市批發向售實價者一律照原價增加一成（如一元概售一元一角）向有折扣者一律照原有折扣提高一折（如八折者概售九折九折者概售實價）如此辦法尚難維持血本但為補助文化發展計不敢增加過鉅將來原料回跌仍當公議撤消敬祈 海內外讀書界鑒原為幸

上海新書業同行 北新書局 亞東圖書館 現代書局 卿雲圖書公司 開明書店 光華書局 太平洋書店 華通書局 等公啓

上海新书业同行出版图书增价启事，《申报》1930年6月28日第七版

可见，这轮图书涨价是从1930年开始的。此外，还有一些小书局也发布了类似的启事，限于篇幅这里就不再列举了。

从这些史料中可以发现两个不止一次提及的关键

词："金贵银贱"和"原料昂贵"。这也就是本轮图书涨价的主要原因，而这也就涉及了20世纪30年代初期民国的经济环境。

1929年，西方世界爆发了严重的经济危机，这导致了国际市场物价骤降，作为世界商品之一的白银价格也"大跳水"，相应的国际黄金价格则不断走高。我国当时实行的是银本位，受到国际市场商品价格特别是银价金价剧烈波动的影响，1930年到1931年国内物价出现了明显的上涨。作为经济中心、金融中心的上海，物价涨幅更是领跑各地。

正是在这样的背景下，出版业受到的影响十分明显。主要原因就是，当时出版业所必需的纸张、油墨、印刷机械无一不仰赖进口。即以纸张为例，当时常用的新闻纸、道林纸等印刷纸几乎都来自国外。这并不是说国内完全不具备生产的能力，当时江南地区就有几家老资格的造纸厂能够生产，且每年均有一定产量。但是，这些国产纸先天就处于"弱势"。其一，造纸厂的机械、原材料很多也是从国外进口，基础成本难以低廉。其二，当时"各国以过剩之纸张，趁中国关税不能自主，陆续输入中国竞卖。价虽跌至成本之内，亦所不惜，只求脱货而已"（《中国造纸所需原料问题》，沈叔夏，《申报》1928年6月12日）。由此，中国成为西方国家的纸张倾销场，家门口的国产纸抵不过"漂洋过海"的外洋纸也就不稀奇了。于是，市场上几乎清一色的洋纸。类似的情况在印刷业中也差不多。

既然仰赖外洋供给，那么海外市场的风吹草动自然很快就会给上海滩带来"风浪"。从现有的史料看，20世纪30年代初的这轮纸张涨价已经不是民国时期的第一次了，无论是民初十年，还是20年代中期，都曾经由于不同原因，如一战爆发、世界市场波动等，带累上海纸价"腾涨"，使得出版业叫苦不迭，使得读者望书价而却步。这一次的大萧条更是来势汹汹，很快就让上海滩的大小老板体验到了大洋彼岸刮来的刺骨“寒流”，而出版业也因为再次受到“原料昂贵”的影响，自身利润空间被严重挤压，迫不得已选择涨价。

再来看看涨价的过程。分析前面几则史料，其实也就不难发现这其中的讲究。

首先是书业行业组织发挥了主心骨作用，通过“全体集议公决”，确定是否涨价，以及涨价幅度。按照上海书业公所的通告，同业经过集体讨论，确定涨价一成。这里就体现出了书业行业组织的权威性，在事关每家书局切身利益和书业整体利益的价格问题上发挥举足轻重的决定性作用。回顾上海书业的历史，由行业组织出面调整价格政策并非仅此一次。比如1909年上海书业公所就曾经颁行《重整行规》，就规范书业交易中“洋银”比价等问题做出规定；1936年，上海市书业同业公会根据教育部《划一图书售价实施办法》要求出台细则，具体规定同业间各类图书销售折扣等问题。可见，在这种带有行业性、牵动各方利益且十分敏感的问题上，当时的书业通常是通过行业组织协调各方利益诉求，从而形成相对统一的实施办法。

其次则是“大佬”间的“平衡”。在当时，商务印书馆、中华书局、世界书局无疑是竞争对手。但是此次调价，三家却十分默契，不仅调价时点、发布涨价消息的时间都一致，选择在了1930年6月16日，而且涨价公告都相约在了《申报》的同一版面上。商务印书馆“图书一律按照定价十足发售，惟小学教科书暂照定价八折发售”；中华书局图书“概照定价实售、不折不扣”，“小学教科书暂照八折出售，最习用之字典尺牍可折扣者另行规定”；世界书局“小学教科书暂照八折发售，中学教科书暂照定价实售”。这样对比，三家主要调整对象集中在中小学教科书，小学教科书取相同折扣，其他图书价格调整政策略有差异。这样的“巧合”显然不是“不约而同”，必是有着充分的沟通协调。作为当时教科书发行的三巨头，它们三家基本上瓜分了教科书市场的绝大部分份额，且竞争十分激烈，所以调整教科书价格无论对哪家都事关重大。在全行业涨价的大背景下，三家取得基本上的一致，既有利于书业的整体稳定，对三家各自而言也可避免无谓的价格战。

在大书局的带动之下，中小书局也便开始了行动。开明书店、北新书局等八家书局联名登报，宣布自7月1日起加价一成。其他一些名不见经传的小书局也发布消息，跟随涨价。有了商务、中华、世界的调价在先，开明、北新等再来调价既不显得突兀，也更容易为本地、外埠同业和读者所接受。不知道这算不算是小书局在大书局夹缝中求生存的一种智慧呢?

如此看来，这样一张不起眼的小纸片竟然也是一段陈年往事的鲜活明证。藏书家们日后再见到它，遥想几十年前书店老板贴上此笺时的复杂心情，不知道是不是又多了几分沧桑之感呢?

开明书店的“改正实价”

这一篇可以算作前一篇《“同业公议照码加一”》的“余话”，所以先简单回顾一下之前的内容：20世纪20年代末到30年代初期，由于受到大萧条的冲击，世界金价银价剧烈波动，带累国内物价出现大幅度上涨。为了减少损失，上海书业界对书价进行了调整，普遍按照售价上调“一成”。贴在一些图书版权页上标有“同业公议照码加一”的小纸条便成了这段历史的明证。其实，见证这段历史的还有一种开明书店的专属“小纸条”，这篇就来说说这件事。

在我所见的开明书店的图书中，有十来种的版权页上贴着一张白底红字的长方形纸条，不妨先罗列如下。

1.《女人的故事》，[英]乔治著，胡学勤译，开明书店1928年7月再版，加贴“改正实价大洋八角（实价不折不扣外埠酌加

寄费）”白底红字标签。（原价实价大洋六角）

2.《妇女问题十讲》，［日］本间久雄著，章锡琛译，开明书店1928年11月四版，加贴“改正实价大洋一元二角（实价不折不扣外埠酌加寄费）”白底红字标签。（原价实价大洋一元）

3.《妇女问题十讲》，［日］本间久雄著，章锡琛译，开明书店1930年10月五版，加贴“改正实价大洋一元二角（实价不折不扣外埠酌加寄费）”白底红字标签。（原价实价大洋一元）

4.《文艺与性爱》，［日］松村武雄著，谢六逸译，开明书店1929年7月三版，加贴“改正实价大洋三角（实价不折不扣外埠酌加寄费）”白底红字标签。（原价实价大洋二角五分）

5.《玫瑰与指环》，［英］萨克莱著，顾均正译，开明书店1930年1月初版，加贴“改正实价大洋六角（实价不折不扣外埠酌加寄

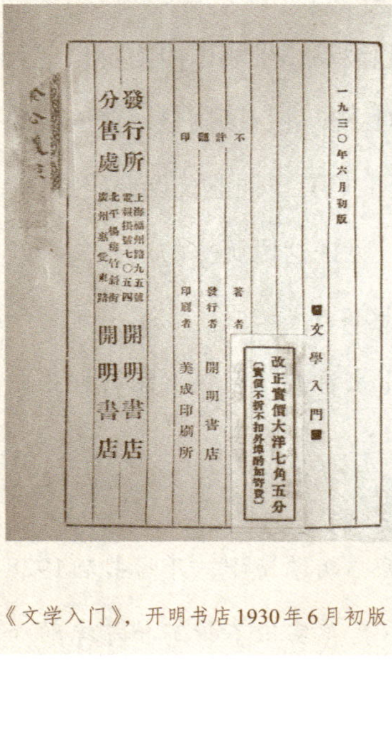

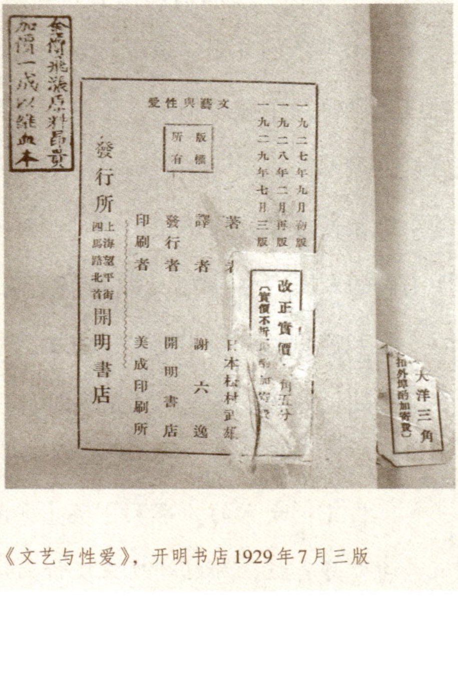

《文学入门》，开明书店1930年6月初版　《文艺与性爱》，开明书店1929年7月三版

费）”白底红字标签。（原价实价大洋五角五分）

6.《女人的王国》，［俄］柴霍甫著，赵景深译，开明书店1930年3月31日初版，加贴“改正实价大洋一元三角（实价不折不扣外埠酌加寄费）”白底红字标签。（原价实价大洋一元一角）

7.《阿莱城的姑娘》，［法］都德著，开明书店1930年5月初版，加贴“改正实价大洋六角（实价不折不扣外埠酌加寄费）”白底红字标签。（原价被覆盖，不详）

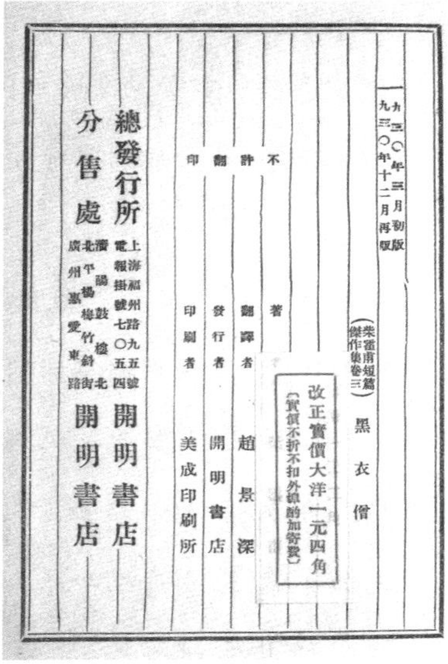
一九三〇年三月初版
一九三〇年十二月再版
（柴霍甫短篇傑作集卷三）黑衣僧
改正實價大洋一元四角
（實價不折不扣外埠酌加寄費）
著
翻譯者 趙景深
發行者 開明書店
印刷者 美成印刷所
不許翻印
總發行所 上海福州路九五號 電報掛號七〇五四 開明書店
分售處 瀋陽鼓樓北 北平楊梅竹斜街 廣州惠愛東路 開明書店

《黑衣僧》，开明书店1930年12月再版

8.《性的知识》，［美］鲁滨逊著，方可译，开明书店1930年6月三版，加贴“改正实价大洋七角五分（实价不折不扣外埠酌加寄费）”白底红字标签。（原价实价大洋六角五分）

9.《文学入门》，章克标、方光涛著，开明书店1930年6月初版，加贴“改正实价大洋七角五分（实价不折不扣外埠酌加寄费）”白底红字标签。（原价实价大洋七角）

10.《最近的日本》，李宗武编著，开明书店1930年8月再版，加贴“改正实价大洋六角（实价不折不扣外埠酌加寄费）”白底红字标签。（原价实价大洋五角五分）

11.《桃园》，废名著，开明书店1930年10月三版，加贴“改正实价大洋五角五分（实价不折不扣外埠酌加寄费）”白底红字标签。（原价实价大洋四角五分）

12.《孩子们》，［俄］柴霍甫著，赵景深译，开明书店1930年12月再版，加贴“改正实价大洋一元四角（实价不折不扣外埠酌加寄费）”白底红字标签。（原价实价大洋一元二角）

13.《黑衣僧》，［俄］柴霍甫著，赵景深译，开明书店1930年12月再版，加贴“改正实价大洋一元四角（实价不折不扣外埠酌加寄费）”白底红字标签。（原价实价大洋一元二角）

14.《如此如此》，［英］吉卜林著，张友松译，开明书店1930年4月再版，加贴“改正实价大洋五角（实价不折不扣外埠酌加寄费）”白底红字标签。（原价被覆盖，不详）

15.《名利网》，沈醉了、陈雪鹄著，开明书店1931年1月五版，加贴“改正实价大洋三角五分（实价不折不扣外埠酌加寄费）”白底红字标签。（原价实价大洋三角）

16.《日本文学》，谢六逸著，开明书店1929年8月增订再版，加贴“改正实价大洋七角五分（实价不折不扣外埠酌加寄费）”白底红字标签。（原价实价大洋六角）

17.《漫画阿Q正传》，丰子恺著，开明书店1939年6月初版，加贴“改正实价国币二元九角（外埠酌加邮运费）”白底红字标签。（原价被覆盖，不详）

以上17种书中，除了《漫画阿Q正传》之外，出版时间集中在1928年到1931年之间。纸笺上标注的内容则是调价信息，括号之前的是调整后的价格，均比原价高；括号里面的文字则提示开明书店的书按照此标价售卖，不打折扣。

这张纸笺包含了两个信息点。第一，开明书店的图书涨价且重新确定了书价。第二，开明书店的书不像其他家书局那样有折扣。于是，这就引出了两点疑问。

《“同业公议照码加一”》里面提到了，根据1930年6月28日登载的《上海新书业同行出版图书增价启事》，开明书店所出各种图书从7月1日起照原价增加一成。我们也见到了贴有“同业公议照码加一”纸笺的开明版图书。那么开明又为什么要另外“自创”这样一种纸笺呢？这后面有什么样的考虑呢？再有，当时的书业界，无论零售还是批发，多多少少都有折扣，这似乎已经成了书业界的约定俗成，而开明书店又为什么要特立独行呢？

对于这个变化，《开明》杂志1931年第34期刊登的《开明书店改正图书定价声明》给出了具体解释：“国内各书肆发售图书，向例均照定价另有折扣，自九折至四五折不等。本店以此种办法，于购者甚为不便，故创设之始，毅然破除此种恶习，所有出版各书，定价力求低廉，概照实价发售，一律不折不扣。近因金贵银贱，图书原料如纸张印墨等，无一不仰给舶来品，成本因之奇高。在向有折扣者，将折扣提高若干折，为事至便。而本店则因原无折扣，不得已只有照定价加一发售，稍资弥补。实行以来，各地贩卖者及一般读者，均感非常困难，来函质问，日必数起。现决定自五月一日起，将出版各书，一律估照成本，改正定价。以后概照实价发售，将加一办法取消。但外埠分店及各贩卖店仍得酌量路途远近及本地币制，酌加汇寄折耗等费。”

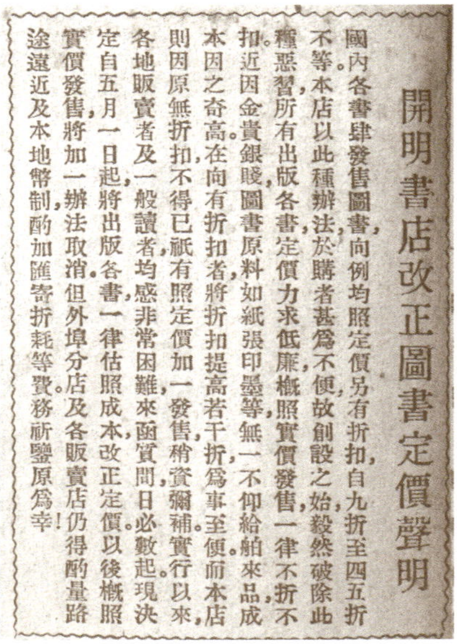
開明書店改正圖書定價聲明

國內各書肆發售圖書，向例均照定價另有折扣，自九折至四五折不等。本店以此種辦法，於購者甚爲不便，故創設之始，毅然破除此種惡習，所有出版各書，定價力求低廉，概照實價發售，一律不折不扣。近因金貴銀賤，圖書原料如紙張印墨等，無一不仰給舶來品，成本因之奇高。在向有折扣者，將折扣提高若干折，爲事至便。而本店則因原無折扣，不得已祇有照定價加一發售，稍資彌補。實行以來，各地販賣者及一般讀者，均感非常困難，來函質問，日必數起。現決定自五月一日起，將出版各書，一律估照成本，改正定價。以後概照實價發售，將加一辦法取消。但外埠分店及各販賣店仍得酌量路途遠近及本地幣制，酌加匯寄折耗等費。務祈鑒原爲幸！

《开明书店改正图书定价声明》

这条简单的声明虽然不足三百字，但是其中的信息量却不少，不妨简单梳理一下。声明首先指出，开明书店对“折扣”这一书业惯例向来以为“于购者甚为不便”。因此自“创设之始”，即决定摒弃这一“恶习”，所售图书“概照实价发售，一律不折不扣”。这里需要说明，此处所谓的不打折是对门店零售而言，即读者到开明的门市买开明版图书是不享受折扣的。但是按照当时的行规，同业批发图书是明确规定享受折扣的，否则中间商就无利润可言了。其次，此次调价，或许因为时间仓促，没来得及重新核定售价，因此采取了直接加价一成的办法。但是这样做却引来了问题，“各地贩卖者及一般读者，均感非常困难，来函质问，日必数起”。上海书业的此轮涨价并非开明一家所为，而是同业统一行为，何以没有听说有人对商务、中华等也加以质问，却非要质问开明呢?

由此就不得不说说开明书店，特别是其掌门人章锡琛的“不合时宜”了。

1926年开明书店刚刚成立的时候，章锡琛先生在《申报》刊登出了《开明书店始业宣告》，其中六点“告白”的最末一条说：“为求普及起见，我们的书籍，定价又都力求低廉。而且打破向来书业讨价还价的恶习，一切的书报，概定为实价，不再加折扣。”在坚持这个做法十年之后，章锡琛先生在其《图书实价运动的成功》一文中回忆了这样做的初衷：“我们一向都是买书的人而不是卖书的人，为了书籍的没有定价，由书贩任意低昂，和有了定价而七折八扣，由他们上下其手，曾经吃过不少次的亏；所以从买书人转成了卖书人的时候，竭力想矫正这种恶习，替一般和我们同属买书者的人谋便利。”

章先生的这番话叫买书人读来自然是感动的，但是叫书贾看去却不免暗地里“骂娘”了。我在之前的文章里也曾经提过，当时的书业存在“高定价、高折扣”的现象，也就是书商出一本书，将售价定得虚高，又在批发或零售的过程中以高折扣招揽生意。最为典型的就要数“一折八扣书”了。这样做的结果往往是，读者看着虚高的定价和诱人的折扣，欣喜自己得了实惠，却丝毫不知便宜早被出版商和中间商赚去了。开明的做法却是要“釜底抽薪”，从出版的源头就坚持低廉定价，将不合理的“水分”挤出，真正把实惠留给读者。这不得不说是一个真心为读书人着想、为文化事业着想的良心做法。

但是，这一做法在当时与其说是“特立独行”，不如说是“不识时务”，自然招来了嘲笑和非议。章先生在文中回忆道：“这主张发表之后，有不少书业的老前辈，都讥笑我们为外行，以为永远行不通。我们也知道自己是外行，却不愿意改变这主张；不但不愿意改变，并且运动新起的同业，共同实行这主张。”遗憾的是，在这一点上追随开明的可谓寥寥无几，也终究没有形成“新风”，折扣在书业界依旧难以撼动。于是，开明不可避免地要面临来自各方面的阻力和困难，以至于章先生发出了如此的感慨：“每一种习惯，在他的社会里面，到了根深蒂固，自然有着极大的势力，虽然像卖书不打折扣的这样一件小事情，也会遭着不少的困难。”

章先生文中还举出了一些实例：“我们出版的书，虽然在本店都是照定价发卖，而一经转手，到了贩卖同业手里，却常常替我们打了折扣卖出，有时卖出的折扣，甚至比我们所给的批发折扣还要来得大。这在起初自然要引起我们的诧异，但一经考察，就觉得毫不足怪。因为有许多同业，对于贩卖同业的折扣，常常会比我们增多到一倍。这些贩卖同业，为了贪图多卖别家的书，不得不把我们的书价也贬低。”

我理解这段话的意思，一家书店同时进了多家书局的书，别家定价高、折扣高，书店卖的时候自然可以给读者来一个折扣，比如五折进货，给读者八折，依然有的赚。但是开明的书如果按照原价发售，恐怕已经习惯了折扣的读者不愿掏钱，这就会影响书店的资金回笼。于是书店老板不得不将开明的书来一个“八折促销”，这里少赚甚或亏空的，从别家书局的书中弥补回来。

章先生的语气里多少带了些许无奈。看来他们坚持了十年之久的诚实做法，出了开明的门就不免“常常”走样。这里，我觉得章先生还有半句话没有说，折扣的“恶习”之所以如此顽固，一方面在于书贾，另一方面也在于读者。毕竟谙熟书业潜规则的读者是少数，特别是当时的内地读者，对于遥远的上海滩的“生意经”哪里能够知晓许多，一见打折就觉得有便宜可占。开明可以用自己的力量和影响要求甚至约束一些书贾走“实价路线”，但是在那些已经习惯了“没折扣不掏钱”的读者面前，开明终究是无奈的。正如章先生所感叹的“用少数人的力量，来改变社会多年的习惯，决不是容易的事情”。

对于前面提到的《声明》中所谓“各地贩卖者及一般读者，均感非常困难，来函质问，日必数起”背后的原因，我还无从考证。但是，我在品味这句话的时候，脑子里却忽然冒出这样一个猜想：那些“来函质问”的人，恐怕不少就是这类惯于享受“折扣”的读者吧。同样都是“照码加一”，其他书局的书不过是把“打八折”变成“打九折”，便宜依然还是有的，可开明的书却成了“加价一成”！读者质问为什么开明的书这么贵，书店老板是不是会摇着头说：“上海的书都涨价了，开明涨得尤其多呢！”

从一本书的售价说起

1947年6月，商务印书馆出版了龚学遂所著的《中国战时交通史》。该书版权页标价为“定价国币拾贰元”。商务印书馆在同月9号《申报》刊出的“每周初版新书”广告中也专门介绍了这本书。有趣的是，广告中标注的该书价格并非“定价国币拾贰元”，而是“一册实价二万四千元”！是不是印错了？同一本书在同一个时间点怎么可能有相差上千倍的价格呢？我们从这期的“每周初版新书”广告中找一本来比对一下。广告中褚葆一所著的《马先尔之经济学说》一册，标价为“八〇〇〇元”，原书版权页标注的价格为“定价国币肆元”。两个价钱相差也有近两千倍之多。

这样的例子其实不止这些，不妨再看看中华书局。1948年4月5日，中华书局在《申报》刊登了最新出版的《国史要义》一书的广告，其中标注的售价为“实售二十四万六千元”。一天后，中华书局又在

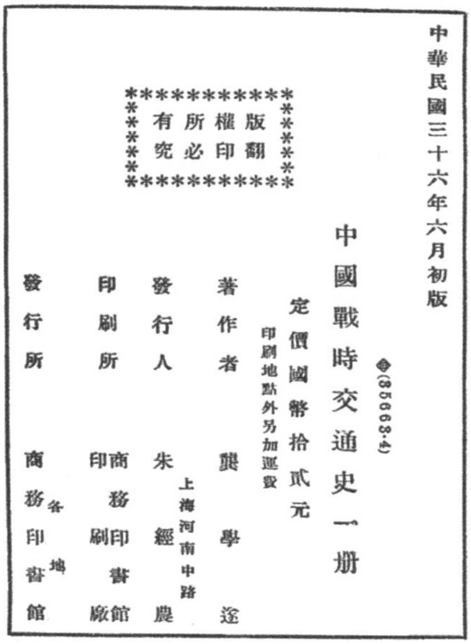
中華民國三十六年六月初版
⊕(85663·4)
中國戰時交通史一册
定價國幣拾貳元
印刷地點外另加運費
版權所有 翻印必究
著作者 龔學遂
發行人 朱經農 上海河南中路
印刷所 商務印書館印刷廠
發行所 各地商務印書館

《中国战时交通史》版权页

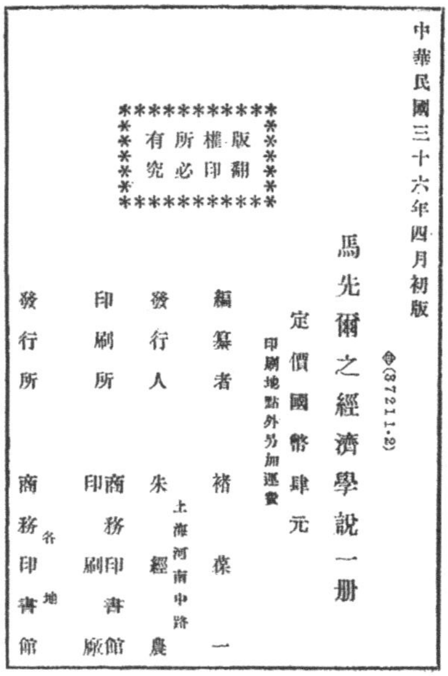
中華民國三十六年四月初版
⊕(87211·2)
馬先爾之經濟學說一册
定價國幣肆元
印刷地點外另加運費
版權所有 翻印必究
編纂者 褚葆一
發行人 朱經農 上海河南中路
印刷所 商務印書館印刷廠
發行所 各地商務印書館

《马先尔之经济学说》版权页

《申报》刊登了“本周新书”广告（含上周新书），其中收录了十余种图书。不妨摘录一些:《未竟之业》定价五元五角、《中国农业合作化之研究》定价十元、《宝岛》定价二元四角、《公司法》定价一元二角、《战时中国之科学》定价二元、《民主政治与加拿大》定价二元七角。两相比较也不难发现类似差异,《国史要义》售价高达二十余万元，而其他图书售价不过几元、十元。其中的《战时中国之科学》4月6日的标价不过二元，而此前3月22日《申报》广告中的标价却高达六万元。

为什么一部书在版权页上标注的价格与广告上标注的价格相差成千上万倍，甚至同样一本书的广告，其价格也会出现天壤之别？首先，这绝对不是印刷的错误。在我所见特定时期的民国图书中，标价随时“变脸”是一个比较普遍的现象。那么，为什么要把简单的价格弄得随

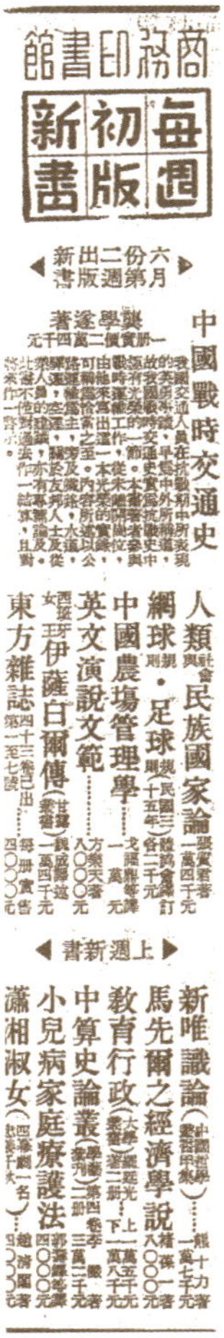

商务印书馆“每周初版新书”广告

（1947年6月9日）

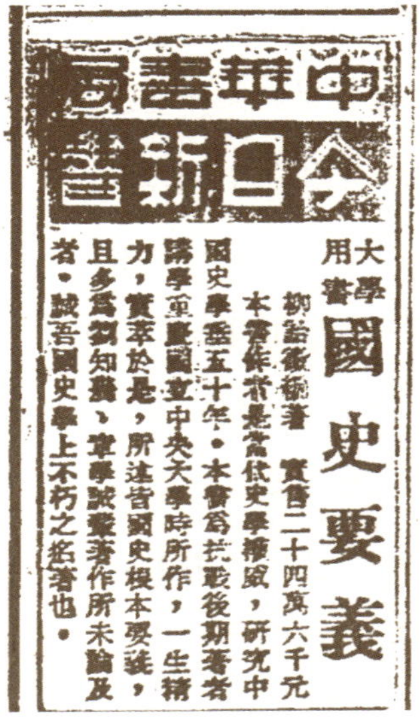

《国史要义》广告

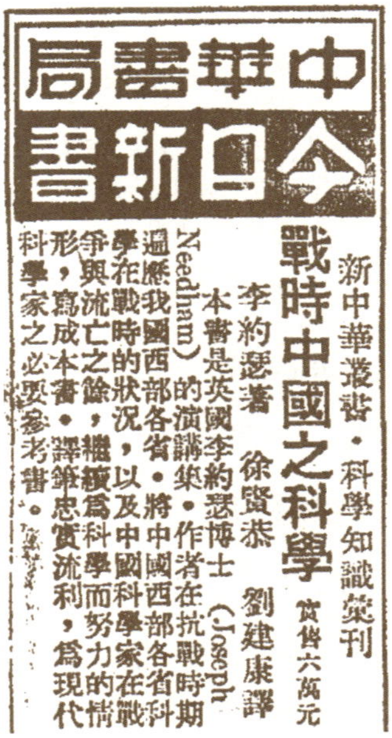

《战时中国之科学》广告

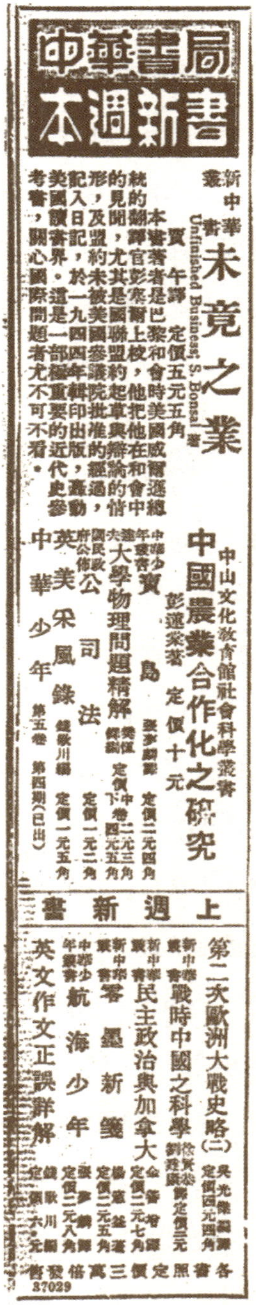

中华书局“本周新书”广告

（1948年4月6日）

时“变脸”？上面这些书的实际售价在当时到底又是多少钱呢？

解释这个现象还需要先从当时的大环境说，具体而言既涉及当时的经济状况，还涉及当时出版机构的内部管理。

先来说说经济背景。对于民国史略有了解的人都知道，从抗战全面爆发之后，民国经济就一直受到通货膨胀的影响。因为战争的特殊历史状态，包括纸张在内的许多物资都成了紧缺货，政府实行统制管控；在政府管控的市场之外，黑市贸易又十分猖獗。物资紧缺和物价猛涨相互交织在了一起，纸墨及人工价格上涨一发不可收拾。抗战结束后，经济形势非但没有好转，反而进一步恶化。当时的很多史料都有“物价飞涨”的记载。粮食、布匹等生活必需品经常一天几个行市。1948年的币制改革仍旧无法抑制物价的飞涨，金圆券的贬值可谓一泻千里。在这样的经济大背景下，书刊的价格自然也要不断上涨。

我曾经翻阅过商务印书馆的《东方杂志》，在20世纪40年代中末期的杂志中，几乎所有的图书广告（《东方杂志》一般只刊登本版图书广告）都要标注一句话：“按照定价×××倍发售。”也就是说一本书在出版后，它的实际身价是比照出版定价的若干倍增加的。而这个倍数则从最开始的几倍一路上涨到几千上万倍，甚至十几万、几十万倍。1948年7月出版的《东方杂志》第44卷第7号中，登载有“新小学暑期课本”广告，内中注明：“现照定价十万倍发售。书价按照同业规定倍数随时调整，概以交到书款时之售价为准。”开明书店发行的《开明少年》杂志中也有类似的标注。1947年多期杂志广告中注明：“本店一般书上海现照定价售四千五百倍，各地另加邮运费，杂志各地一律售一千八百倍。惟近来物价波动甚剧，倍数随时有变更可能，如承惠购概依购买日之倍数计算。”这样看来，一本书卖出上千、上万的价钱也属正常了。开头所列举的两本书，其广告所标注的价钱才是真实

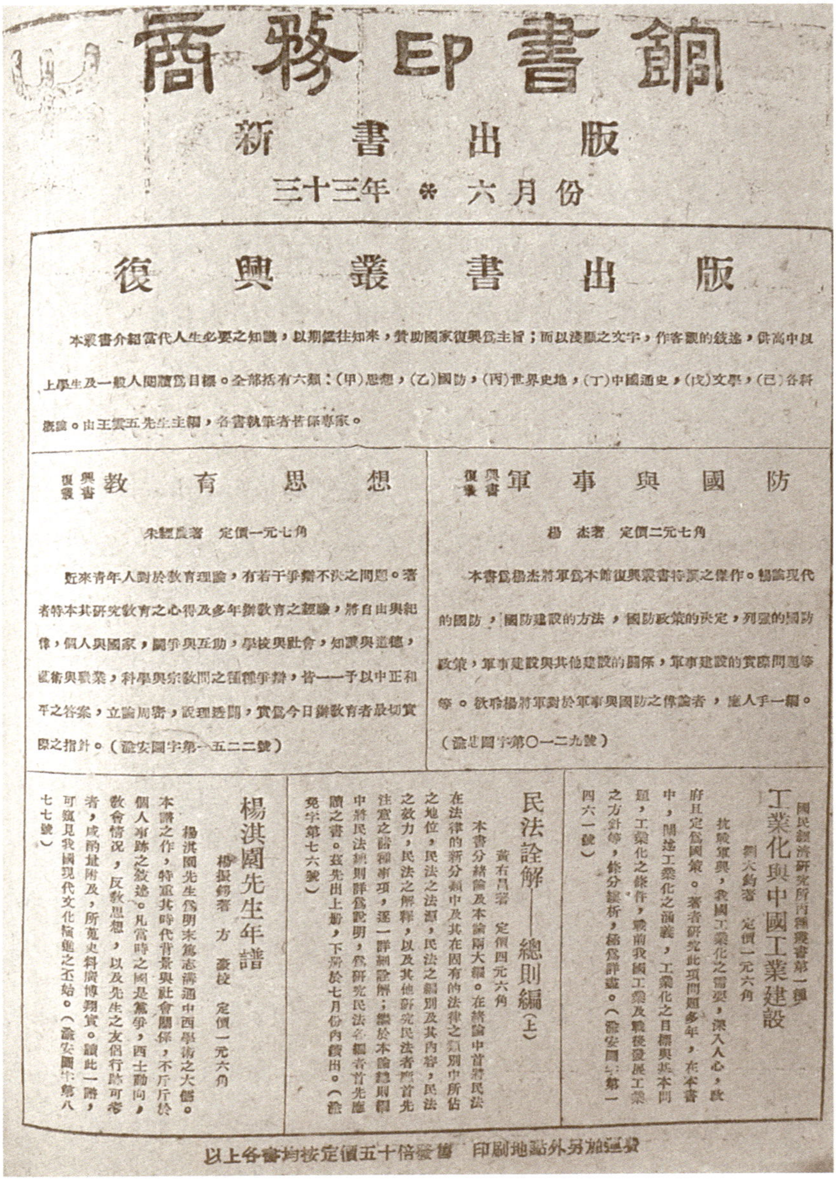

商務印書館

新書出版

三十三年 * 六月份

復興叢書出版

本叢書介紹當代人生必要之知識，以期鑑往知來，贊助國家復興爲主旨；而以淺顯之文字，作客觀的敍述，供高中以上學生及一般人閱讀爲目標。全部括有六類：(甲)思想，(乙)國防，(丙)世界史地，(丁)中國通史，(戊)文學，(己)各科概論。由王雲五先生主編，各書執筆者皆係專家。

復興叢書 教育思想

朱經農著　定價一元七角

近來青年人對於教育理論，有若干爭辯不決之問題。著者特本其研究教育之心得及多年辦教育之經驗，將自由與紀律，個人與國家，鬬爭與互助，學校與社會，知識與道德，藝術與職業，科學與宗教間之種種爭辯，皆一一予以中正和平之答案，立論周密，說理透闢，實爲今日辦教育者最切實際之指針。（渝安國字第一五二二號）

復興叢書 軍事與國防

楊杰著　定價二元七角

本書爲楊杰將軍爲本館復興叢書特撰之傑作。暢論現代的國防，國防建設的方法，國防政策的決定，列强的國防政策，軍事建設與其他建設的關係，軍事建設的實際問題等等。欲聆楊將軍對於軍事與國防之偉論者，應人手一編。（渝忠國字第〇一二九號）

工業化與中國工業建設

國民經濟研究所丙種叢書第一種

劉大鈞著　定價一元六角

抗戰軍興，我國工業化之需要，深入人心，政府且定爲國策。著者研究此項問題多年，在本書中，闡述工業化之涵義，工業化之目標與其本問題，工業化之條件，戰前我國工業及戰後發展工業之方針等，條分縷析，極爲詳盡。（渝安國字第一四六一號）

民法詮解——總則編（上）

黃右昌著　定價四元六角

本書分緒論及本論兩大編。在緒論中首將民法在法律的新分類中及其在固有的法律之類別中所佔之地位，民法之法源，民法之編則及其內容，民法之效力，民法之解釋，以及其他研究民法者所首先注意之諸種事項，逐一詳細詮解；繼於本論總則編中將民法總則詳爲說明，爲研究民法各編者首先應讀之書。茲先出上冊，下冊於七月份內續出。（渝競字第七六號）

楊淇園先生年譜

楊振鍔著　方豪校　定價一元六角

楊淇園先生爲明末篤志溝通中西學術之大儒。本譜之作，特重其時代背景與社會關係，不斤斤於個人事跡之敍述。凡當時之國是黨爭，西士動向，教會情況，反教思想，以及先生之友侶行跡可考者，咸酌量附及，所蒐史料廣博翔實。讀此一譜，可窺見我國現代文化輸進之丕始。（渝安國字第八七七號）

以上各書均按定價五十倍發售　印刷地點外另加運費

商务印书馆1944年6月新书广告，最末印有“以上各书均按定价五十倍发售”字样（《东方杂志》第40卷第11号）

的售价。

我们不妨再用之前提到的几本书做例子。先来看看中华书局的《战时中国之科学》。1948年4月6日《申报》中华书局“本周新书”广告登载了这本书的信息。广告的最末有一行不大起眼的小字：“各书照定价三万倍发售。”即是说，广告里各书的实际售价是标注定价的三万倍。《战时中国之科学》标注的定价为二元，乘以三万倍，实际售价为六万元。这个价格正与《申报》3月22日中华书局广告中所标注的该书售价相吻合。再看看商务印书馆的《中国战时交通史》和《马先尔之经济学说》。《中国战时交通史》的版权页标价为“定价国币拾贰元”，广告标注“实价二万四千元”，确为两千倍；《马先尔之经济学说》版权页标注定价与实际售价也是同样的倍数。而这也正是当时商务印书馆图书售价的规定倍数。1947年4月15日出版的《东方杂志》（第43卷第7号）中的商务印书馆广告即明确标注道：“上海照定价二〇〇〇倍发售。”因此，这两本书在当时的实际售价也都是版权页标价的两千倍。

那么，接下来的问题就是，为什么不直接在书上标注实际出售的价格，而要标注一个连实际售价零头都不到的价钱？这个问题也曾经叫我困惑了很长时间，不知道当时的书业界老板们念的是什么生意经。随着过眼的史料多起来，我对此也有了一些自己的理解或推想。这种价格标注的方式可以概括为“基本定价 × 倍数”。也就是说，原书上标注的基本定价是相对固定的，变量是所加的倍数，其最大的特点就是调整较为灵活。之所以采取这种价格标注方式，主要有这么两个考虑。

第一是持续涨价。图书出版是有一定时间周期的。一本书的售价只能根据其出版时的成本及利润确定。由于物价飞涨，出版机构必须随时调整书价。如果还如以往一样在书上直接标注实际售价，在销售中势必造成反复涂改和其他诸多不便，特别是大中型出版机构，可能会产生内部管理的不便甚至混乱。第二是地域差别。为了适应战时局势的需要，一些出版机构（特别是大型出版机构，如商务印书馆、中华书局）选择多地同时造货，以造货点为中心在一定地域范围内发售，这就是所谓的分区造货、分区发行。这样做可以有效地避免交通阻隔等不利因素，提高发行效率，降低发行成本。战后有些出版机构复员返沪后，依旧在内地保留了一定的造货能力，故仍存在多地造货情况。由于各地物价水平及生产成本的差异，书价自然有所不同。比如，20世纪40年代初重庆书业界曾经比较过渝沪两地的图书价格差异：按最近市价计算，上海每角可购十至十二页，本市每角仅可购六七页。同时，不同地区物价涨幅亦有不同，也会造成同一种书在不同地区涨价频度和幅度的差异。这样看来，原来直接标注实际售价的方式已经不能适应战时的特殊状态。

经常地因时因地调整书价，自然需要设计出一个与此相适应的核算计价办法。其关键就是要灵活，能够随着物价波动即时响应。这样看，用“基本定价×倍数”的核算及标注方式显然具有很好的灵活性，比直接在原书上频繁更换价签更为便捷。所以，这种方式被广泛使用也是十分自然的事情。

总之，物价飞涨对于出版业造成的影响是多方面的，这个例子正可见一斑。

"无价之书"

2020年7月6日的《藏书报》刊登了张南先生所著的《民国旧书〈唱歌教材〉背后的故事》一文。文中提到，该书版权页价格处仅标注了"实价"字样，并未标注价格。这篇文章不仅披露了一本珍贵的稀见文献，同时也为我的"无价之书"的小目录里增加了一个条目。此文发表后，张南先生又从其藏书中寻出了多种"无价之书"，将书影发给我。这些已经一并增补到了文后所附目录中，在此谨表谢忱！

就我所见，类似《唱歌教材》这样特意在价格处留白的书并不算罕见，我这些年过眼的书中，这种"无价之书"已近二百种。本文就把我搜集到的这些书略作整理，看看能否从这些信息里总结出值得注意的内容。

为了便于说明，先举以下例子：

海濱小集之十

農奴的故事

（定價：每本　元）

版權所有　翻印必究

中華民國三十三年三月初版

原著者　L·托爾斯泰
譯者　馬耳
發行人　俞世堃
發行者　美學出版社　重慶民國路特字55號
經售處　全國各大書店
印刷者　重慶印刷廠　重慶棗子嵐埡一號

《农奴的故事》封面及版权页

《哑爱》，左祝梨等著，曹靖华译，三户图书社，1942年1月初版，桂林，版权页标注“每册定价　元　角”，未标注具体价格。

《一个东家的故事》，巴人著，未明社，1942年3月初版，版权页标注“每册实价”，未标注具体价格。

《刽子手》，西风社编印，1942年5月桂一版，桂林，版权页标注“每册实价国币”，未标注具体价格。

《标准军人函牍》，董浩编著，原出版者：上海春明书局，桂林，出版兼印行者：上海万有书局，1943年3月桂林二版，桂林，版权页标注“实价国币”，未标注具体价格。

《今日新疆》，韩清涛著，贵阳中央日报总社，1943年7月初版，贵阳，版权页标注“每册实价　元”，未标注具体价格。

《歌者之歌》，李宝璇著，建成书店发行，立体出版社经售，

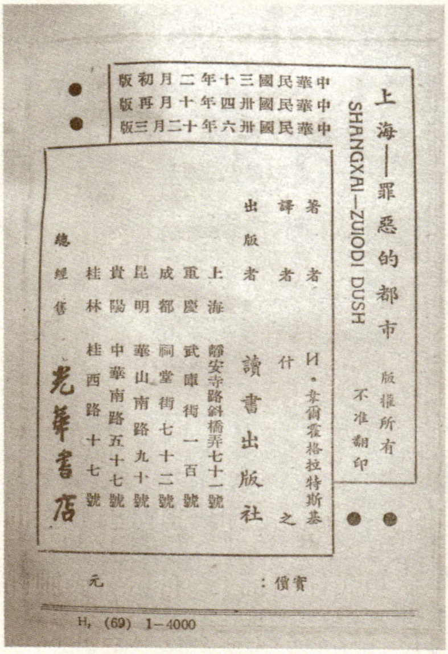
中華民國三十二年二月初版
中華民國卅四年十月再版
中華民國卅六年十二月三版

上海——罪惡的都市
SHANGXAI—ZUIODI DUSH
版權所有 不准翻印

著者 И·查爾霍格拉特斯基
譯者 什之
出版者 讀書出版社

上海 靜安寺路斜橋弄七十一號
重慶 武庫街一百號
成都 祠堂街七十二號
昆明 華山南路九十號
貴陽 中華南路五十七號
桂林 桂西路十七號

總經售 光華書店

實價： 元

H, (69) 1–4000

《上海——罪恶的都市》版权页

時代書報雜誌出版社
封面··黃璧設計

周酉村著：戰後世界形勢
時代書報雜誌出版社印行
發行人：高琴（南京太平路白菜園四十七號）
每册定價國幣 元正不准翻印

《战后世界形势》封底

1944年2月初版，桂林，版权页标注“每册国币　元”，未标注具体价格。

《纪念节日史话》，章训略编，中国文化事业局，1944年2月25日，版权页标注“每部四册定价国币　元”，未标注具体价格。

《英雄的故事》，高尔基著，以群译，上海杂志公司，1944年12月复兴一版（渝），版权页标注“实价”，未标注具体价格。

《人情与邦交》，费孝通著，自由论坛社，1945年1月初版，昆明，版权页标注“国币　元”，未标注具体价格。

《旅伴》，高尔基著，张镜潭译注，晨光书局，1945年1月初版，重庆，版权页标注“每册国币　元”，未标注具体价格。

《秋之歌》，林语堂著，郑陀、应元杰译，光明书局，1946年1月胜利第一版，版权页标注“实价”，未标注具体价格。

《梅萝香》，顾仲彝著，世界书局，1946年1月出版，版权页标注“实价国币”，未标注具体价格。

《剧艺琐话》，方君逸著，永祥印书馆，1947年4月初版，上海，版权页标注“本书实价　元”，未标注具体价格。

《梁上君子》，左临著，世界书局，1947年4月再版，上海，版权页标注“实价国币”，未标注具体价格。

《寒夜曲》，吴琛著，永祥印书馆，1948年5月再版，上海，版权页标注“本书实价　元”，未标注具体价格。

《一江春水向东流》，蔡楚生著，作家书屋，1949年4月初版，版权页标注“定价　元”，未标注具体价格。

一般情况下，民国图书都是明码标价的。在我所见的书中，不管其版权页如何“简陋”，价格总是必不可少的，因此上面的这种情况在已经高度市场化的民国书业中较为少见。但是，为什么这些图书却偏偏要空着价格，这里面的缘由何在？如果仅几种书没有标注价格，其原因或者可以算作偶然因素，可是仅就我所发现的例子就多达近两百个，且涉及的出版机构多达几十个，由此可知，这绝非是因为粗心大意忘记了，而是另有原因。

我把搜集到的“无价之书”整理了一个简目，放在后面。这里不妨先简单分析一下。这个简目一共有189种书，按出版时间计，1942年出版8种、1943年出版14种、1944年出版24种、1945年出版40种、1946年出版32种、1947年出版47种、1948年出版16种、1949年出版4种，此外还有4种没有标注具体出版时间，总结起来，不难发现这样几个特点。第一，从出版时间上看，最早的“无价之书”出现在1942年，此后历年都有。第二，从地域上看，并非仅限一地，重庆、成都、赣县、桂林、上海、南京、广东，甚至包括解放区都有“无价之书”。第三，这些书的出版者，除了世界书局和有官营背景的独立出版社外，多是名不见经传的小书局。第四，从书籍的内容上看，比较芜杂，既有文艺文学作品、政治军事读物，也有管理类、生活类的图书。

由此看来，这种故意不标注出版物价格的情况，并非只在某一地或者某几个出版机构发生，从地域上看，基本涵盖了当时的出版活跃区域。最需要引起注意的还是时间，即这一现象在1942年的时候已经出现了。至于是不是就是始于这一年，因为没有足够的证据不敢妄断。从这个线索入手，我们就很容易想到书价的上涨了。

抗战全面爆发后，无论大后方还是沦陷区物价都处在持续上涨的状态。关于这一时期出版物价格的涨幅，有一条重要史料。1945年6月14日，重庆《大公报》刊登由上海杂志公司、文化生活出版社、生活书店等近三十家书局联名发布的《出版业紧急呼吁》一文，指出“战时出版业因受物价狂涨影响，已濒毁灭，无法继续维持”，“自开年以来，出版成本一再飞涨，土纸售价上涨七八倍，印刷工价更见惊人，一月之内，数度调整，一书所需，动辄百万，名帙巨著，更非三四百万莫办”。“呼吁书”还对过去几

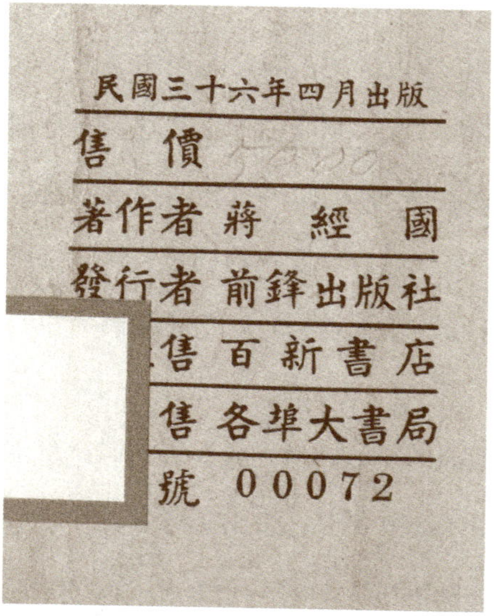

《我在苏联的生活》封底，空白处手写的售价依稀可见

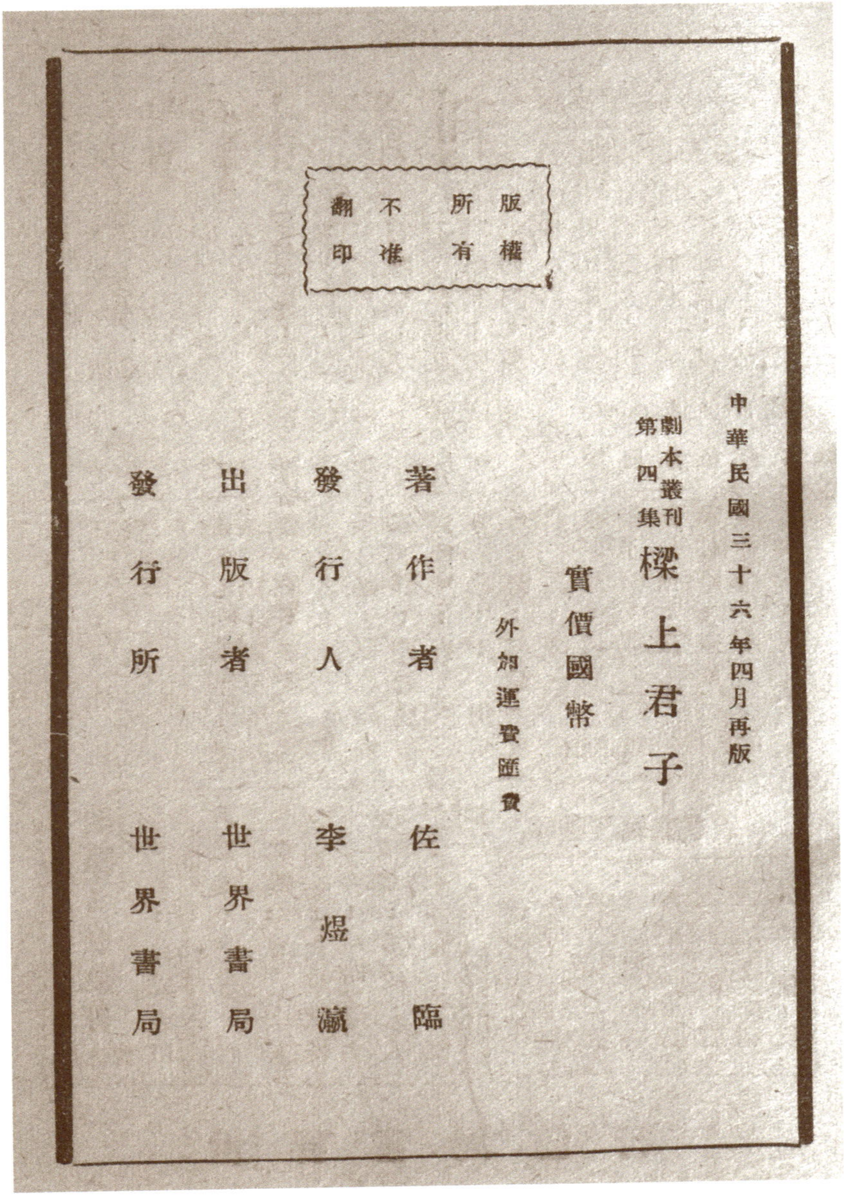

中華民國三十六年四月再版

劇本叢刊第四集 樑上君子

實價國幣

外加運費匯費

著作者 佐臨

發行人 李煜瀛

出版者 世界書局

發行所 世界書局

版權所有 不准翻印

《梁上君子》版权页

年出版造货成本和书价涨幅做了简要概括：“排工较战前涨二千倍，印工涨三千倍，纸型五千倍，装订三千倍，浇版八千倍，以熟料土纸与报纸比较涨三千倍，而书籍定价与战前相较约只涨七八百倍。”

按照这则史料，如果从出版业基本完成西迁的1939年算起，到1945年七年间书价增长七八百倍，确实令人咋舌。而之后物价的涨幅和涨速更是到了叫人瞠目结舌的地步。所以，我们如果将这些“无价之书”放到这个大背景下观察，似乎就可以为不标书价的现象找到一个比较合理的解释，即因为需要经常调整书价，所以干脆空着，避免麻烦，便于改动。这其实与之前提到的在书上标注一个基本书价，再根据行市随时调整倍数的做法异曲同工，都可以算作出版商应对书价快速上涨的措施。

当然了，这种做法既然是“应急”之举，自然就有一定的“随机”或“随意”性。也就是说，并不是某家书店用了这个法子，就一直如此操作。从我所见的实物看，比如世界书局，固然有这种不标价的书，但也有明码标价的。独立出版社的《回顾录》虽然空出售价，但他们这一时期出版的其他书明码标价者还是多数。我想这也不难理解，就像到底用“定价”还是“实价”一样，价格处空还是不空，其实主要看哪个更清楚、更方便，总之就是“便宜行事”。这也是战争状态下，书商们的无奈之举吧。

所见未标注价格图书目录

1.《哑爱》，左祝梨等著，曹靖华译，三户图书社，1942年1月初版，桂林，版权页标注“每册定价　元　角”，未标注具体价格。

2.《平常东西的故事》，[苏]拉甫烈涅夫著，曹靖华译，三户图书社，1942年1月初版，桂林，版权页标注“每册定价　元　角”，均未标注具体价格。

3.《一个东家的故事》，巴人著，未明社，1942年3月初版，版权页标注“每册实价”，未标注具体价格。

4.《刽子手》，西风社编印，1942年5月桂一版，桂林，版权页标注“每册实价国币”，未标注具体价格。

5.《安娜·卡列尼娜（上）》，［俄］L·托尔斯泰著，周笕译，学艺出版社，1942年9月重版，桂林，版权页未标注价格信息，封底左下角标注“$”字样，未标注具体价格。

6.《新式公文作法》，韩东屏著，三户图书社总经售，1942年10月八版，版权页标注“每册实价”，未标注具体价格。

7.《将军笑了》，杨伊著，文丛出版社，1942年10月初版，柳州，版权页标注“实价”，未标注具体价格。

8.《我的旅伴》，［苏］高尔基著，程之译，育文出版社，1942年12月初版，版权页标注“每册实价国币　元”，未标注具体价格。

9.《怎样写剧》，田禽著，剧艺出版社，1943年1月30日蓉版，成都，版权页标注“每册实价　元　角”，未标注具体价格。

10.《新公文手册》，蕴子选辑，新生图书文具公司发行，1943年1月再版，重庆，版权页标注“实价”，未标注具体价格。

11.《标准军人函牍》，董浩编著，原出版者：上海春明书局，桂林，出版兼印行者：上海万有书局，1943年3月桂二版，桂林，版权页标注“实价国币”，未标注具体价格。

12.《高加索的俘虏》，［俄］托尔斯泰著，小畏译，星球出版社，1943年4月初版，版权页标注“每册定价国币　元”，未标注具体价格。

13.《金融工商界应用文》，秦柳方编著，实学书局，1943年5月15日初版，版权页标注“每册定价国币”，未标注具体价格。

14.《苦命人巴威》，［苏］M·高尔基著，洪济译，春草书店，1943年6月，桂林，未标注价格信息。

15.《现代契约程式》，上海群益书局出版，赣县群益书局发行，

1943年7月初版，版权页标注“全一册实价”，未标注具体价格。

16.《今日新疆》，韩清涛著，贵阳中央日报总社，1943年7月初版，贵阳，版权页标注“每册实价　元”，未标注具体价格。

17.《碎羽集》，灰马著，山山书屋，1943年7月，版权页标注“每册定价国币　元”，空白处先后加盖有“贰拾”“三十”字样。

18.《吻》，［俄］柴霍甫著，华林一译，古今出版社，1943年9月初版，重庆，版权页标注“实价每册国币　元”，未标注具体价格。

19.《钢铁是怎样炼成的》，［苏］奥司托洛夫司基著，弥沙译，国讯书店，1943年10月初版，重庆，未标注价格信息。

20.《国文作法》，顾震白著，耕耘出版社，1943年11月初版，桂林，版权页标注“每册定价国币　元”，未标注具体价格。

21.《殉情》(一名《恋爱与阴谋》)，顾仲彝改编，光明书局，上海，1943年12月三版，版权页标注“实价”，未标注具体价格。

22.《苏联文学》，叶方明编，文风书店，1943年，版权页标注“定价　元　角”，未标注具体价格。

23.《拿破仑之死》，［苏］M·A·爱达诺夫著，李育中译，文献出版社，1944年1月初版，版权页标注“每册国币　元”，未标注具体价格。

24.《歌者之歌》，李宝璇著，建成书店发行，立体出版社经售，1944年2月初版，桂林，版权页标注“每册国币　元”，未标注具体价格。

25.《纪念节日史话》，辜训略编，中国文化事业局，1944年2月25日，版权页标注“每部四册定价国币　元”，未标注具体价格。

26.《农奴的故事》，［俄］L·托尔斯泰著，马耳译，美学出版社，1944年3月初版，重庆，版权页标注“定价：每本　元”，未标注具体价格。

27.《死后》，［苏］班菲罗夫等著，王元译，新知书店总经售，1944年3月初版，版权页标注“熟料纸　元正/生料纸　元正”，未标注具体价格。

28.《英文中译法》，曹涟君编著，新生书局，1944年3月桂林初版，桂林，版权页标注“本书实价　元”，未标注具体价格。

29.《不朽的人民》，［俄］葛洛斯曼著，林陵译，文光书店，1944年4月初版，桂林，版权页标注“实价国币　元整”，均未标注具体价格。

30.《中国史纲（第一卷）》，翦伯赞著，五十年代出版社，1944年4月初版，重庆，版权页标注“定价国币　元”，未标注具体价格。

31.《最新公文程式大全》，秦运章编著，实学书局，1944年4月蓉二版，成都，版权页标注“实价”，未标注具体价格。

32.《怎样写英文书信》，庄稼编著，新生书局，1944年5月桂林初版，桂林，版权页标注“本书（重纸本）实价　元”，未标注具体价格。

33.《奇异的旅程》，沙汀著，当今出版社发行，建国书店总经售，1944年5月初版，版权页标注“定价　元”，未标注具体价格。

34.《地母》，［苏］史维卡原著，李葳译，自力书局，1944年7月初版，版权页未标注价格信息，封底左下角标注“$”标记，未标注具体价格。

35.《幼年　少年　青年》，［俄］托尔斯泰著，高植译，文化生活出版社，1944年8月渝一版，重庆，版权页标注“定价　正”，未标注具体价格。

36.《新中国幼苗的成长》，陈纪滢著，建中出版社，1944年9月初版，重庆，版权页标注“定价国币　元”，未标注具体价格。

37.《初恋》，［苏］屠格涅夫著，齐蜀夫译，世界出版社，1944年9月初版，重庆，版权页标注“定价国币　圆”，未标注具体价格。

38.《童年》，［苏］高尔基著，凌宵译，联益出版社，1944年10月初版，版权页标注“每册定价国币　元”，未标注具体价格。

39.《币值变动时之会计》，[美] Henry Whitcomb Sweeney著，杨天全译，文信书局，1944年10月初版，重庆，版权页标注“每册实价 元”，未标注具体价格。

40.《延安一月》，赵超构著，新民报社，1944年11月初版，重庆，版权页标注“每部定价国币 元”，未标注具体价格。

41.《我的童年》，[苏] 高尔基著，姚蓬子译，上海杂志公司，1944年12月复兴第一版（渝），版权页标注“实价 元”，未标注具体价格。

42.《英雄的故事》，[苏] 高尔基著，以群译，上海杂志公司，1944年12月复兴一版（渝），版权页标注“实价”，未标注具体价格。

43.《古今货币》，卫聚贤等著，说文社门市部经售，1944年12月初版，重庆，版权页标注“定价 $”，未标注具体价格。

44.《高考之路》，宾业绳主编，北斗书店发行，1944年12月三版，重庆，版权页标注“每册实价国币 元”，未标注具体价格。

45.《上海——罪恶的都市》，[苏] И·韦尔霍格拉特斯基著，什之译，读书出版社，1944年12月四版，重庆，版权页标注“实价每册国币”，未标注具体价格。

46.《爱的奴隶》，[苏] 高尔基著，任钧译，上海杂志公司，1944年12月复兴一版（渝），版权页标注“实价”，未标注具体价格。

47.《烽火滇西话征程》，王璧岑著，大观出版社，1945年1月初版，昆明，版权页标注“全一册定价国币 元”，未标注具体价格。

48.《拉丁美洲内幕（下册）》，[美] John Gunther著，默君译，五十年代出版社，1945年1月初版，重庆，版权页标注“定价土报纸国币 元”，未标注具体价格。

49.《人情与邦交》，费孝通著，自由论坛社，1945年1月初版，昆明，版权页标注“国币 元”，未标注具体价格。

50.《旅伴》，［苏］高尔基著，张镜潭译注，晨光书局，1945年1月初版，重庆，版权页标注“每册国币　元”，未标注具体价格。

51.《现代青年书信》，邱尼山著，光明书局，1945年1月改正后渝一版，版权页标注“□价国币　元”，未标注具体价格。

52.《世界各国内幕》，蔡振杨编著，中华文化出版社，1945年2月出版，版权页标注“每册定价　元”，未标注具体价格。

53.《模范英语书信》，华士堂编著，真理出版社，1945年2月渝一版，重庆，版权页标注“书价”，未标注具体价格。

54.《作文描写辞典》，刘铁冷编著，新生书局，1945年2月蓉版，成都，版权页标注“实价国币”，未标注具体价格。

55.《女房东》，［苏］陀思退夫斯基著，叔夜译，联益出版社，1945年2月渝初版，重庆，版权页标注“实价国币　元整”，未标注具体价格。

56.《我的大学》，［苏］高尔基著，胡明译，上海杂志公司，1945年3月复兴一版（渝），版权页标注“实价”，未标注具体价格。

57.《攻欧登陆战记实》，［美］Charles Christian Wertenbaker著，吴奚真译，时与潮社发行，1945年3月20日初版，重庆，版权页标注“定价　元”，未标注具体价格。

58.《天蓝的生活》，［苏］高尔基著，丽尼译，上海杂志公司，1945年4月复兴第一版（渝），重庆，版权页标注“实价”，未标注具体价格。

59.《奥罗夫夫妇》，［苏］高尔基著，周笕译，上海杂志公司，1945年4月复兴第一版（渝），重庆，版权页标注“实价”，未标注具体价格。

60.《潘巧云》，黄鹤著，世界书局，1945年4月出版，出版地不详，版权页标注“实价国币”，未标注具体价格。

61.《英文中译法》，唐明飞编辑，新中国书局，1945年4月渝初版，重庆，版权页标注“本书实价　元”，未标注具体价格。

62.《各国民族统一运动史论》，李建芳著，大道出版社，1945年4月初版，重庆，版权页标注“定价国币”，未标注具体价格。

63.《风声鹤唳》，周剑尘著，当今出版社，1945年5月初版，重庆，版权页标注“每册　元”，未标注具体价格。

64.《胜利与和平》，乔木、茹纯、舒翰、朱丹、方潜等著，读书出版社，1945年5月初版，重庆，版权页未标注价格信息，封底标注基本定价和现售实价，基本定价后加盖有“280”字样，现售实价处未标注具体价格。

65.《“四大自由”及其它有关战后国际和平组织的重要文件》，张申府编译，五十年代出版社，1945年5月初版，重庆，版权页标注“定价：每册　元”，未标注具体价格。

66.《学生新尺牍》，储菊人编，桂林新生书局，1945年6月重庆初版，重庆，版权页标注“本书实价　元”，未标注具体价格。

67.《寄生草》，［英］H. H. DAVIES著，洪深改编，上海杂志公司，1945年6月再版元复兴第一版（渝），重庆，版权页标注“实价　元”，未标注具体价格。

68.《衡阳突围》，战时文化供应社编，战时文化供应社，1945年6月再版，版权页标注“实价国币　元”，未标注具体价格。

69.《地主之家》，［俄］谢德林著，陈原译，文风书局，1945年6月初版，重庆，版权页标注“定价国币生/熟料　元正”，未标注具体价格。

70.《新中国幼苗的成长》，陈纪滢著，建中出版社，1945年6月再版，重庆，版权页标注“定价国币　圆”，未标注具体价格。

71.《战时苏联游记》，［美］Edgar Snow著，孙承佩译，中外出版社，重庆，1945年7月初版，版权页标注“基本售价”，封底左下角印有“基本定价”“现售实价”字样，三处均未标注具体价格。

72.《不幸的蒙妮迦》，［苏］兹维尔嘉著，向青译，东南出版社，1945年7月初版，重庆，版权页标注“定价　生料纸/熟料纸　元”，未标注具体价格。

73.《最新普通尺牍大全》，倪维著，群力出版社，1945年7月初版，重庆，版权页标注“定价每册　元”，未标注具体价格。

74.《现代小说过眼录》，许杰著，立达书店，1945年7月初版，版权页标注“每册国币　元”，未标注具体价格。

75.《中国社会政治史》，萨孟武著，北斗书店经售，1945年7月出版，版权页标注“每册定价　元”，未标注具体价格。

76.《满城风雨（上册）》，平可著，五洲书局，1945年8月初版，版权页标注“实价国币　元”，未标注具体价格。

77.《新民主与世界政治改造》，张明养著，建国书店，1945年8月初版，重庆，版权页标注“每册　元”，未标注具体价格。

78.《近百年世界史纲》，周登云著，南方印书馆发行，1945年8月出版，版权页标注“实价国币　元”，未标注具体价格。

79.《妻》，［苏］卡达耶夫著，朱葆光译，中外出版社，1945年9月初版，重庆，封底标注基本定价、现售实价，基本定价后加盖有“3.00”字样，现售实价后未标注具体价格。

80.《交际新尺牍》，储菊人编著，新中国书局，1945年10月重庆初版，重庆，版权页标注“本书实价　元”，未标注具体价格。

81.《子弟兵》，周而复著，作家书屋，1945年11月初版（渝），重庆，版权页标注“定价　元”，未标注具体价格。

82.《历史教育论》，徐文珊著，史学书局发行，1945年12月初版，版权页标注“生料纸本每册实价国币　元”，未标注具体价格。

83.《这时代》，罗洪著，正言出版社，1945年12月初版，版权页标注“实价法币”，未标注具体价格。

84.《蔡金花》，鲍雨著，潮锋出版社，1945年12月胜利后第一版，上海，版权页标注“实价国币　元”，未标注具体价格。

85.《丈夫》，邓昭晖著，世界书局，1945年12月出版，版权页标注“实价国币”，未标注具体价格。

86.《红豆曲》，方君逸著，世界书局，1945年12月出版，版权页标注“实价国币”，未标注具体价格。

87.《秋之歌》，林语堂著，郑陀、应元杰译，光明书局，1946年1月胜利第一版，版权页标注“实价”，未标注具体价格。

88.《梅萝香》，顾仲彝著，世界书局，1946年1月出版，版权页标注“实价国币”，未标注具体价格。

89.《红楼梦》，吴天著，永祥印书馆，1946年1月初版，上海，版权页标注“本书实价　元”，未标注具体价格。

90.《延安一月》，赵超构著，新民报社，1946年2月沪再版，上海，版权页标注“每册实售”，未标注具体价格。

91.《子夜》，吴天著，永祥印书馆，1946年2月初版，上海，版权页标注“本书实价　元”，未标注具体价格。

92.《写作进修读本》，孙起孟、顾诗灵、蒋仲仁编著，进修出版教育社，1946年2月上海再版，版权页标注“实价国币　元”，均未标注具体价格。

93.《李有才板话》，赵树理著，大众书店，1946年3月初版，大连，版权页标注“实价　元”，未标注具体价格。

94.《山城的雾季》，朱雷著，华夏文化事业社，1946年4月初版，版权页标注“定价国币”，未标注具体价格。

95.《暗流》，甘永柏著，文光书店，1946年4月初版，版权页标注

“实价国币　正”，未标注具体价格。

96.《山洪》，吴组缃著，星群出版公司，1946年4月沪新一版，版权页标注“每册售价　圆整”，未标注具体价格。

97.《二十九人自选集》，中华文艺界协会桂林分会编辑，新知书店，1946年4月沪版，上海，版权页标注“定价”，未标注具体价格。

98.《雪夜梦》，包蕾著，少年出版社，1946年5月出版，上海，版权页标注“每册实价”，未标注具体价格。

99.《无声的歌女》，凤子著，正言出版社，1946年5月初版，上海，版权页标注“实价法币”，未标注具体价格。

100.《宿店》，邵荃麟著，新知书店，1946年5月初版，版权页标注“每册实价　元”，禾标注具体价格。

101.《苏维埃人群像》，[苏]铁霍诺夫等著，大众书店，1946年6月初版，大连，版权页标注“售价　圆”，未标注具体价格。

102.《没有花的春天》，碧野著，建国书店，1946年6月沪总第一版，上海，版权页标注“每册　元”，未标注具体价格。

103.《小坡的生日》，老舍著，作家书屋，1946年6月沪一版，版权页标注“定价　元”，未标注具体价格。

104.《钢铁是怎样练成的》，大连中苏友好协会出版，中苏知识社发行，1946年6月30日初版，版权页标注“定价=每册　实价　元”，未标注具体价格。

105.《桃花扇》，周彦著，建国书店，1946年6月沪初版，上海，版权页标注“每册　元”，未标注具体价格。

106.《春花怒放》，姚亚影著，建国书店，1946年6月沪初版，上海，版权页标注“每册　元”，未标注具体价格。

107.《演员与演技》，方君逸著，永祥印书馆，1946年6月初版，上海，版权页标注“本书实价　元”，未标注具体价格。

108.《回顾录（第二编）》，邹鲁著，独立出版社，1946年7月初版，南京，版权页标注“定价国币　元正”，未标注具体价格。

109.《乳娘曲》，予且著，万象书屋，1946年7月初版，版权页标注“定价　元”，未标注具体价格。

110.《蝴蝶夫人》，方君逸著，永祥印书馆，1946年8月初版，上海，版权页标注“本书实价　元”，未标注具体价格。

111.《复兴中国新地图》，邵越崇编著，复兴书店，1946年9月再版，上海，版权页标注“每册实价　圆”，未标注具体价格。

112.《孽海花》，曾朴著，真美善书店，1946年11月增订再版，版权页标注“定价”，未标注具体价格。

113.《冰心代表作》，冰心著，上海全球书店，1946年11月出版，版权页标注“实价”，未标注具体价格。

114.《从小姐到主妇》，恽伯琴著，群学书店，1946年11月出版，版权页标注“每册实价”，未标注具体价格。

115.《一个战士》，郭尔巴多夫著，伊真译，东北书店，1946年12月，封底标注“定价”，未标注具体价格。

116.《高尔基选集》，［苏］马克沁高尔基著，耿济之等译，上海铁流书店，1946年12月，上海，版权页标注“每册定价法币”，未标注具体价格。

117.《大江东去》，张恨水著，南京新民报社，1946年12月沪四版，版权页标注“每册实售”，未标注具体价格。

118.《战斗员阿列可赛·顾里珂夫》，［苏］戈尔巴朵夫著，华北新华书店，1946年12月版，版权页标注“定价　元”，未标注具体价格。

119.《小品文描写辞典》，钱一鸣编著，群学书店，1947年1月出版，版权页标注“每册实价”，未标注具体价格。

120.《吕梁英雄传（正集）》，马烽、西戎合著，通俗书局，1947年1月初版，上海，版权页标注“定价国币　元”，未标注具体价格。

121.《女兵十年》，谢冰莹著，北新书局，1947年1月新版，版权页标注“实售”，未标注具体价格。

122.《烦恼的网》，周全平著，天下书店，1947年1月初版，版权页标注“每册实价”，未标注具体价格。

123.《袖珍世界详图》，中国地图表编纂社、金守白编制，大中国图书局发行，1947年1月增订八版，上海，版权页标注“定价国币”，未标注具体价格。

124.《天下一家之路》，高祖文等著，中国建设出版社，1947年2月初版，上海，版权页标注“国币　元”，未标注具体价格。

125.《谢冰莹佳作选》，巴雷、朱绍之编选，新象书店，1947年2月再版，版权页标注“全一册实价国币”，未标注具体价格。

126.《现代公文程式》，董浩编著，春明书店，1947年2月出版，上海，版权页标注“实价”，未标注具体价格。

127.《三八颂》，紫墟著，自刊本，1947年三八节初版，版权页标注“定价国币　元”，未标注具体价格。

128.《军用公文函牍程式大全》，董坚志编著，大方书局，1947年3月再版，上海，版权页标注“实价”，未标注具体价格。

129.《孽海恨》，巴山著，文艺青年社（总经售），1947年3月初版，上海，版权页标注“实价国币　元”，未标注具体价格。

130.《弹剑记》，白羽著，上海平津书店，1947年3月初版，版权页标注“定价国币”，未标注具体价格。

131.《恶之华掇英》，[法]波特莱尔著，戴望舒译，怀正文化社，上海，1947年3月初版，版权页标注“每册实价　元”，未标注具体价格。

132.《兄妹开荒》，周而复、王大化著，雷鸣社出版，1947年3月初版，封底标注“基本定价$3.00/售价”，未标注“售价”具体价格。

133.《人民的光荣》，何微等著，太岳新华书店，1947年3月出版，版权页标注“定价每册　元”，未标注具体价格。

134.《剧艺琐话》，方君逸著，永祥印书馆，1947年4月初版，上海，版权页标注“本书实价　元”，未标注具体价格。

135.《春韭集》，徐訏著，夜窗书屋，1947年4月十版，版权页标注“每册实价　圆”，未标注具体价格。

136.《梁上君子》，佐临著，世界书局，1947年4月再版，上海，版权页标注“实价国币”，未标注具体价格。

137.《我在苏联的生活》，蒋经国著，前锋出版社，1947年4月出版，上海，版权页信息印在封底，“售价”后手工填写数字“5000”。

138.《最佳剧选》，易乔编选，潮锋出版社，1947年4月出版，上海，版权页标注“实价国币　元”，未标注具体价格。

139.《高尔基名著精选》，[苏]高尔基著，钱谦吾选译，新陆书局，上海，1947年4月初版，版权页标注“实价”，未标注具体价格。

140.《虎皮骑士》，[格鲁吉亚]路斯赫威里著，侍桁、北芒译，国际文化服务社，1947年4月上海再版，上海，版权页标注“每册国币　元”，未标注具体价格。

141.《爱情与面包》，[瑞典]斯德林堡著，姚蓬子译，作家书屋，上海，1947年5月初版，版权页标注“定价　元”，未标注具体价格。

142.《袖珍世界分国精图》，金擎宇编，亚光舆地学社出版，大中国图书局发行，1947年5月初版，上海，版权页标注“定价国币”，未标注具体价格。

143.《长夜》，姚雪垠著，怀正文化社，1947年5月15日初版，上海，版权页标注“每册定价国币　元正”，未标注具体价格。

144.《殉情》(一名《恋爱与阴谋》)，顾仲彝改编，光明书局，1947年5月五版，上海，版权页标注“实价”，未标注具体价格。

145.《吕梁三捷》，四纵队十三旅政治部编，太岳新华书店，1947年6月出版，版权页标注“定价每册　元”，未标注具体价格。

146.《铁花》，熊佛西著，怀正文化社，1947年6月初版，上海，版权页标注“每册实价　元”，未标注具体价格。

147.《地球末日记》，周煦良译，龙门联合书局，1947年6月初版，上海，版权页标注“每册定价国币　元正”，未标注具体价格。

148.《庐山卧游集》，吴子羽编辑发行，1947年7月初版，版权页标注“实价　元”，未标注具体价格。

149.《苏联民间的故事》，冀中新华书店，1947年7月10日，版权页标注“定价　元”，未标注具体价格。

150.《火烛小心》，包蕾著，华华书店，1947年8月沪版，上海，版权页标注“每册实价　圆”，未标注具体价格。

151.《人事管理的实施》，屠哲隐著，世界书局，1947年8月四版，上海，版权页标注“实价国币”，未标注具体价格。

152.《描在青空》，昧尼著，未央社，1947年8月初版，版权页标注“实价国币　元”，未标注具体价格。

153.《秦淮月》，方君逸著，永祥印书馆，1947年9月初版，上海，版权页标注“本书实价　元”，未标注具体价格。

154.《养鸡学》，郑学稼编著，世界书局，1947年9月重排新四版，版权页标注“实价国币”，未标注具体价格。

155.《兽医药理学撷要》，沈华煇编著，世界书局，1947年9月再版，版权页标注“实价国币”，未标注具体价格。

156.《生命的画册》，金江著，文风出版社，1947年10月初版，版权页标注“定价”，未标注具体价格。

157.《昨夜的祝福》，陈容子著，文海出版社，1947年11月初版，广州，版权页标注“诗集定价　元”，未标注具体价格。

158.《论国际形势》，晋察冀新华书店编印发行，1947年11月出版，版权页标注“定价每册　元”，未标注具体价格。

159.《新婚》，杜云之著，大众出版社，1947年11月初版，上海，版权页标注“定价：　元”，未标注具体价格。

160.《钗头凤》，魏于潜著，世界书局，1947年11月再版，版权页标注“实价国币”，未标注具体价格。

161.《狂欢之夜》，鲁思著，世界书局，1947年11月再版，版权页标注“实价国币”，未标注具体价格。

162.《应用文概要》，戴龙孙著，金陵大学农学院发行，1947年11月初版，南京，版权页标注“定价每册　元正”，未标注具体价格。

163.《四喜子的生意》，施蛰存著，博文书店，1947年12月出版，版权页标注“基本定价国币　圆　角”，未标注具体价格。

164.《青松之下》，王统照著，博文书店，1947年12月出版，版权页标注“基本定价国币　圆　角”，未标注具体价格。

165.《上海——罪恶的都市》，［苏］И·韦尔霍格拉特斯基著，什之译，读书出版社，1947年12月三版，版权页标注“实价　元”，未标注具体价格。

166.《风筝》，许钦文著，怀正文化社，1948年2月初版，上海，版权页标注“每册实价　元”，未标注具体价格。

167.《甜姐儿》，魏于潜著，世界书局，1948年3月再版，版权页标注“实价国币”，未标注具体价格。

168.《孤岛泪》，冯玉奇著，广艺书局发行，1948年4月初版，版权页标注“实价”，未标注具体价格。

169.《盐场》，沈寂著，怀正文化社，1948年4月初版，上海，版权页标注“每册实价　元”，未标注具体价格。

170.《剧评·编剧·技巧》，陶熊著，中国戏剧出版社，1948年4月初版，福州（总经售机构地址），版权页标注“定价”，未标注具体价格。

171.《最新交际大全》，朱建康编辑，大文书局，1948年4月六版，重庆，版权页标注“定价国币”，未标注具体价格。

172.《新桃花扇》，谷斯范著，新纪元出版社，1948年5月初版，上海，版权页标注“每册实价　元”，未标注具体价格。

173.《寒夜曲》，吴琛著，永祥印书馆，1948年5月再版，上海，版权页标注“本书实价　元”，未标注具体价格。

174.《世界民主妇女文集》，关东中苏友好协会、关东妇女联合总会编，关东中苏友好协会出版，1948年7月初版，大连，版权页标注“定价　元”，未标注具体价格。

175.《童子军欢呼一百〇一首》，吴耀麟编著，童子军生活社，1948年7月初版，版权页标注“实价每册国币　元”，未标注具体价格。

176.《川口村》，丁山著，新世纪出版社，1948年8月20日发行，版权页标注“定价”，未标注具体价格。

177.《街头巷尾》，潘子农著，作家书屋，1948年8月再版，上海，版权页标注“定价　元”，未标注具体价格。

178.《标准川剧大观（合订本）》，川汉出版研究社编辑出版，1948年10月改订版，重庆，版权页标注“第一二三四五六七八册每册售国币　元”，未标注具体价格。

179.《戎冠秀》，田间诗，娄霜木刻，东北画报社编，东北画报社，1948年10月再版，版权页标注“定价”，未标注具体价格。

180.《人性杀戮》，王西彦著，怀正文化社，1948年10月初版，上海，版权页标注“每册实价　元”，未标注具体价格。

181.《国际常识》，太岳新华书店编，太岳新华书店，1948年12月再版，封底标注“定价每册　元”，未标注具体价格。

182.《阿Q正传》(六幕剧)，鲁迅著，许幸之编剧，光明书局，1949年3月六版，上海，版权页标注“实价国币”，未标注具体价格。

183.《一江春水向东流》，蔡楚生著，作家书屋，1949年4月初版，版权页标注“定价　元”，未标注具体价格。

184.《铁流》，[苏]绥拉菲莫维支著，苏南新华书店，1949年6月初版，版权页未标注价格，封底标明“定价人民币　元”，未标注具体价格。

185.《中国解放区农村妇女生产运动》，中国解放区妇女联合会编，苏北新华书店，1949年7月初版，版权页标注“每本　元”，未标注具体价格。

186.《阿莱凯姆短篇集》，[俄]阿莱凯姆著，柳无垢译，耕耘出版社，出版时间不详，桂林，版权页标注“每册实价国币　元”，未标注具体价格。

187.《全部生死恨》(梅兰芳秘本)，张锡龄编，上海剧学书局发行，出版时间不详，上海，版权页标注“每册国币”，未标注具体价格。

188.《战后世界形势》，周酉村著，时代书报杂志出版社印行，版权页标注“每册定价国币　元正”，未标注具体价格。

189.《唱歌教材》，音乐艺术社编辑出版，新知书店总经售，版权页标注“定价”，未标注具体价格。

奇文共赏话书业

1948年4月《开明少年》第34期，登载了一篇名为《折扣的故事》的文章。这篇文章的本意其实是通过生活中的事例告诉孩子们关于“折扣”或者说百分数、倍数的一些基本知识。文章的场景设定是一家小书店，情节则是通过小学生小林和自己的父亲（书店老板）之间的对话展开的。大概作者也是熟识书业情形，或者说经常逛书店的人，所以特地选取了这个场景，不知道有没有借机为书业叫屈、呼吁的意思。不过这样一来，这其中就不可避免地涉及一些当时书业经营的零星片段，特别是关于图书价格的史料。这篇文章发表的时候正是民国社会百业凋零、物价飞腾之际，一个小书店经营的困难可想而知。于是，这样一个场景以及父子之间的对话，就为我们今天回望那个时期的书业提供了一个生动且独特的视角。

小林和父亲的对话是从小林放学回到家中（即小书店）开始的，他告诉正在和伙计忙着更换新价签的父亲，今天在学校学到了关于折扣的知识，还特地说老师用买书打折的事情作为例子来解释折扣的含义。小林父亲听了之后却“好像很烦”地说道：“你们先生讲的都是些历史！这个年头谁家还减价打折扣？这个年头只有加成！加倍！——你懂什么？”他又解释说：“加一成就是增加原价的十分之一，加二成就是增加原价的十分之二。——可是，事实上加成也不行了，结果变成了加倍。加倍，——你懂得么？”之后又抱怨道：“你们的课本简直都是些古书，要不得了！现在的书价增加一倍哪能够？前两个月的卖价已经是原价的七千倍，上个月改成了一万倍；今天又接到信了，一律改成了一万八千倍！”此时，书店伙计三生似乎没有注意老板的烦躁，不合时宜地抱怨道：“上面这些书价签条不撕掉么？照这样贴了再贴，活像贴烂膏药。”老板于是“有点生气了”，教训道：“不贴有什么办法？天天涨，永远涨，越涨越难过！再涨就要逼死人了！”

《开明少年》第34期封面

我读到这里的时候，三点引起了我的注意。

第一是关于“加成”的概念。在之前阅读史料或者翻阅实物的时候也曾经见过这个词，当时猜测一成应该就是总价的十分之一。不过，到底没有见到直接给出具体解释的史料，而这里却说得十分清楚了。正如这里的书店老板所说，最开始涨价的时候就是按照标价加成的。比如按照《东方杂志》广告所附的说明，从1940

年下半年起，商务版书的售价就从“照定价加五成”开始了将近十年的涨价之旅。只是，加成的小碎步很快就已经跟不上物价上涨的连级跳了，只好从“加成”变为了“加倍”。

第二是对话里提到了当时的“天天涨，永远涨”的书价已经涨到了一万八千倍，果然到了如此令人瞠目结舌的涨幅吗？这也可以从其他一些旁证来说明。叶再生先生的《中国近代现代出版通史》记载，1948年3月6日南京《中央日报》所载正中书局新书广告中标注“各书照定价2万倍发售”；到了4月2日，其广告中所标的涨幅已经上升到了3万倍，然而这不过是“毛毛雨”。叶先生记述称：“1948年6月，重庆又刮起物价猛涨风，书价涨至骇人听闻的程度，7月10日正中书局‘每周新书’价格已达到‘照定价十万倍发售’；上海启明书局重庆分局的售价倍数熟料纸为7万倍；这月中旬，文化生活社的售书倍数高至14万倍；下旬，开明书店重庆分店8月份的预约售书倍数已达48万倍；8月中旬金圆券改革前夕，文化生活社已按20万倍发售书籍，而光明书局重庆分局的售书倍数已高达30万倍。但是，就是这么高的倍数，还经常赶不上物价的飞涨，因此这个月商务印书馆重庆分馆发售的《丘吉尔第二次世界大战回忆录》译本一、二册，干脆只标定价4.5元和6.5元，标明‘按同业议定倍数出售’，即根据售书当日的倍数发售。”由此可知，文章中的记述绝非杜撰。

第三是伙计三生关于贴价签的话，叫我想起了以前曾经见到过的一些书。这些书或者在版权页，或者在封底处都有明显的改动价格的痕迹。有的是用墨水覆盖住以前的价格，边上再另外注明新的价格；有的则是贴了小手指宽的一个价签。这么看，这些改动的痕迹估计就是在文章里描写的那样的场景中留下的吧。

除了以上史料，还有两处也可以略加摘录。一个是关于“一折八

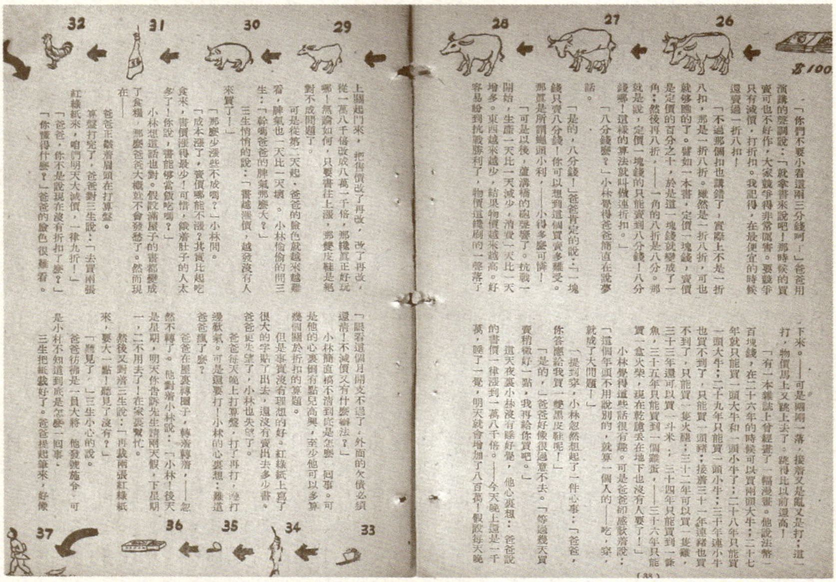

「你們不要小看這兩三分錢呵！」爸爸用演講的腔調說：「就拿書來說吧！那時候的買賣可也不好作，大家競爭得非常厲害。要競爭只有減價，打折扣。我記得，在最便宜的時候還賣過一折八扣！

「不過那個扣也講錯了，實際上不是一折八扣，那是一折八折。雖然是一折八折，可也就夠瞧的了。譬如一本書，定價一塊錢，實價是定價的百分之十，於是這一塊錢就變成了一角；然後再八折，——一角的八折是八分。那就是說，定價一塊錢的只能賣到八分錢！八分錢哪！這樣的算法就叫做連折扣。」

「八分錢麼？」小林覺得爸爸簡直在說夢話。

「是的，八分錢！」爸爸肯定的說：「一塊錢只賣八分錢！你可以想到這個買賣多難受。那真是所謂蠅頭小利，——小得多麼可憐！

「可是以後，盧溝橋的砲聲響了。抗戰一開始，生產一天比一天減少，消費一天比一天增多。東西越來越少，結果物價越來越高。好容易盼到抗戰勝利了，物價這纔刷的一聲落了下來。——可是剛剛一落，接着又是亂又是打，這一打，物價馬上又跳上去了，跳得比以前還高！

「有一本雜誌上曾經畫了一幅漫畫。他說法幣一百塊錢，在二十六年的時候可以買兩頭大牛；二十七年就只能買一頭大牛和一頭小牛了；二十八年只能買一頭大牛；二十九年只能買一頭小牛；三十年連小牛也買不到了，只能買一頭豬；接着三十一年連豬也買不到了，只能買一隻火腿；三十二年可以買一隻雞，三十三年還可以買一斗米；三十四年只能買到一條魚，三十五年只能買到一個雞蛋，——三十六年只能買一盒火柴，現在乾脆丟在地下也沒有人要了！」

小林覺得這些話很有趣。可是爸爸卻感歎着說：

「這個年頭不用說別的，就算一個人的——吃，穿，就成了大問題！」

一提到穿，小林忽然想起了一件心事：「爸爸，你答應給我買一雙黑皮鞋呢！」

「是的，」爸爸好像很過意不去。「等過幾天買賣稍微好一點，我再給你買吧。」

這天夜裏小林沒有睡好覺，他心裏想：爸爸說的書價一律漲到一萬八千倍。——今天晚上還是一千萬，睡了一覺，明天就會增加了八百萬！假設每天晚上關起門來，把售價改了再改，改了再改，從一萬八千倍改成八萬一千倍，那纔真正好玩哪！無論如何，只要書往上漲，那雙皮鞋是絕對不成問題了。

可是從第二天起，爸爸的臉色就越來越難看，脾氣也一天比一天壞。小林偷偷的問三生：「幹嗎爸爸的脾氣那麼大？」

三生悄悄的說：「書越漲價，越發沒有人來買了！」

「那麼少漲些不成嗎？」小林問。

「成本漲了，賣價哪能不漲？其實比起吃食來，書價漲得最少！可惜，餓着肚子的人太多了！你說，書能夠當飯吃嗎？」

小林想這話也對。假設滿屋子的書都變成了食糧，那麼爸爸大概就不會發愁了。然而現在——

爸爸正皺着眉頭在打算盤。

算盤打完了，爸爸對三生說：「去買兩張紅綠紙來，咱們明天大減價，一律九折！」

「爸爸，你不是說現在沒有折扣了麼？」

「你懂得什麼？」爸爸的臉色很難看。

「眼看這個月開支不過了，外面的欠債必須還清！不減價又有什麼辦法？」

小林簡直搞不清到底是怎麼一回事。可是他的心裏倒有點兒高興，至少他可以多算幾個關於折扣的算題。

但是事實沒有理想的好。紅綠紙上寫了很大的字貼了出去，還沒有賣出去多少書。爸爸更失望了，小林也失望了。

爸爸每天晚上打算盤，打了再打，邊打邊歎氣。可是還要打！小林的心裏想：難道爸爸瘋了麼？

爸爸在屋裏轉圈子，轉着轉着，——忽然不轉了。他對着小林說：「小林！後天是星期，明天你告訴先生請兩天假，下星期一，二不用去了！在家裏幫忙。」

然後又對着三生說：「再裁兩張紅綠紙來，要大一點！聽見了沒有？」

「聽見了。」三生小心的說。

爸爸彷彿是一員大將，他發號施令。可是小林不知道到底是怎麼一回事。

三生把紙裁好了。爸爸提起筆來，好像

（38）

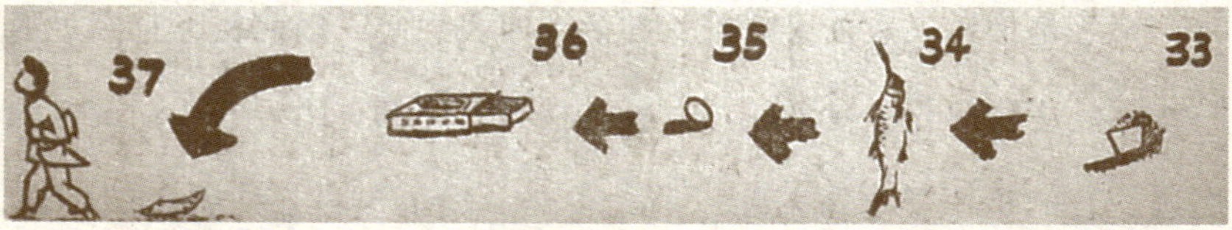

物价变化图解

扣”的解释。老板说：“……实际上不是一折八扣，那是一折八折。虽然是一折八折，可也就够瞧的了。譬如一本书，定价一块钱，卖价是定价的百分之十，于是这一块钱就变成了一角；然后再八折——一角的八折是八分。那就是说，定价一块钱的只能卖到八分钱！八分钱哪！这样的算法就叫做连折扣。”

再有就是一段对过去几年间物价飞涨的描述：“法币一百块钱，在二十六年的时候可以买两头大牛；二十七年就只能买一头大牛和一头小牛了；二十八年只能买一头大牛；二十九年只能买一头小牛；三十年连小牛也买不到了，只能买一头猪；接着三十一年连猪也买不到了，只能买一只火腿；三十二年可以买一只鸡，三十三年还可以买一斗米；三十四年只能买到一条鱼，三十五年只能买到一个鸡蛋，——三十六年只能买一盒火柴，现在干脆丢在地下也没有人要了！”这样的比方，特别是随文配的图对于我们感知那时候的物价飞涨，很是形象。

文章的末尾说，小林的爸爸决计要亏本大减价，进门掏钱的顾客这才多了起来。但是，后来又来了一位特殊的顾客，“他不买书，也不看书，可是也不走。爸爸对他很客气。一直等到夜晚算完了账，爸爸把所有的钱都包好了，统统交给他，然后又恭恭敬敬的把他送出了大门”。读到此，我的脑海中不由浮现出电影《林家铺子》里的情节，何其相似啊！

正中书局的改正定价

前几篇文章曾提到，20世纪40年代一些书局为了应对书价的快速上涨，方便出版管理，曾经把书价从直接标注实价（即通常的实际售价）变为“基本定价 × 倍数”的价格标注方式。这个变化的过程在一些出版物上也能够找到印迹。这里不妨用正中书局的书来作为例证。

正中书局是民国时期有一定影响力的官营书局。按照吴永贵先生的《民国出版史》对该书局的介绍，正中书局创设于1931年10月10日，从其诞生之日起就有着十分深厚的官方背景，只看看其管理高层的名单就一目了然：叶楚伧为董事长、陈立夫等为副董事长、吴大钧为总经理。抗战全面爆发后，正中书局随国民政府西迁至重庆。这一时期，正中的业务不降反升，在抗战初期中期都是重庆最大的出版机构，在重庆、成都、西

中正书局徽标

安、贵阳、昆明、兰州各地设分局，在桂林、恩施设支店。正中书局还拥有自己的造纸厂、印刷厂和运输队。这样的实力在当时是一般书局难以望其项背的。据统计，截止到1944年9月，正中书局抗战期间出版各类图书达636种。

我在“爬架子”的过程中，偶然间发现一些正中版书的版权页上标有“改正定价”的字样。“改正定价”从字面上看显然是改变书的价格，但具体有什么含义，我当时并不明白。也正因如此，我便对此加以留意，遇到正中在战时所出的书，总要翻到版权页去看看，逐渐搜集到了近三十种这样的书，且将版权页信息摘录如下。

1.《口琴吹奏法》，刘仲光，1936年7月初版、1942年6月三版国纸本，改正定价国币九角。

2.《唐宋散文选》，叶楚伧，1936年5月初版、1942年6月五版国纸本，改正定价国币一元八角五分。

3.《新中国盐业政策》，何维凝，1941年9月初版、1942年7月再版国纸本，改正定价二元二角。

4.《国学常识问答》，李侠文，1940年12月初版、1942年7月五版国纸本，改正定价国币一元六角五分。

5.《先民浩气诗选注》，张长弓，1937年7月初版、1942年7月五版国纸本，改正定价国币一元八角。

6.《谈心理卫生给少年的十八封信》，黄禹石，1940年8月初版、1942年7月再版国纸本，改正定价国币五角。

7.《活力》，唐树藩，1936年5月初版、1942年8月九版国纸本，改正定价国币二元。

8.《我们的耻辱》，周涤钦，1937年5月初版、1942年9月三

版權所有
翻印必究

中華民國三十一年一月初版
中華民國三十一年十月三版國紙本

紅樓夢研究

全一冊　改正定價國幣九角
（外埠酌加運費滙費）

編著者　李辰冬
發行人　吳秉常
印刷所　正中書局
發行所　正中書局

(1456)

3/2-0.15

《红楼梦研究》版权页，改正定价版

版国纸本，改正定价国币一元七角。

9.《我们的富源》，易希文，1937年3月初版、1942年9月再版国纸本，改正定价国币一元七角。

10.《抗战独幕喜剧选》，沈蔚德，1940年5月初版、1942年10月五版国纸本，改正定价国币一元一角。

11.《中国的边疆》，赵敏求（译），1941年12月初版、1942年10月三版国纸本，改正定价国币三元七角五分。

12.《红楼梦研究》，李辰冬，1942年1月初版、1942年10月三版国纸本，改正定价国币九角。

13.《调剂与制药学》，师哲，1941年10月初版、1942年12月三版国纸本，改正定价国币三元陆角。

14.《养鱼法》，朱碧光，1940年3月初版、1942年12月四版国纸本，改正定价国币三角五分。

15.《学术思想论文集》，叶楚伧，1937年4月初版、1942年12月四版机纸本，改正定价国币二元八角。

16.《职业教育》，江恒源、沈光烈，1937年2月初版、1942年12月八版国纸本，改正定价国币一元二角。

17.《蜡烛工业》，王都，1941年8月初版、1942年12月三版国纸本，改正定价国币一元〇五分。

18.《忠的故事》，朱其焱，1941年4月初版、1942年12月三版国纸本，改正定价国币四角。

19.《苏彝士运河》，任美锷、严钦尚，1941年8月初版、1942年12月□版机纸本，改定价国币一元二角。

20.《日本地理》，曾德培，1941年11月初版、1943年1月三版机制本，改正定价国币二元。

21.《文体论纂要》，蒋伯潜，1942年6月初版、1943年1月三版机纸本，改正定价国币二元八角。

22.《科学发明的新阶段》，王达新（译），1942年1月初版、1943年1月三版机纸本，改正定价国币二元二角。

23.《高尔基传》，叶楚伧、陈立夫，1936年1月初版、1943年2月五版机制纸本，改正定价国币二元。

24.《经济药用植物学》，刘宝善、周太炎，1940年3月初版、1943年3月五版机纸本，改正定价国币一元。

25.《民族哲学大纲》，汪少伦，1938年8月初版、1943年3月五版机制纸本，改正定价国币二元九角。

26.《陆秀夫》，刘宇，1936年3月初版、1943年3月四版机纸本，改正定价国币一元一角。

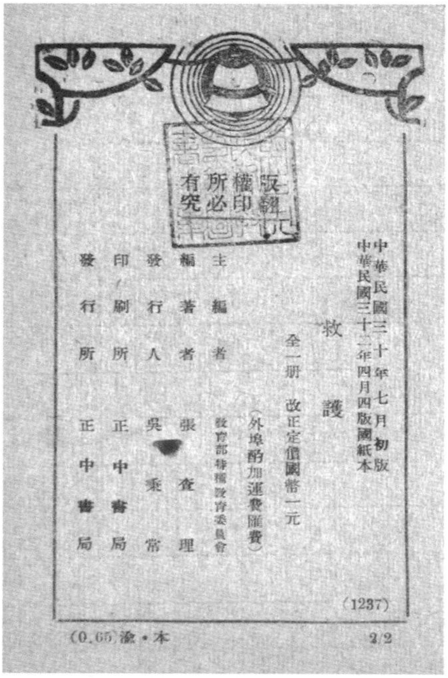
版權所有 翻印必究

中華民國三十年七月初版
中華民國三十二年四月四版國紙本

救護

全一册 改正定價國幣一元
（外埠酌加運費匯費）

主編者 教育部特種教育委員會
編著者 張查理
發行人 吳秉常
印刷所 正中書局
發行所 正中書局

(1237)

(0.65)渝·本 2/2

《救护》版权页，改正定价版

27.《化学讲话》，沈鼎三（译），1936年12月初版、1943年4月三版米纸本，改正定价国币一元七角。

28.《救护》，张查理，1941年7月初版、1943年4月四版国纸本，改正定价国币一元。

29.《童子军行政管理与活动教材》，章辑五、吴耀麟，1942年1月初版、1943年4月三版米纸本，改正定价国币二元八角。

（此中标注的“国纸”“机

制纸”“米纸”是该书所用纸张的种类）

观察以上信息可以发现，这些书均出版于1942年、1943年。1942年有19种、1943年有10种。时间最早的是1942年6月，最迟的为1943年4月。由此可以推测，正中书局的“改正定价”的动作主要发生在1942年到1943年之间。

既然价格上有所变动，就有必要看看改变之前是什么样子。这里不妨也举几个例子，看看“改正定价”前后的差异。

1.《国学常识问答》，李侠文，1940年12月初版，实售国币一元〇五分；1942年7月五版国纸本，改正定价国币一元六角五分。

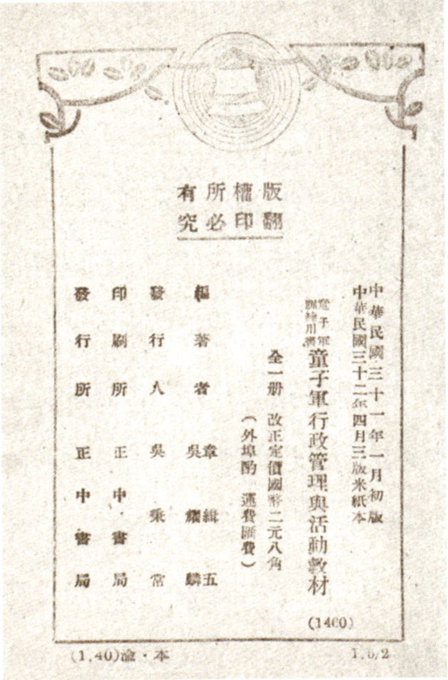
版權所有
翻印必究

中華民國三十一年一月初版
中華民國三十二年四月三版米紙本

童子軍訓練用書 童子軍行政管理與活動教材

全一册 改正定價國幣二元八角
（外埠酌加運費匯費）

編著者 章緝五 吳耀麟
發行人 吳秉常
印刷所 正中書局
發行所 正中書局

(1460)

(1,40)渝·本 1.6/2

《童子军行政管理与活动教材》版权页，改正定价版

版權所有
翻印必究

中華民國三十一年一月初版

童子軍訓練用書 童子軍行政管理與活動教材

全一册 實售國幣一元四角
（外埠酌加運費匯費）

編著者 章緝五 吳耀麟
發行人 吳秉常
印刷所 正中書局
發行所 正中書局

(1460)

宜(0.76)金·本 1/1

《童子军行政管理与活动教材》版权页，实价版

2.《活力》，唐树藩，1942年1月六版国纸本，实售国币一元三角；1942年8月九版国纸本，改正定价国币二元。

3.《民族哲学大纲》，汪少伦，1938年8月初版，实售国币一元；1943年3月五版机制纸本，改正定价国币二元九角。

4.《童子军行政管理与活动教材》，章辑五、吴耀麟，1942年1月初版，实售国币一元四角；1943年4月三版米纸本，改正定价国币二元八角。

以上是四种书不同版次版权页信息的摘抄。相比之下，两者的不同之处还是比较明显的，改变之前标注的都是“实售”，改变之后标注的则为“定价”，而且书价也发生了变化。我把搜集到的正中在战时出版的书目信息，按照时间顺序排了一下，发现1942年、1943年这两年或可作为一个界线。在此之前的标注价格都是“实价国币”或“实售国币”若干元，而改正定价之后，则都改为“定价”了。

“实价”“定价”是民国书刊中十分常见的价格标注方式。曾经见到有文章说“实价”就是指“国币”的意思，这个解释恐怕不正确。所谓的“国币”即指20世纪30年代国民政府实行币制改革后发行的货币，此前通常标记的有“大洋”若干、“银”若干等；也就是说，“国币”其实说的是币种。而“实价”“定价”则是计价的方式。大体说，实价通常是指实际售卖的价格，也就是标了多少钱就卖多少钱；而定价则“水分”更多些。比如30年代的“一折八扣书”，定价标注的是一元，但是连折带扣，最终的实价不过几分钱。而当时这种虚高定价、大打折扣的做法，也曾经受到不少人的诟病。及至抗战时期，大后方物价高涨，这个定价又可能变成了一个基准价格，真正的实价还要乘上一个时常变化的倍数。所以说，“实价”“定价”虽然只有一字之差，但是其内涵还是大有不同的。

《联营专卖研究与实践》广告　《瓜和豆》广告

正中书局在1942年、1943年之间出版的图书上专门标注“改正定价”字样，绝非随意为之，必有原因。同时也并非简单涨价，如果只是调整价格，大可直接去旧改新，何必煞有介事加上这四个字呢？其实，这里的变化即是正中书局改用“基本定价×倍数”标价方式的结果，而“改正定价”也正是这个意思。改正后的价格并非是新的“实售”价，而是调整后的基本定价。这可以从该书局的广告中得到证明。

20世纪40年代，正中书局常年在重庆《大公报》刊登图书广告。我专门翻阅了这一时期的广告，发现就在其“改正定价”的1942年，广告中即出现了一些值得注意的变化，这可以用之前的广告加以对比。1941年正中书局广告中的书价均标注为“实价”，而且没有注明加价的倍数。如1941年10月10日《大公报》第一版刊登的《正中书局三十年度出版新书》中所有书目的标价方式均为“实售”，没有加倍数。而1942年广告标注的价格变为了“定价”，同时注明了加价倍数。如3月6日《大公报》所载《联营专卖研究与实践》一书的广告，其标注的价格为“定价一元三角半，实售四倍”；3月8日《大公报》所载《瓜和豆》一书的广告，其标注的价格为“定价三角半，实售四倍”。

在这些广告中也发现了前面列举书目中的部分图书，这里不妨举两个例子：1942年11月7日正中书局“本周新书”广告中，《国学常识问答》一书价格为“定价一元六角五分”，广告最末标注的加价信息为“各书概照定价十倍出售”，就是说该书的实际售价为十六元五角；1943年4月3日正中书局“本周新书”广告中，《忠的故事》一书价格为定价“四角”，广告最末标注的加价信息为“各书概照定价十倍出售”，即该书的实际售价为四元。

略加总结，正中书局的“改正定价”大致是两步：第一步是重新核定基本定价，原书标价由实售价格全部改为基本定价。第二步是确定加价倍数，在广告中加以注明。之后，正中书局即可通过调整加价比上调书价。这一变化发生在1942年到1943年之间。

这里不妨再根据手头搜集到的20世纪40年代的《大公报》《申报》中正中书局的广告和其他史料梳理涨价的大概过程。

我所见到的正中书局广告中最早出现加价信息的是《大公报》1942年3月的一份广告，其比照基本定价加价到4倍，到了6月调整为5倍，7月广告标注的加倍数已经是10倍了；到了1943年10月，标注的倍数则已经调整为13倍，11月又改为了18倍；1944年6月，已经是“在渝改五十倍发售”了；1945年1月又上调为70倍，5月上调至100倍。以上是正中书局在渝期间的涨价情况。不到三年，书价连续上调了8次之多，其频繁程度令人咋舌；而从4倍升到100倍，若是把这个增幅用曲线图的方式表现出来，估计其陡峭的程度堪比陪都重庆的山路了。

但是后面的情形更是后来居上、飞升不已了。1945年8月抗战胜利后，正中书局即着手复员返沪，11月其在《申报》上刊登广告，而在沪销售图书的加价倍数已经调至130倍。此后《申报》上正中书局广告记载的加价过程大体如此：1946年2月涨至200倍，3月涨至400倍，7月涨至600倍；1947年1月涨至900倍，2月涨至1400倍，5月涨至2000倍，6月涨至3000倍，9月涨至4000倍，10月涨至5000倍，11月涨至7000倍，12月涨至9000倍；1948年1月先后涨至1.1万倍、1.3万倍，3月先后涨至2万倍、3万倍，4月涨至4万倍，5月涨至5万倍，7月先后涨至10万倍、18万倍，8月则先后涨至25万倍、30万倍、45万倍，连涨3次。1948年9月，国民政府推行币制改革，废除法币，改用金圆券，涨价势头暂时收敛。但是仅仅两个月不到，书价的加倍信息重现，11月“照金圆券定价五倍发售”，旋即8倍发售，12月涨至14倍；1949年1月先后涨至44倍、60倍，至3月则

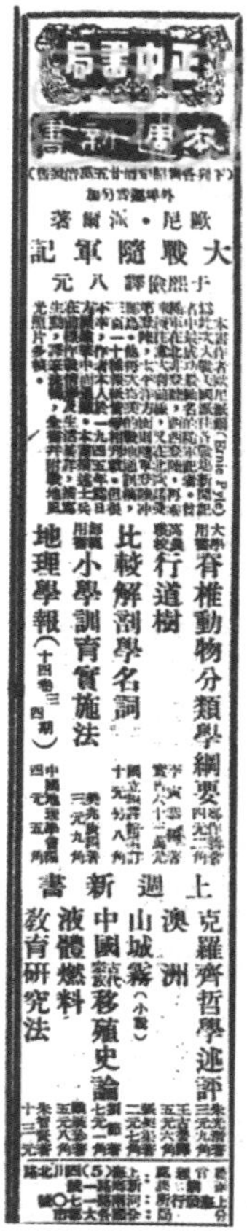

正中书局广告，《申报》1948年8月5日，第二版，注明“下列各书照定价廿五万倍发售”

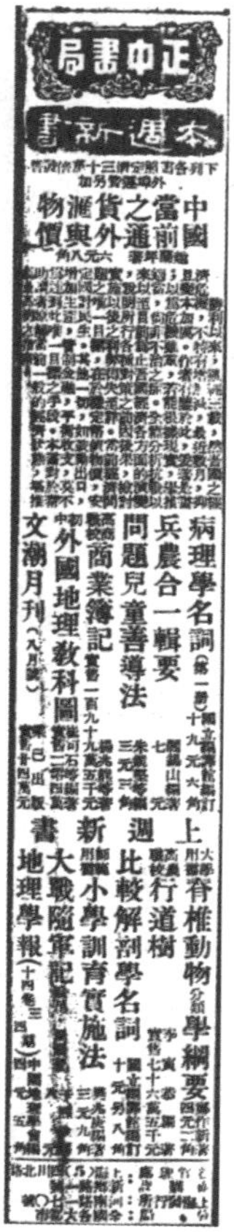

正中书局广告，《申报》1948年8月12日，第六版，注明“下列各书照定价三十万倍发售”

又跃升至1000倍。

简单对比一下前后这两个阶段：1942年到1945年可以算作“温和”上涨阶段。这一时期，书价的加价比从4倍经过9轮涨价升至130倍，是32.5倍。从1946年到1948年8月则可称为“疯狂”上涨阶段。这一阶段，书价经历了22轮涨价，书价的加价比从1946年初的200倍扶摇直上到45万倍，是2250倍，足以令我们这些没有经历过那个时代的人“震惊耳目”了。此后，从币制改革施行到上海解放尚不足一年，单纯看其涨价倍数并不具有可比性，不过仅从60倍猛然跃升到1000倍这一点，其“疯狂”程度较之币制改革之前可谓有过之而无不及了。

独立出版社的“改正定价”及其他

像前一篇所说的，发现“改正定价”这一现象最初是因为正中书局一些图书版权页上的特别标记。虽然这个标记到目前为止我只见过正中书局版书有，但是类似“改正定价”的做法却一定不止正中书局一家。之所以这么说，是因为这个现象的发现，令我记起了早前看到的一套书。这套书是正中书局的“兄弟单位”，同属于官办书局的独立出版社所出。

在谈这套书之前，不妨先来说说独立出版社。按照相关资料的记载，独立出版社1928年成立于南京，后又设立于上海；1937年底从南京迁汉口，1938年再迁重庆。潘公展曾任社长，仅就这一点便可见其官方背景之深厚了。我的印象里，独立出版社在战前似乎出书不算多，虽

《青年往何处去》，独立出版社，1938年12月第八版

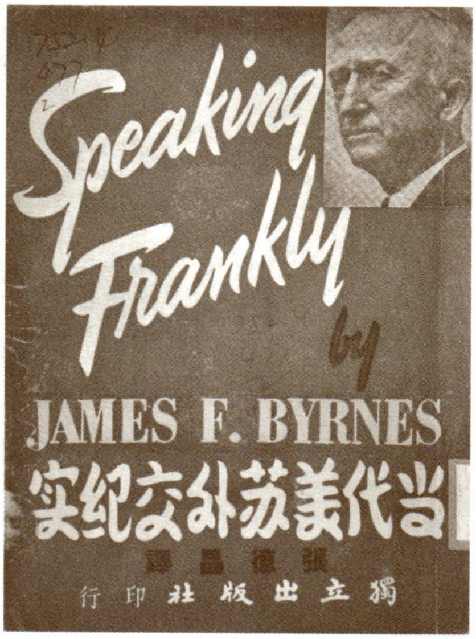

《当代美苏外交纪实》，独立出版社，1947年11月初版

然按照“生日”是正中的大哥，但是若以当时的影响力论，恐怕只能甘为小弟了。倒是在抗战全面爆发，西迁到内地之后，独立出版社变得活跃了不少，出版了一批政治读物，同时也出了一些社会科学和文艺的书刊。

对于这家书店，我有三点印象比较深刻。第一点便是独立出版社在抗战初期所出版的一套“战时综合丛书”，内容主要涉及当时的政治、军事、经济诸方面，比如《领袖抗战言论集》《党国先进抗战言论集》《领袖·政府·主义》《战时教育论》《汪精卫先生抗战言论集》《健党与建国》《中国国民党的新阶段》《抗战文献》《抗战法令》等。这套书有两个特点，一个是“薄”，三十二开，每本至多百十页，清一色的小册子；另一个就是多，若是按照广告里的书目计算，已经超过了百种。我最初对这家书店产生印象就是因为这套丛书，我在“爬架子”

过程中隔三岔五就能见到一本，不用半天就牢牢记住了“独立出版社”这个名字，还有那个十分“霸气”的社标——中华民国全域地图。第二点就是在一本民国期刊里偶然见到一篇名为《独立出版社的苦斗》的文章。文章写于20世纪40年代初，似是一位对当时出版业有一定话语权的官员所写。除去一些褒奖、期望之类的场面话，作者却不惜笔墨，用了三分之二的篇幅罗列当时出版物资的价格和出版成本，比如纸墨多少钱，印刷多少钱，一本书的成本又涨了多少，利润又缩水了多少等等。这样的文章自然枯燥，但却无疑是一份难得的史料。只是我那时候读到时颇感疑惑，作者为什么这么痴迷于“记账”呢？莫非是实在无话可说，便拿账本里的数字来凑合吗？第三点就是我下面提到的这套书。

这套书是1943年9月至1945年2月间，独立出版社陆续出版的《战后问题论文集》四集。书的内容还在其次，当时叫我疑惑不解的是书价的变化。为了说得清楚，不妨将四本书的有关信息开列如下。

《战后问题论文集》第一集，1943年9月初版，实价34元。

《战后问题论文集》第二集，1943年12月初版，实价70元。

《战后问题论文集》第三集，1944年9月初版，熟料纸本定价3元。

《战后问题论文集》第四集，1945年2月初版，浏阳纸本定价4元5角、熟料纸本定价3元。

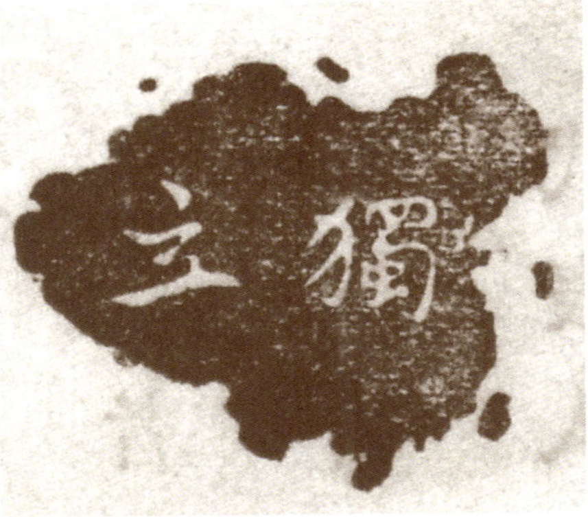

独立出版社社标

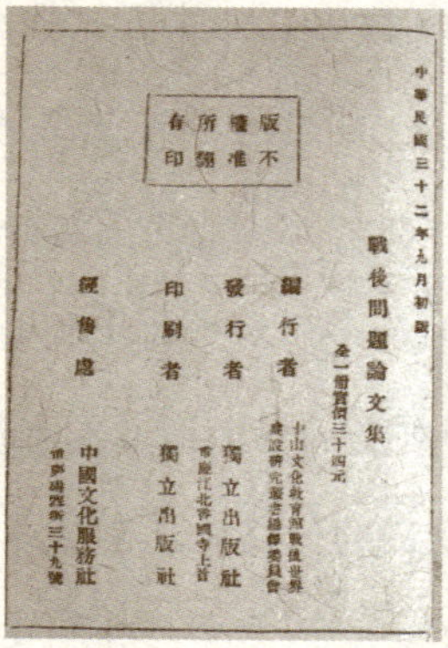
中華民國三十二年九月初版
戰後問題論文集
全一冊實價三十四元
編行者 中山文化教育館戰後世界建設研究叢書編譯委員會
發行者 獨立出版社 重慶江北香國寺上首
印刷者 獨立出版社
經售處 中國文化服務社 重慶磁器街三十九號
版權所有 不准翻印

《战后问题论文集》

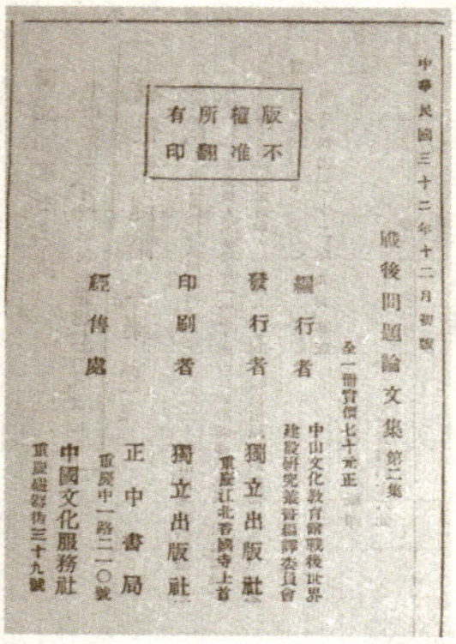
中華民國三十二年十二月初版
戰後問題論文集第二集
全一冊實價七十元正
編行者 中山文化教育館戰後世界建設研究叢書編譯委員會
發行者 獨立出版社 重慶江北香國寺上首
印刷者 獨立出版社
經售處 正中書局 重慶中一路二一〇號
中國文化服務社 重慶磁器街三十九號
版權所有 不准翻印

《战后问题论文集第二集》

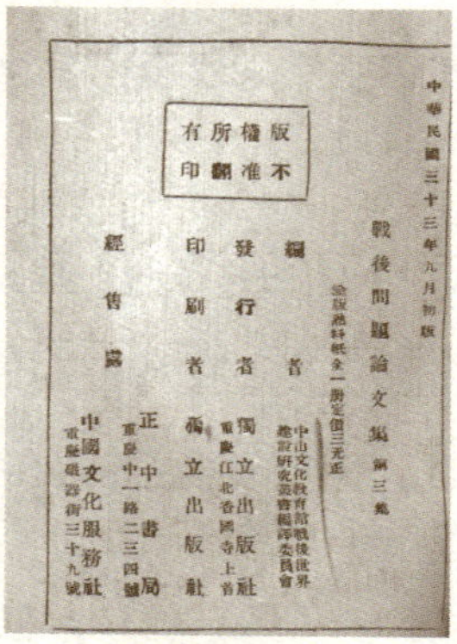
中華民國三十三年九月初版
戰後問題論文集第三集
編 者 中山文化教育館戰後世界建設研究叢書編譯委員會
發行者 獨立出版社 重慶江北香國寺上首
印刷者 獨立出版社
經售處 正中書局 重慶中一路二三四號
中國文化服務社 重慶磁器街三十九號
版權所有 不准翻印

《战后问题论文集第三集》

中華民國三十四年二月初版
戰後問題論文集第四集
編譯者 中山文化教育館戰後世界建設研究叢書編譯委員會
發行者 獨立出版社 重慶江北香國寺上首
印刷者 獨立出版社
經售處 正中書局 重慶中一路二一〇號
中國文化服務社 重慶磁器街三十九號
版權所有 不准翻印
負責校對者 李洛珍

《战后问题论文集第四集》，浏阳纸本

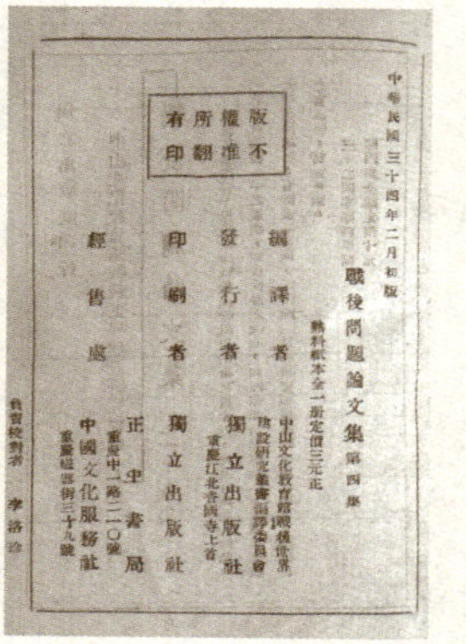
中華民國三十四年二月初版
戰後問題論文集第四集
編譯者 中山文化教育館戰後世界建設研究叢書編譯委員會
發行者 獨立出版社 重慶江北香國寺上首
印刷者 獨立出版社
經售處 正中書局 重慶中一路二一〇號
中國文化服務社 重慶磁器街三十九號
版權所有 不准翻印
負責校對者 李洛玲

《战后问题论文集第四集》，孰料纸本

这四本书出版时间间隔不到两年，且每册的厚度基本相当，都是在大后方出版，按说价格上应当出入不大；即便是调动也该是“后来居上”，一路涨价才是。可是，前两册价格在几十元，且第二册比第一册价格涨了一倍有余；而后两册书价则又忽然“跳水”，不过三四元，只相当于第一册的零头。显然，简单解释为出版社降价恐怕难以成立，当是另有原因。再加观察，又发现一个变化，前两集出版于1943年，标注的价格为“实价”；后两集分别出版于1944年和1945年，其标价已经变为了“定价”。联系到价格的明显变化，从“实价”到“定价”这一字之差恐怕不是随意更改的，当是另有含义。直到梳理清楚正中书局的“改正定价”之前，我对于这四本书的价格变化始终没能找到答案。而受到正中书局这个案例的启发，我意识到，这或许就是独立出版社“改正定价”的一个标志。

为了验证自己的这个猜测，我做了一点抽样调查的工作，随机抽取了340册馆藏独立出版社1938年到1945年间出版的图书，逐一记录其版权页价格信息（标价方式和具体价格），在此基础上再来计算它们的年平均价格。

1938年：55种均标注为“实价”，平均价格为0.21法币元。

1939年：91种均标注为“实价”，平均价格为0.22法币元。

1940年：34种标注为“实价”，1种标注为“定价”，平均价格为0.52法币元。

1941年：26种标注为“实价”，1种标注为“定价”，平均价格为0.93法币元。

1942年：39种均标注为“实价”，平均价格为3.40法币元。

1943年：32种均标注为“实价”，平均价格为27.15法币元。

1944年：32种标注为“定价”，6种标注为“实价”，平均价格为10.06法币元。

1945年：23种均标注为“定价”，平均价格为3.60法币元。

经过这样一番梳理，变化就看得很分明了。先来说价格走势，从1938年到1943年，价格保持着上涨态势，特别到1943年，平均价格有了很大涨幅。但是到了1944年，其平均价格又有了明显的下降，1945年平均价格更进一步下降。再来看标记价格的方式，很明显有“实价”“定价”之别。1944年之前的图书基本上标注“实价”，而1944年的部分图书及其后1945年的图书则基本标注“定价”。而这两个特点与《战后问题论文集》四册书的价格变化特征完全一致，可知并非是偶然，亦非个案。

进一步观察不难发现，《战后问题论文集》的价格“跳水”是从第三册开始的，这一册出版于1944年。而抽样统计的结果中，平均价格的跌落也发生在这一年。同时，这一年标注“定价”的图书明显多于标注“实价”的图书。显然，1944年独立出版社的书无论在标价方式还是价格标准上都发生了变化，所以有必要把这一年的书单独抽取出来加以分析。

我搜集到1944年的书一共38册，具体的价格信息如下。

《持久和平问题》，1944年1月初版，实价76元。

《持久和平问题》，1944年1月初版，实价110元。

《音乐的故事》，1944年1月初版，实价45元。

《黄祸即日祸论》，1944年2月初版，土报纸本定价2.2元。

《东北现势》，1944年2月初版，定价2.5元。

《世界大同之始基》，1944年2月初版，定价1.8元。

《战后和平的保障》，1944年2月初版，实价55元。

《光明与黑影·特髯迦尔曲》，1944年3月初版，定价1.1元。

《波兰的过去与现在》，1944年3月初版，实价2元。

《中国访英团实录》，1944年3月初版，定价1.6元。

《党政制度及其关系》，1944年4月初版，定价2.5元。

《三民主义哲学的几个根本问题》，1944年4月初版，熟料纸本定价0.9元。

《中国文法论》，1944年4月初版，熟料纸本定价3.1元。

《红楼梦新考》，1944年4月初版，定价0.6元。

《美国战前的远东外交》，1944年4月初版，实价3.4元。

《三民主义之哲学体系》，1944年4月初版，定价1.5元。

《中外文化交通史论丛》，1944年4月初版，定价3.3元。

《撒旦的悲哀》，1944年5月初版，熟料纸本定价3元。

《国民教育之理论与实际（上下）》，1944年5月初版，定价8.8元。

《政治思想史（上下）》，1944年5月初版，定价7.7元。

《南洋地理》，1944年6月初版，定价2.2元。

《屈原之思想及其艺术》，1944年6月初版，定价3.8元。

《废除不平等条约》，1944年7月初版，定价2.2元。

《行为之生理的分析》，1944年8月初版，熟料纸本定价3.1元。

《历史之认识》，1944年8月初版，定价2.8元。

《非常时期过分利得税之理论与实际》，1944年9月初版，生料纸本定价1.2元。

《非常时期过分利得税之理论与实际》，1944年9月初版，溥泉纸本定价2.4元。

《和平的前奏》，1944年9月初版，浏阳纸本定价4.5元。

《和平的前奏》，1944年9月初版，熟料纸本定价3元。

《东北地理与民族生存之关系》，1944年9月初版，定价2元。

《战后问题论文集（三）》，1944年9月初版，熟料纸本定价3元。

《中国史学通论》，1944年9月再版，溥泉纸本定价1.6元。

《建都问题论集》，1944年10月初版，生料纸本定价3.9元。

《从上海到重庆》，1944年11月初版，熟料纸本定价1.5元。

《中山先生教育思想述要》，1944年11月再版，定价0.8元。

《总理遗教辑要（上下）》，1944年11月初版，熟料纸本定价6元。

《总理遗教辑要（上下）》，1944年11月初版，生料纸本定价4.5元。

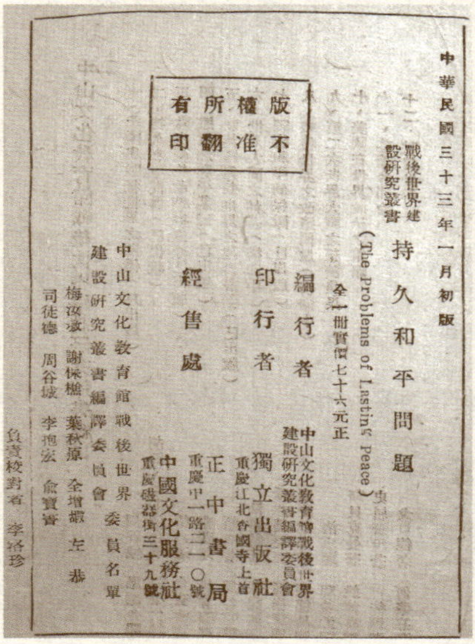

中華民國三十三年一月初版

戰後世界建設研究叢書 持久和平問題 (The Problems of Lasting Peace)

全一冊實價七十六元正

版權所有 不准翻印

編行者 中山文化教育館戰後世界建設研究叢書編譯委員會

印行者 獨立出版社 重慶江北香國寺上首

經售處 正中書局 重慶中一路二一〇號

中國文化服務社 重慶磁器街三十九號

中山文化教育館戰後世界建設研究叢書編譯委員會委員名單

梅汝璈 謝保樵 葉秋原 全增嘏 左恭

司徒德 周谷城 李抱宏 俞寶書

負責校對者 李洛珍

《持久和平问题》版权页，实价76元

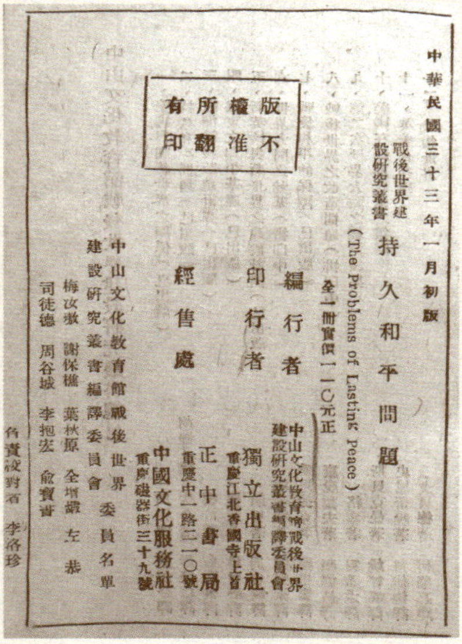

中華民國三十三年一月初版

戰後世界建設研究叢書 持久和平問題 (The Problems of Lasting Peace)

全一冊實價一一〇元正

版權所有 不准翻印

編行者 中山文化教育館戰後世界建設研究叢書編譯委員會

印行者 獨立出版社 重慶江北香國寺上首

經售處 正中書局 重慶中一路二一〇號

中國文化服務社 重慶磁器街三十九號

中山文化教育館戰後世界建設研究叢書編譯委員會委員名單

梅汝璈 謝保樵 葉秋原 全增嘏 左恭

司徒德 周谷城 李抱宏 俞寶書

負責校對者 李洛珍

《持久和平问题》版权页，实价110元

《中国画论体系及其批评》，1944年12月初版，熟料纸本定价0.7元。

按照时间先后排列开来，变化就看得很明白了。1月出的书价格还在几十、上百元，二月就出现了变化，大多只在几元而已。这也正是这一年平均价格显著下降的原因。这样看来，价格的变化主要发生在前两个月。同时，从“实价”到“定价”的变化也发生在头两个月。

现在可以判定，独立出版社的书价确实在1944年出现了集中而且明显的变化，一个是标价方式从“实价”变为了“定价”，一个是价格标准从几十、上百元降到了几元不等。那么，表面“降价”的同时，有没有像正中书局那样暗中翻倍呢？目前我还没有发现1944年初“改正定价”前后独立出版社的涨价信息，不过从这年7月30日《大公报》第一版的广告可知，此时独立出版社的图书已经按照定价50倍发售了。此后，从我目前发现的零星史料也可以窥见独立出版社的涨价历程：1945年3月照定价70倍发售，1946年1月重庆地区照定价160倍发售，1947年10月照定价4000倍发售，1947年12月照定价7000倍发售，1948年8月照定价25万倍发售。这样的涨价速度与幅度与大哥正中书局相比也是“毫不逊色”的！

独立出版社的“改正定价”说完了。不过，从上面的书目中还能牵扯出一些有趣的事。比如，同是1944年1月初版的《持久和平问题》，为什么有两个价格（实价76元、实价110元）？是不是和用纸有关，目前只好存疑。举出这个例子其实就是想说，在民国库里“爬架子”，在这些故纸堆里爬梳，经常就会在意想不到的地方发现莫名其妙的现象，而答案的寻找有时候只能在继续的爬梳中等待一个“不期而遇”。这大概也是“爬架子”的乐趣吧。

书里书外

民国时候的出版界如同一个江湖，写书的、出书的、印书的、卖书的、买书的，再算上盗书的（盗版盗印），各路人物来来往往，你方唱罢我登场。至于戏码，既有“古书年”“杂志年”这样的年度大戏，“一折八扣书”这样的潮流大戏，也不乏同业间合纵连横、彼此博弈的宫斗戏。江湖逝去，书籍尚在。回望、研究民国出版史，正须从旧书中将这些往事重新寻出。

对“古书年”的一种看法

古籍的整理出版在民国时期出版史中是不能忽略的一个重要部分。只要对民国出版史略有了解的人，就会对那时候所出的《四部丛刊》《丛书集成》《四部备要》《二十五史》等几套具有标志意义的“大书”不陌生。这些成果直到今天还在发挥着作用，是很多文史研究者的必备参考书，也是很多图书馆的基本馆藏。因此，现在学界、文化界、图书馆界谈到民国时期对古籍的整理出版时，通常都是给予充分肯定的。

起初，我在看到今人的研究与评价之后，便由此及彼地猜想，那时的文化界对于古籍的整理出版应该也是给予较高评价的。不过，我在梳理《申报》出版史料过程中，陆续看到了一些文章对古籍出版的评价与态度，发现实际的情况和自己推想的还是有比较大的差异的。

事情还要从20世纪30年代的“古书年”说起。一些民国出版史著作经常提及，1934年被称为“杂志年”，因为那一年的杂志出版格外兴盛。其实，当时的一些文章也把1934年到1935年这段时间称为“古书年”，或者有类似的表述。

且以所见《申报》部分文章为例。

1934年12月22日《杂志年与古书潮》称：“如果说今年是杂志年，那么在这杂志年里，却有一种较特殊的现象，这就是翻印古书的狂热。先由老资格的商务印书馆以大规模翻印《四库全书》作为前导，一时各书店风起云涌，争先效法，继之而起的有中华书局的《图书集成》、开明书店的《廿五史》及书报合作社的《廿六史》、商务的《十通》，这都是惊人的工作，其由私人编印者，则也有最近见诸报端的《词话丛编》等，被压倒了多年的古书，近来可谓大走时运了。”

1935年1月13日康乃德的《一年来之中国书业》称：“一九三四年中国的出版界中，我们可以看到两大倾向：一是有些小书店，因为不能大批出书，只能靠出杂志来维持门面；二是那些比较大的书局，因为看到一般书籍的购买力减少，无法推销，便拼命重印什么全书、全史的古书，以各图书馆、各文化机关与各史学专家为其主要的顾客。前一倾向的结果，便构成了‘杂志年’的名称；后一倾向的表现，便透露出了复古潮流的一个特征。”同日所刊范璞的《一年来之中国出版界》称：“出版界在出书方面，现时就发生了两个普遍的新倾向。一方面是旧古董的重新问世：最显著的是商务印书馆的翻印四库珍本，单是初集就有二三一种，共约两千册；是中华书局的缩印《古今图书集成》，约八〇〇册；是《宋碛砂藏经》五九二册，以及《四部丛刊》《四部备要》《宛委别藏》《辽海丛书》，都在印行中。此外，重印旧书的小书局和社会团体也是很多的。所以，如果说一九三四年是杂志年是对的，那么，我们又可称它为旧书重出的古董问世年。”

1935年4月10日卫术的《旧书年》称："去年读者阶级公认为杂志年。今年将成为什么年呢？着眼于出版界的三个月的过程，我试为诸君杜造一个名字——'旧书年'。"

1936年1月1日一平的《民国二十四年出版界回顾》在统计了全年各类图书出版数据后分析称，1935年出版界一年只有两千余种出版物，全部价格连大部头的古书在内仅只三四千元，大部头古书按照预约价格计算，就占了总书价的43.28%。又称："假如出版业所出的书籍，视作读者们对文化事业的投资，那末我们出版界的吸收游资的着眼点，是在翻印古书了。自从开明利用现代印刷术的精良方法，极经济地刊印了我国史部典籍的《二十五史》以来，大部的翻印古书，粗制滥造的竞卖，以至倒闭诈欺，舆论界指责着，有识人士叹息着，真不能不使我们惋惜了。"

1936年3月26日《为出版业进一言》称："评论最近一二年之出版界者，往往谓宜仿'国货年''儿童年'之例，名此一二年为'古书年'。诚以经史子集纷蒙翻印，易木版而为新装，减繁重而成缩本，一时汇为风气，俨然出版界之主潮，谓之古书年，洵足道其实际；迄于今岁此风未杀。"

1936年2月20日钟怡的《〈国学基本丛书简编〉之商讨》称："在近几年来，国故整理，在出版界里面，颇占重要的位置；无论那一家书店，都在努力的翻印古书。"11月12日《中国出版界之现状及今后应走向的途径》称："现在出版界上有一种特别的现象，便是所谓全国文化重地之上海的各书局，对于历代古书，互相争印。"

根据《中国出版通史·民国卷》的统计，民国时期出版的古籍有两万六千余种，出版种数过千的年份分别为1920年、1922年、1925年、1926年、1935年、1936年、1937年，而高峰年份则集中在1935年到1937年，三年出版量分别为2982种、4062种、2051种，1936年是峰值点。1934年的出版量为906种，比1933年的425种增加了一倍多。这样看，把1934年到1937年的古籍出版冠以“古书潮”，或者将其中的某个年份加上“古书年”的标签也是有道理的。

前文引用的总结性论述，无论措辞是平和客观，还是不回避自己的主观态度，似乎对于那一时期的“古书潮”都没有给予积极的正面评价。更有甚者，1936年5月16日冉人的《一种不合理的事实》直截了当地称：“这个翻印古书的风气不把他改变过来，是我国出版界自就毁灭。”

概括而言，对于20世纪30年代古书潮的负面评价大体可以分作几个方面。

一是认为大量翻印古书乃是书贾牟利的行为，于文化发展实无益处。1935年10月12日所载冷峰的《出版界应有的觉悟》说：“书商之目的，本来在‘赚钱’，虽然面上挂起着‘宣传文化’的辉煌的金字招牌，但这金字招牌无论如何掩不掉‘赚钱’两字。出版一般的书籍，无人过问，没有法子，只好另寻出路，于是，不得不出版古书，出版画刊。因为古书与画刊，比了一般书能够赚钱，于是，大家都走向这两条路了。”1934年12月22日《杂志年与古书潮》则质问出版商：“为什么不惜花费重资来影印几十本乃至几百本的‘巨制’，却不肯取出这资本之若干分之一来印刷一些不怎么容易获利的却与一般读者非常有益的小册单行本呢？”1935年7月13日所载叶青的《怎样发展出版事业》：“现在的古书不止是量多，并且一书数出。在外观上，虽然花样翻新，我看在这几年中，有价值的，只有《古今图书集成》。其它大概是架床叠屋，巧立名目来卖钱而已。这几乎纯粹是一种商业的方法，少有文化意味。”

二是将大量翻印古书与复古思潮联系在一起，或告诫要警惕，或直接加以批判。1934年3月19日所载瘦子的《复古热》说：“到了现在，似乎又渐有复古的倾向。这便是近来各大书局都出了不少古书，而且是大规模的影印或重排。一方面《四库全书》也在翻印了。这可见得目前又到了第二个复古时期。”1935年5月18日所载樊仲云的《著作界出版界读书界》说：“大书局的翻印古书，不消说是一种保守主义的表现，即是小书局的标点‘袁中郎’，及出版所谓‘新文学大系’，也何尝不是乞灵于过去？”1935年7月13日《怎样发展出版事业》说：“不应该多出中国古书。中国古书在了解中国过去的种种进化上，自须专家去读。然而为量有限。若像现在的竞出竞销，一方面与复古暗潮相呼应，一方面助长复古暗潮的扩大。”

三是对翻印的古书鱼龙混杂、质量参差不齐表示不满。《〈国学基本丛书简编〉之商讨》认为古书的翻印“失之于滥，失之于杂，这许多毛病，确是不能免的”。1936年3月26日所载庄心在的《出版界与读书界》说：“争着翻印几折几扣的古书，……选择既倾向于低级趣味、印刷的恶劣、校雠的舛谬，更是不足多尚了。”4月2日所载庄心在的《出版界与读书界（续）》还以曾国藩著作为例，列举了以诸如全集、家书、诗文、奏议、日记、“新式标点”、“白话注释”等各类名目翻印的曾氏遗著；还有由此扩充而来的《清代中兴四大名臣集》《历代名人日记》《清代尺牍类抄》等书，最后不由感慨正是这些七拼八凑的著作“构成了丰富的出版界”。我以为，这一方面的意见恐怕大多是冲着当时遍布各地的“一折八扣书”而言，因为“一折八扣书”主要就是传统古籍。

关于20世纪30年代古书大量翻印的原因，一些文章也有分析。限于篇幅，这里不妨采用《一种不合理的事实》的分析。这篇文章很有特点，以读者和书店店员的对话贯穿全篇。文章通过店员，列举了造成“古书潮”的几个原因。

第一，翻印古书成本更为低廉。出版新书需要支付稿费，“至于旧书，因为几千年来的著作家，替他们写得很多，又用不着出稿费，可以予取予携，倘使你做了书店老板，请想，还是印新书便利，还是印老书便利”？

第二，翻印古书政治风险小。“政府的《出版法》，对新书的出版，束缚得很严，动不动就有禁止发行或处罚的危险”，“倒不如印行旧书可以自由自在，受不着《出版法》的束缚”。

第三，翻印古书可以规避盗版风险。“一部新书出版，倘使销路比较的好，翻印书商就立刻会替你翻印，用极低廉的定价同原版书竞争”，“至于翻印旧书，只要定价低，销路大，一点不用稿费等等的开销，当然可以比新书有利了”。

第四，思想环境和经济环境促成了古书潮。“一方面政治当局，提倡读经尊圣；一方面文人学士，又在提倡什么晚明的闲适文学。怕事一点的读书人，乐得钻在故书堆里去寄托心情，远灾避祸”，“经济的恐慌，使得要读书的人，买不起书；为了暂充智识的饥饿，廉价的旧书，因此便乘隙而入”。

由此可见，时人对20世纪30年代古书潮的批评，固然有对出版业现状的不满，但更多折射出了文化界、出版界对当时政治经济和思想文化环境的无奈与苦闷。

一部是非不断的书

——上海书报合作社版《二十六史》的争端

一

1934年10月1日，《申报》刊登了上海书报合作社（以下简称“合作社”）《二十六史》预约发售广告。除了通行的《二十四史》之外，这套书还收录了《宋史新编》和《元史新编》两部书，故合称《二十六史》。从广告内容看，这是一个宏大的出版计划，除了印行《二十六史》之外，还将编印《廿六史研究》《人名索引》《地名索引》等配套工具书。广告中，除了“校对精审”“字体清晰”等宣传之外，还援引了梁启超对《元史新编》和“新史学家卫聚贤”对《宋史新编》的评价，以体现编者的专业水准。广告中还罗列了此前由北平修绠堂、商务印书馆、中华书局、同文书局、上海博古斋以及开明书店等出版机构所出历代正史集成（《廿四史》或《廿五史》）的价格，以期体现其在价格上的优势，招揽读者。

不知道是巧合还是刻意安排，就在这个占据将近二分之一版面的广告下方，同时登载了开明书店版《二十五史》的发售广告。这不免叫人产生“同台竞争”的联想。不晓得这是不是一种冥冥之中的“暗示”，此后，围绕着这部国史的出版发行，开明书店与合作社之间发生了一连串的纠纷。

11月6日，李谟、过守一两位律师代表合作社在《申报》登载声明，指责代售《二十六史》的杭州开明书店“违背诚实信用，妨害本社营业”。据称，杭州开明书店主动联系合作社表示愿意“代为销售”该书，并嘱咐将样本等件寄来。合作社即于十月十四日起“登报列该书店为本社代售预约处之一”；不意，同月三十一日忽接该书店来函否认与合作社“有代售之约定”。合作社与杭店交涉之时，又接到杭店购书读者来信称，该店不仅拒绝为其代购《二十六史》，反而推荐开明版《二十五史》。声明同时登载了杭店此前所发明信片内容和读者来信全文。从声明内容看，杭州开明书店出尔反尔，不讲信用。

书报合作社版《二十六史》封面

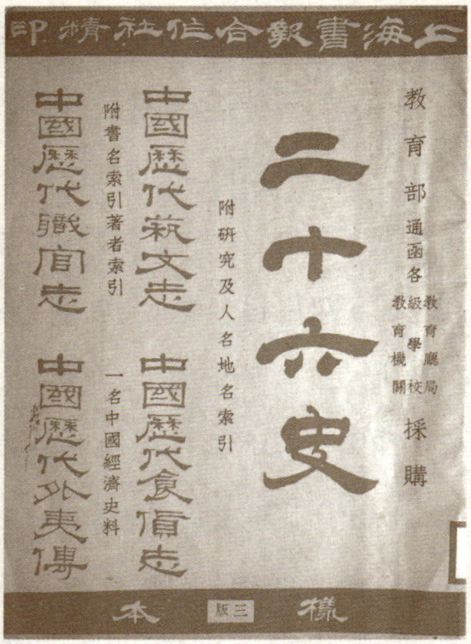

《二十六史》预约样本

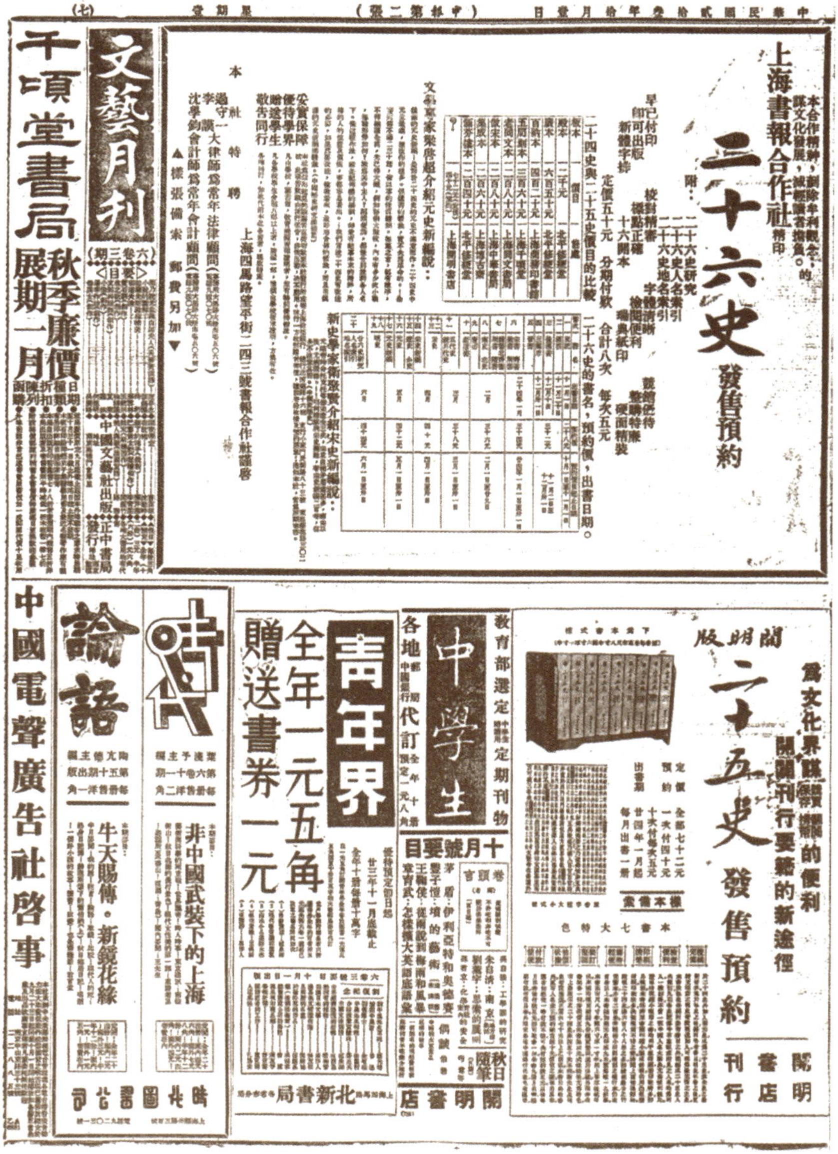
中華民國貳拾叁年拾月壹日 星期一 （申報第二張） （七）

上海書報合作社 精印

本合作精神，剷除牟利觀念，的謀文化發展，減輕讀書負擔。

二十六史 發售預約

附：二十六史研究 二十六史人名索引 二十六史地名索引

早已付印 即可出版 新體字排 校對精審 標點正確 十六開本 字體清晰 檢閱便利 瑞典紙印 預約優待 售價特廉 便面精裝

定價五十元 分期付款 合計八次 每次五元

二十四史與二十五史價目的比較 二十六史的書名，預約價，出書日期。

文藝家柴德賡介紹元史新編說

新史學家衛聚賢介紹宋史新編說

安實保障 優待學界 贈送學生 敬告同行

本社特聘 過守一大律師為常年法律顧問 李鴻壽 沈學鈞會計師為常年會計顧問

▲樣張備索 郵費另加▼

上海四馬路望平街二四三號書報合作社謹啓

文藝月刊 六卷三期 目錄 中國文藝社出版 正中書局發行

千頃堂書局 秋季廉價 展期一月

中國電聲廣告社啓事

論語 陶亢德主編 第五十期出版 每冊售洋一角 牛天賜傳·新鏡花緣

時代 葉淺予主編 第六卷十一期 每冊售洋二角 非中國武裝下的上海

時代圖書公司

青年界 全年一元五角 贈送書券一元 北新書局

教育部選定優良定期刊物 中學生 各地郵局代訂 十月號要目 開明書店

開明版 二十五史 為文化界謀便利 開闢刊行要籍的新途徑 發售預約

定價全部七十二元 預約一次付四十元 出書期 廿四年一月起 每月出書一冊 樣本備索 本書七大特色

開明書店刊行

《二十五史》《二十六史》同版广告（《申报》1934年10月1日）

11月8日，开明书店所聘律师孙祖基在《申报》代表杭州春光书局发表声明，“警告上海书报合作社”。何以又冒出一个春光书局？据该声明称，春光书局“曾挂用杭州开明书店牌号”，当年年初经改组后，改用此名，“仍蒙开明书店股份有限公司允与订约，为该公司之杭州特约经售处”。声明针对此前合作社的“指责”回应了拒为代售的理由。第一，该书质量堪忧，“接到样本随时送出后，迭承顾客来局质问，谓该项样本内所排印之样张，错字过多”，又全文引用了发表于《东南日报》署名骞老的《廿五史与廿六史之竞印》一文——该文对合作社版《廿六史》的学术水准和出版质量多有质疑，称“疵缪百出”——以此证明其学术质量堪忧。第二，出版迟滞，预约广告称《史记》于11月1日出版，而“据各方探得该样本中所载十一月一日《史记》之出书日期，决难如期，深恐累及敝局信誉”。第三，未曾订约，“敝局虽向该社索取样本，但并未经过合法手续，约定以敝局为经销处，自无必须代为推销之义务”。而合作社“不经敝局同意，擅登广告，将‘杭州开明书店’列为该书之代售预约处”，又擅自“登报指摘敝局违背诚实信用，加以诽谤，实属妨害敝局之名誉信用”。鉴于此，该书局特委托律师“向上海书报合作社登报警告，并函致该社，责令赔偿损失”。

11月10日，合作社在《申报》头版，用半个版面刊登声明。这显然是针对8日杭州春光书局所发声明的回应。声明先是抛出了一个“重磅”消息，在前次合作社登报指责之后，杭州开明书店已经发来书信道歉了。据称，其与上海开明书店为特约经售关系，“百凡措施，实受上海之遥制”，因此无法代合作社销售《二十六史》，希望该社“谅其苦衷，并表示歉仄”。配合这条消息，合作社将这封道歉信的照片也刊登了出来，并在醒目的位置上注明“杭州开明书店因受上海遥制违约道歉来函”字样。而就在认为“该书店尚有悔过之诚意”的时候，合作社居然又见到了8号的这份声明，这让合作社感到既“疑惑”又“愤怒”。所疑惑者：“究竟该春光书局是否即开明书店之化名，抑系另一书店，含有破坏本社营业之作用，由前之说，则该书店既已具函道歉于前，何又登报狂吠于后，由后之说，则本社前此登报，质问开明书店与所谓春光书局者丝毫无关。”所愤怒者：“故意用所谓骞老者诬妄之言论（本社另有答辩）对于本社所印行之《二十六史》加以诋毁，而为上海开明书店发行之《二十五史》张目。”声明表示，“此种鬼蜮伎俩识者自知其为营业竞争之故技，但该书局散布流言，妨害他人名誉信用，法律上自不得不负相当责任”。

这份声明中，最引人关注的自然是杭州开明书店11月3日寄出的“道歉信”。只可惜，原信的清晰程度实在太差，几经辨识仍无法将所有文字认清楚，好在主要内容还算完整，且摘录如下：“寄来廿六史样本

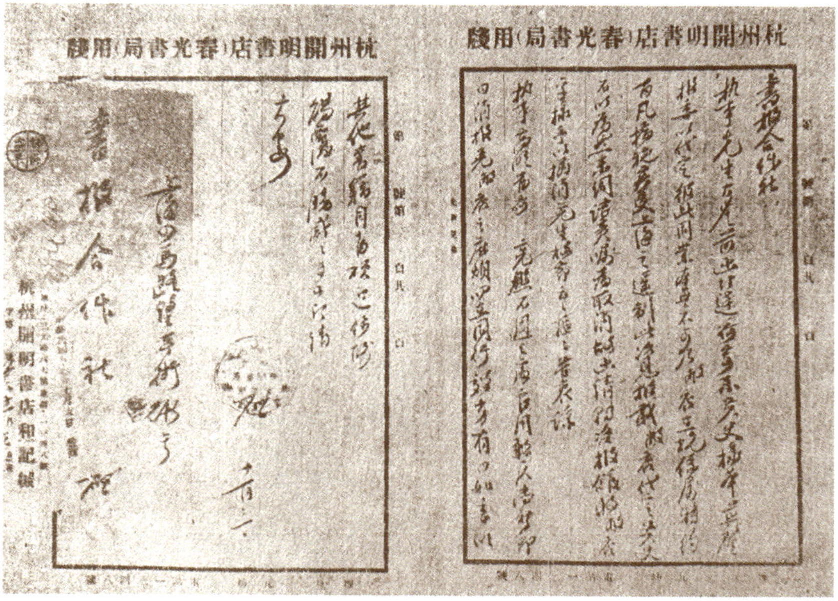
杭州開明書店(春光書局)用牋

杭州開明書店(春光書局)用牋

杭州开明书店致上海书报合作社函

并登报委以代定，彼此同业本无不可。乃敝店在杭系属特约，百凡措施，实受上海之遥制。此次见报载敝店代定廿六史，不以为然，来词诘责，嘱为取消。故特函请转咨报馆将敝店字样予以□消，免生枝节……”

合作社似乎惯于“爆猛料、说狠话”，不但声明中前后两次将杭店信函公诸报端，以证其“违背诚实信用”，而且不惜用“狂吠”“鬼蜮伎俩”等语相指责，给人以有凭有据、理直气壮的感觉。不过，这封信的刊登却颇有些弄巧成拙了。

次日，开明书店再次“发声”，列举五点“驳正”：“查敝局前向该社索取《廿六史》样本，虽有‘俾便分送兜销’之语，并未请其将‘杭州开明书店’字样为《廿六史》之‘经售处’刊入报章，更未曾与该社经过何种法定手续，何得称为‘约定代售’？且该社既未寄给定单，上月三十一日又曾去函向该社提出质问，令其将‘经售处’字样取销，尤足为并未约定之明证。既未约定，何有于‘违’？该社广告中屡用‘约定代售’‘违约’等语，显系伪造事实、混淆黑白。此应驳正者一。该广告中制版印出之敝局去函，明明注明系十一月三日所发，而该社委托律师登载质问敝局之广告，则在十一月六日，今其第二次广告中竟谓‘委贵律师登报质问后据该书店来函’云云，其颠倒时日，希图惑人听闻，尤为易见。此应驳正者二。敝局前‘曾挂用杭州开明书店牌号。自本年一月改组后，改名春光书局’，既于八、九两日广告中郑重声明，该社岂无所见？今竟佯为聋瞽，广告中故作‘春光书局是否即开明书店之化名’及‘开明书店与所谓春光书局者丝毫无关’之疑词，尤见含沙射影，意图破坏敝局与上海开明书店股份有限公司之特约关系。此应驳正者三。敝局引用《东南日报》内浙江省立图书馆编辑《读书之声》上刊载之文字，不过表明敝局鉴于舆论可畏，深恐累及己身信誉，以为不愿为代售之主因。该刊系学术刊物，该文完全为学术评论，自有人负其文责，何得认为散布流言？该社既称‘另有答辩’，究竟载在何种刊物，何以他人并未之见，而因此竟妄用‘鬼蜮伎俩’‘为营业竞争之故技’等语，其意究属何居？此应驳正者四。至敝局十一月三日致函该社，所谓‘深用歉仄’云云，无非商家习惯不愿损害同业感情之一种客套。函中既未承认与该社曾有何约定，要求向其毁约，何得遂诬为‘违约道歉’？此应驳正者五。”

原来，合作社所登信函，落款时间明白写着11月3日，在其第一次登报“爆料”的11月6日之前。由此，合作社所谓杭店“既已具函道歉于前，何又登报狂吠于后”的指责不仅完全落空，更给人以搬弄是非之感。

11月18日，合作社委托代理律师在《申报》刊登简短的“最后声明”，除仍坚称杭店系“中途翻悔”外，还特别强调“因上海开明书店干涉，以致翻悔”。末了，声明以“实不屑再与为口舌之争”的表态结束。嗣后，也未再见杭店发表任何回应性质的声明，争端暂告停歇。

回看这场争端，有两点值得注意。第一，是关于“代售”问题。是否建立了代售约定，是双方争执的关键。合作社认为代售约定存在的依据是杭店早前的信函，该函称：“书报合作社执事先生大鉴，兹悉贵社发行《廿六史》预约，敝店极愿效劳。希即付样本五十本或一百本，俾便分送兜销而求多多益善，并附掷定单簿，以便随时登记耳。”而杭店认为，双方并未就代售订立书面合同，单凭此信，全无效力。这一点仅凭常识就可作出判断，代售既然是一种商业行为，甲乙双方自然要有所约定。从有关史料看，当时书业间已经有了相对制式的代售合同，可见订立书面合同已是普遍做法。第二，便是开明书店的“干涉”。不知道是出于商业炒作的目的，还是出于“挑战权威”的心理，合作社理直气壮地指责杭店“违约”系开明书店的“遥制”所致。其实，这也是实事。杭店11日声明对此毫不避讳：“敝局为上海开明书店股份有限公司之杭州特约经售处，与该公司订有特约。约上原有不得代售与该公司营业冲突书物之规定。当初敝局因顾客中颇有索阅《二十六史》样本之人，因向该社去信索取。后以该社未得敝局同意，在广告中刊入杭州开明书店为该书经售处，致被该公司见到后，来函据约诘责，敝局不得不遵约，函令该社取销。盖敝局既约定为上海开明书店之经售处，自不能不服从约束，受其制裁。”可见开明书店与春光书局有约在先，开明书店的“遥制”有理有据，无可指摘。相比之下，合作社的种种言辞既显得强词夺理，更显得不懂规矩了。

二

1934年10月20日，上海书报合作社在《申报》登载《二十六史》预约广告。这版广告较之前刊登的广告内容有一处明显变化，即宣布

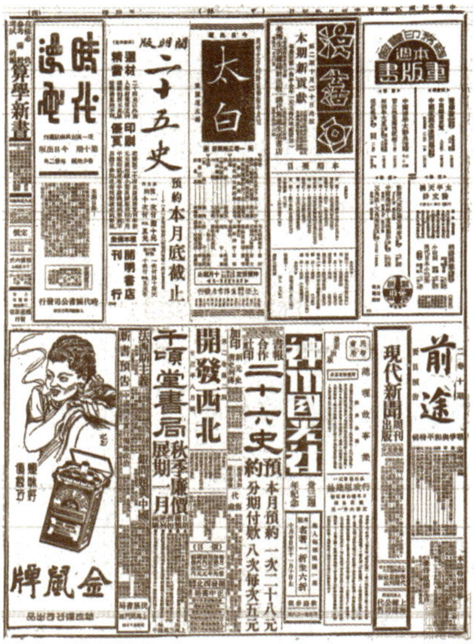
時代漫畫
算學新書
開明版 二十五史 預約本月底截止
太白
開發西北
二十六史 預約 本月預約一次二十八元 分期付款八次每次五元
前途
現代新聞出版
金鼠牌

上海书报合作社加印《新元史》广告（《申报》1934年10月20日）　开明书店版《新元史》

将加印《新元史》和《清史列传》两种史书。

《新元史》为清末翰林柯劭忞所著，“凡二百五十六卷”。北洋政府曾将此书定为“正史”，徐世昌以退耕堂名义印行。开明书店在策划出版《二十五史》时，鉴于该书“取材很广博，定例很谨严，对于元史，增补和订正的地方实在不少”，遂仿新旧唐书故例，收录此书。该店在1934年9月1日首次刊登于《申报》的《二十五史》预约发售广告中即明确了此点。而合作社在策划出版《二十六史》之初并没有将此书收录，所收的是《元史新编》。不知道是因为读者对其学术水准的质疑，还是其他原因，合作社中途决定另外加印《新元史》。

不晓得是否又是巧合，加印《新元史》广告的版面上也同时登载了开明书店《二十五史》的预约广告。此刻，合作社与杭州开明书店的代售争端尚未见诸报端，而围绕《新元史》的版权纠纷却已经悄然开启了。

1935年1月26日，开明书店委托律师在《申报》刊登声明，要求合作社停止印制发售《新元史》的侵权行为。声明表示，该书著作权继承人柯劭忞的三个儿子此前已与开明书店订立契约，将该书著作权授予该店，并委托开明保护该书著作权。且开明也已从内政部申领到了该书的注册执照，其著作权受到法律保护。声明要求合作社除立即停止印售外，将已经印成的书册连同底版送交开明书店销毁；开明同时保留索赔损失权利。

同月28日，书报合作社在《申报》同时刊登《李谟过守一律师代表书报合作社印售〈新元史〉敬告预约者》《谭天再答关心〈二十六史〉者》两份声明。前者称，《新元史》“既经国家正式颁布，则国人皆有提倡流传之义务，当然不能任私人垄断把持。故本社从事印售公诸国人”。这就是强调，该书既已列为“正史”，其作者即不再享有著作权。同时，“在此事未经法律解决之前，为尊重国家法律起见，本社拟缓出书，静待法律裁判”。不过，就在两份声明旁边刊登的《二十六史》预约广告中，《新元史》的名字依旧赫然在列，并且注明“本月底出书”。至于声明中的措辞，有些处已有咄咄逼人之势了，诸如“天致力文化不敢后人，但力求内容充实精善则又不得不多为牺牲经济时间，期毋负于此伟大之使命，若如一般市侩之以提早出书为号召，而不顾内容脱缺错误者，此不仅天不屑为，想亦为爱护文化者所齿冷也”，“本社之设立，因与专事营利者不同，难免不招市侩及市侩利诱下之无聊文人妒恨攻击，故诈骗恐吓无所不用其极”。此前，开明书店曾在广告中表示《二十五史》将提前出书，谭天所谓“以提早出书为号召”即指此。从谭天这些充满火药味的文字中我们不难发现，其矛头所指全在开明书店了。

翌日，开明书店发表声明，对合作社声明的态度及言辞表示愤慨，称“该社不特蔑视国家颁定之著作权法，故意侵害著作权及损害敝公司之法益，抑且诽谤敝公司，并施以公然之侮辱。又该广告既称拟缓出书，后面更载《新元史》广告，仍称本月底出书。尤见埋搰由已不知信用为何物”，表示已委托律师依法提起诉讼。2月7日，合作社委托律师登报否认声明中所谓“市侩”等语系特指开明书店，称开明书店“非其误解文义，即为内疚于心”。

真是一波未平，一波又起！开明书店的“章老板”在策划出版《二十五史》之时一定没想到，居然会平白冒出一个名不见经传的书报合作社一而再地搅局。如果说，1934年合作社与杭州开明书店的代售争端更多是见诸报端的笔墨官司，这一次却是关乎出版合法性的大事，对簿公堂、讨得司法判决就成为了结双方争端的唯一选择了。

经过一番准备，开明书店与柯劭忞的三个儿子柯昌泗、柯昌济、柯昌汾向上海第一特区法院提起刑事诉讼。3月13日《申报》报道称，《新元史》“嗣经昌泗等呈请国民政府内政部准予登记，取得著作权后始将原稿检交本市开明书店出版。该店去夏所发售《二十五史》之预约，即系将原有之《二十四史》与《新元史》合并成书，但未几则有书报合作社亦登广告发售《二十六史》之预约，定价较开明为廉，出书之期为本年一月之内，当时开明曾向该社交涉，而现在柯氏昆仲因得悉《二十六史》内亦有《新元史》加入，且纯系翻印其故父之原作，实属违背出版法第三十三条之规定，遂延孙祖基律师对书报合作社负责人谭天提起刑事自诉，请求依法惩治外，并声明保留被告妨害著作权所受之一切损失，俟查明损失确数，再行另案诉追”。

从之前双方的声明内容看，开明书店与柯氏后人俱已签订出版合同，所刊之书也得到了当时著作权行政主管机关颁发的注册证明，可谓于法有据。而合作社的理由相对空泛，也没有相关行政机关的许可文书。由此而论，且不管诽谤诉讼是否成立，单就版权官司而言，开明书店的胜算比较大。

但是，从当时的报道看，审理的过程并不顺利。

第一次庭审于3月12日下午举行。谁知开庭不久即起风波，被告合作社代理律师当庭“对原告提起反诉”。按照原告委托律师的分析，这一做法“实系一种拖延诉讼手段”。因为根据审理程序，在这种情况下，原告也需要出庭，而当时原告柯氏三兄弟“皆在北平”，显然无法继续审理，遂“谕改期本月二十六日下午再讯”。实际上，第二次开庭推迟到了28号下午。至于判决的结果，更不免令人感到意外。《申报》29日报道称：“迭由第一特区地方法院叶坚超推事传审之下，昨日午后宣告判决。以两造所控均不成立，谕知双方一概无罪。”报道简略如此，庭审过程只字未提，而判决结果又如此“息事宁人”，叫人读来真是疑惑不解。

数日之后，《申报》进一步披露了庭审“内幕”。4月9日的报道称，“开明书店与书报合作社均因印行清故翰林柯劭忞遗著之《新元史》争夺版权、登报互讦，开明经理章锡琛以书报合作社经理谭天于一月二十八日所登广告内有‘一般市侩’‘脱缺错误’等词，实系诟骂开明之语，爰由章延孙祖基律师对谭天提起侵害版权及公然诽谤之刑事自诉，业经第一特区地方法院初审判决侵害版权部份驳回，诽谤部份认定‘市侩’确属诟骂不良为人之名词，科以罚金二百元”。很显然，判决结果对于开明书店和柯氏后人不利。不过戏剧性的是，提起上诉的居然不是开明书店或柯氏兄弟，而是被告合作社。该报道称：“谭天于奉判后心不甘服，仍由其辩护律师李谟代为具状上诉，援引各种说文书籍内关于‘侩’字之解释，谓无丝毫诽谤之意义，更非以‘市侩’名词专指开明，故对原判殊难折服云云。”此后，又经“审讯”，裁定“原判决撤销。谭天公然侮辱人，处罚金一百元，其余被诉诽谤部份无罪”。谭对此再无异议，缴纳了罚金。

4月26日、5月1日，柯氏兄弟及谭天先后在《申报》刊登声明，有关庭审的表述存在差异，值得玩味。

柯氏声明称，“庭讯时据谭天辩称，自接得自诉人通知取得著作权之缄后，即停止预约发售。至一月廿八日之广告，乃广告员遗误未将《新元史》部分抽去，其实迄今不但未曾翻印发售，且于一月二十六日以后亦未发售该书预约云云。法院以渠欠缺犯罪之故意，故未予处刑。本人等不为已甚，故亦未声明上诉”。声明最后，柯氏又再一次强调对今后侵犯《新元史》著作权的行为将提起诉讼。

谭天的声明不仅针锋相对，而且再次爆料。声明坚称《新元史》既已“列为正史”，则“实已无著作权可主”，又称“坊间亦有其他印本”，并以“商务印书馆万有文库第二集列有该书”为证。声明说：“开明书店初以妨害著作权自诉本社，经法院驳回，柯昌泗等又以妨害著作权自诉本社，法院亦以本社出售停售，均遵法律轨道，并无不合，宣告无罪，柯昌泗等亦知其所诉无理，无从上诉，而其所谓‘不为已甚’，不过自为掩饰。”声明还透露了一个消息，合作社已经呈请内政部撤销开明书店此前所申请注册的著作权执照，声称“《新元史》有无著作权，本社能否印行，尚待内政部解决”。

这两份声明或可说是双方对簿公堂后的再一次对阵。不过，单从心态上说，谭天俨然已经以胜者自居了，柯氏兄弟则多少有点底气不足。

可以说，法院的裁判显然“避重就轻”。争端的核心版权问题被搁置，只对侮辱行为罚款了事；这个判决还是一个“后患无穷”的判决，合作社的行为是否构成侵权，却因为判决而模棱两可、似是而非，给著作权人保护版权带来了新的困难。柯氏兄弟之所以在声明中重申享有该书著作权，估计也是担心此案之后效仿者竞起翻印。

那么法院何以如此判决呢？从1936年1月16日《申报》登载的《开明书店覆内政部警政司函——为谭天侵害〈新元史〉著作权事》所披露的法院开庭审理前后的相关情况中，或许可以找到一些线索。该报道援引了内政部警政司此前就《新元史》版权问题致开明书店公函的主要内容：“案查本部前据贵书店代承继著作权人柯昌泗等呈送《新元史》请予注册一案，当经本部准予注册，并发给警字第四一五二号注册执照在卷。旋据上海书报合作社呈控贵书店蒙请《新元史》一书注册，声明异议，请撤销该书注册案，并据原呈声称，‘该《新元史》一书，除徐世昌以退耕堂名义翻印一次外，其他翻印者亦间有所闻’等语。究竟该《新元史》一书，除徐世昌退耕堂刊本外，有无其他刊本，现因本部亟需调查，相应函请查明见覆为荷。”这样看来，谭天在5月1日声明中所说，已经呈请内政部撤销开明书店此前申请注册的著作权执照确有其事，主管著作权事务的内政部也已经展开了相应调查。在收到警政司函件后，开明书店旋又致函柯氏兄弟，求证情况。柯氏兄弟的回函称：“内政部所询据谭天所呈，《新元史》除徐世昌以退耕堂名义翻印外，别处闻尚有翻印本一节，查确无此事。惟退耕堂刻本以前，先严曾以己资出版一种铅印本，系以稿本排版，其后再加修改刊本行世，即退耕堂本也。此外并无以任何名义翻印此书者。即菊人丈亦属以先严在总统府顾问任内，以友谊关系，慨为刊行，与铅印本既有异同，自非翻印。且先严亦无售卖版权等事，谭氏所闻，全属子虚也。”

1935年3月7日，内政部就此案还致函司法院，请求就涉案著作权法律条款做出具体解释。有疑义的内容主要包括三个方面：“（一）既经政府明令列为正史、以广流传之历史著作物，原著作人是否仍有著作权？（二）著作权法第六条规定著作人亡故后，始发行之著作物，准予享有著作权三十年，如著作人在生前已将该项著作物发行，但未依法注册，于著作人亡故后，其承继人可否呈请注册？（三）著作权法施行细则第一条第二款规定，著作人自愿任人翻印、仿制者，是否要有何种正式明白表示之手续？”内政部表示，

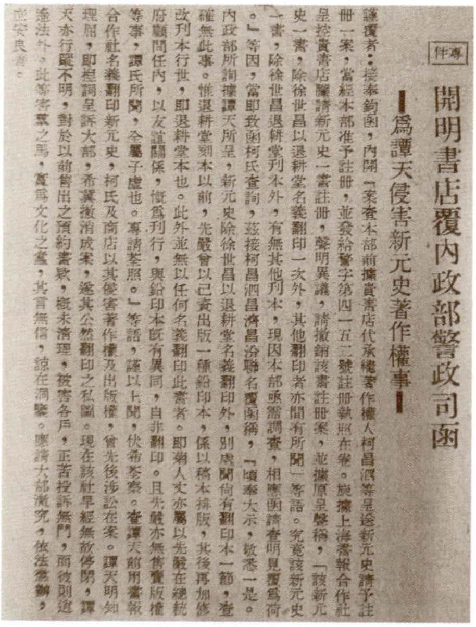
專件

開明書店覆內政部警政司函

——爲譚天侵害新元史著作權事——

謹覆者：接奉鈞函，內開『案查本部前據貴書店代承繼著作權人柯昌泗等呈送新元史請予註冊一案，當經本部准予註冊，並發給警字第四一五二號註冊執照在案。旋據上海書報合作社呈控貴書店朦請新元史一書註冊，聲明異議，請撤銷該書註冊案，並據原呈聲稱，「該新元史一書，除徐世昌以退耕堂名義翻印一次外，其他翻印者亦間有所聞」等語。究竟該新元史一書，除徐世昌退耕堂刊本外，有無其他刊本，現因本部亟需調查，相應函請查明見覆爲荷。』等因，當即致函柯氏查詢，茲接柯昌泗昌濟昌浛聯名覆函稱，『頃奉大示，敬悉一是。內政部所詢據譚天所呈，新元史除徐世昌以退耕堂名義翻印外，別處聞尚有翻印本一節，查確無此事。惟退耕堂刻本以前，先嚴曾以己資出版一種鉛印本，係以稿本排版，其後再加修改刊本行世，即退耕堂本也。此外並無以任何名義翻印此書者。即菊人丈亦屬以先嚴在總統府顧問任內，以友誼關係，慨爲刊行，與鉛印本既有異同，自非翻印。且先嚴亦無售賣版權等事，譚氏所聞，全屬子虛也。專請鑒照。』等語，謹以上聞，伏希垂察。查譚天前用書報合作社名義翻印新元史，柯氏及商店以其侵害著作權及出版權，曾先後涉訟在案。譚天明知理屈，即揑詞呈訴大部，希冀撤消成案，遂其公然翻印之私圖。現在該社早經無故停閉，譚天亦行蹤不明，對於以前售出之預約書款，概未清理，被害各戶，正苦投訴無門，而彼則逍遙法外。此等害羣之馬，實爲文化之蠹，其言無信，諒在洞鑒。應請大部澈究，依法懲辦，並安良善。

《开明书店覆内政部警政司函——为谭天侵害新元史著作权事》

"上列三点疑义，法无明文规定，办理殊滋疑义"，希望司法院"依法迅予解释见复"。

本案1935年3月第一次开庭，而作为判决依据的法律条款却存在疑义，"法无明文规定，办理殊滋疑义"，司法院又迟迟不见回复；且后来的报道称，"当诉讼进行时，颇有以谭天所持之理由为正当而寄与同情者"。在这种情况下，法院裁判"模棱两可"，似乎也是无奈之举吧。

如此看来，这个谭天确实有些"能耐"，既同时惊动了行政、司法两大机关，而且争取了不少"同情者"。按照此前的一贯风格，借势炒作、爆料宣传，给自己争取更大的舆论优势似乎是谭天的必然选择。但令人意外的是，从5月1日声明发表之后，谭天的声音便消失了。直到8月，《申报》上才见到了谭天的消息。27日报道称，某银行倒闭造成合作社"蒙莫大之损失"，出书计划亦告推迟；而谭天"即亲赴南洋筹集巨款"。转年上半年，即有书店登报称，去年10月间，合作社"即告收歇"，《二十六史》预约钱款无从追还，已经起诉；后又发出"悬赏拘捕"告示。

原来，谭天跑了！

谭天已不知所踪，但由他而起的这场争端依旧需要一个了断。

1936年3月6日，司法院复函内政部做出了三点司法解释："（一）政府明令将历史著作物列为正史，以广流传，原著作人之享有著作权，并不受其影响。（二）著作权非专属于著作人本身之权利。依著作权法第四条之规定，极为明了。著作人生前发行之著作物而未注册者，如未满著作权法施行细则第十条所定年限，其承继人自得呈请注册。（三）著作权法施行细则第一条第二款所谓著作人自愿任人翻印、仿制，其意思表示并无一定方式，亦不以明示为限。苟依一切情事，可推断其有许任何人翻印、仿制之意思者，即合于该款之规定；若仅有许特定人翻印、仿制之事实，尚难推断其有许任何人翻印、仿制之意思。”

至此，《新元史》版权之争尘埃落定，柯氏兄弟和开明书店的著作权得到了明确的确认与保护。

三

民国时期书业大小争端难以计数，见诸报端、存于史料的也有不少。不过，大多还是因为畅销书或者来头大的书而发生纷争。相比之下，《新元史》只能算冷门的小众书了，可是居然也出了纠纷，还是在名不见经传的小字号和已经稳居第一方阵的大书店之间发生的，而且还“一而再”地接连两个回合。这恐怕就是这桩纠纷的独特之处吧。相比于营业上的纠纷，我觉得在版权方面的争端更值得注意，所以不妨再多说几句。

民国时期的著作权案件，较为典型的大体有三类。一是涉外著作权案件，比如商务印书馆译印美国《韦氏大学字典》案。二是畅销出版物翻印盗版案件，比如鲁迅、张恨水等作家作品盗版案件。三是出版社之间对著作权的争端，如开明书店和世界书局围绕林语堂所著《开明英语语法》所产生的纠纷。《新元史》的版权纠纷应当算作第三类案件。不过，纵观整个案件的过程，并联系当时“古书年”的大背景，还是不难发现这个案件的一些特点。

首先，争端的焦点是“冷门书”。大凡盗版或者涉及版权纠纷的书，是畅销的“热门书”或常销的“当家书”。民国时期，紧随某一领域图书出版热潮之后的，通常便是与之相关的盗版案件或版权争端，这样的例子并不鲜见。但是在这个案例中，双方争论的焦点却是《新元史》这样一部小众冷僻的书，这显得有些“另类”。不过，联系“古书年”的背景，也就不难理解。由于各种原因，20世纪30年代中期古籍成为大小出版者竞相印售的对象。但是，通行的古籍种类毕竟有限，市场也毕竟有限，因此一方面是各种名目的古籍在“古书年”中集中亮相，另一方面同业竞争也相应地聚焦到了原本冷清的古籍出版领域。于是出版者就要想方设法制造卖点，招揽关注。无论开明书店策划《二十五史》，还是合作社策划《二十六史》，都选择了“二十四史+”的模式，这种做法除了出于学术上的考虑，其实也可以视作增加卖点。从个体看，《新元史》虽是“冷门书”，但在这样的背景下成为关注和争取的焦点也就不足为奇了。其次，争论的过程富有戏剧性。双方不仅对簿公堂，而且还对阵报端。笔战密集时，真有应接不暇之感。双方的一连串声明启事，使我们看到了彼此交锋的很多细节。开明书店的据理力争、步步为营显现出了开明的气度和定力。相比之下，合作社的主事人谭天则很会造势，见诸报端的文字往往带着一股子火药味，还不时爆料、放狠话。同时，他也擅长“攻其一点，不及其余”的战术，在《新元史》曾被北洋政府定为“正史”上大做文章。更富有戏剧性的是，谭天借与开明争论而大造舆论、做变相广告的时候，合作社却忽然“后院起火”，最终关门大吉。谭天卷款出逃，不禁让人生出“不是不报时候未到”的感叹。第三，争论的裁判填补了当时法律的空白。解决的过程之所以比较曲折，是因为适用法条存在疑义。这或许是因为古籍出版较少涉及版权问题，缺乏充足的判例支撑。因此，此案的审理判决，也对当时著作权司法具有一定的促进作用。总之，这场争端发生在出版界竞相出版古籍的“古书年”，从出版史的角度说，既是一个很好的著作权争端案例，也为我们观察“古书潮”之下的出版界提供了一个独特的视角。

此文发表后，翻阅《王伯祥日记》（中华书局整理版）又发现数十处有关记载，摘录如下，以资补充。

1935年

1月25日（辛丑）星期五

接到《新元史》注册执照，因整理手续，于午后三时走道始所，委托登报警告书报合作社并书面制止再印《新元史》。

1月26日（壬寅）星期六

对书报合作社印《新元史》事决进行诉讼，呈底已拟就，俟物证齐全时提控之。不谓腊尾年头乃有此骤雨激冲也。

1月28日（甲辰　下弦）星期一

见报载书报合作社启事，大肆狂瞽，决再登报警告，并立时进行控诉。十一时，与雪村应振铎之召，径往生活书店晤东华及铎，同饭于五芳斋，知伊等亦缘横被诬谤，已延陈霆锐律师将于明日登报致警焉。饭后东华去，予三人则过孙道始商进行诉讼事。

1月31日（丁未）星期四

雪村拟呈分投本市教育、社会两局，请彻查书报合作社能否偿清预约书款。予以为不必，彼坚持之，卒发出。

2月7日（甲寅）星期四

书报合作社又登报狂肆哓辩，而社会、教育两局却已委员调查矣。

2月9日（丙辰）星期六

雪村草驳覆书报合作社文备登报，予深叹服，然一般同人俱反对再进，恐不能遂行也。

2月17日（甲子）星期日

潘季东访雪村，知谭天正联合多人在内政部递呈，声诉《新元史》为官书，希图否认版权。

2月18日（乙丑望）星期一

午后三时，特区法院开审《新元史》版权事，晓先、调孚往旁听，嗣经电话告知，版权被驳回，诽谤罪下星期一宣判。大概谭方捣鬼得售，讼事前途无望矣。为之一叹。

2月19日（丙寅雨水）星期二

下午三时半赴道始事务所，与谈昨日法院事。

2月22日（己巳）星期五

振铎电话约于圣陶所谈，盖方自邓尉探梅归，亟欲一晤也。散馆出，径与雪村、调孚赴之，少待乃来。因留圣陶所小饮，邀丏尊与焉。并请云彬共话。至十时三刻乃各归。对谭天事及柯氏提诉事均有商略，明日当别纸记出，托其协助也。

2月28日（乙亥）星期四

晤道始，知柯氏诉案下月五日开庭矣。

3月13日（戊子）星期三

知谭天昨日提反诉，须柯氏到案始可进行，以此颇棘手矣。

3月14日（己丑）星期四

下午往道始所商柯氏到案事，据云非此将莫能办也。怅然而行。

3月18日（癸巳）星期一

为《新元史》讼事及《廿五史补编》商榷事写信一大批。

3月23日（戊戌）星期六

自《廿五史补编》动议以来，征书定目，发凡起例，丛集一身，而《新元史》讼事尤纠缠无休，恨甚！柯氏已准备动身，今有电报来，明后日当可晤见之。

1936年

1月4日（乙酉）星期六

接内政部公函，属查复《新元史》有无别刊本，盖中谭天之诉，须彻问一过也。此人藉端欺人，骗款远飏，滥放毒素，贻祸社会，真不复能以人视之矣，昔尝识之，愧恨何似。

1月10日（辛卯）星期五

函复内部警政司，为谭天捏词诉《新元史》不当注册据实驳办事。

“一折八扣书”琐话：从大达图书供应社说起

大凡民国书刊的藏家都遇到过所谓的“一折八扣书”。记得大学时候逛琉璃厂，正赶上中国书店的古旧书市。海王邨的二层到处都是成捆成捆、小山一样的旧书，其中不少是民国书。我本着“捡漏淘便宜”的心态各处翻淘，居然就淘到了一套《四部丛刊》平装缩印本《群书治要》，价钱不过十几块钱。此外，还捡了些一块钱一本的便宜货，大多是《文选》《纲鉴易知录》等文史旧书，其实买回去也几乎没有翻过，不过对于出版者的名字却记得格外清楚：大达图书供应社。相对于“书局”“书店”之类的常见招牌，“供应社”这个名字就很独特，所以印象深刻。很久以后才知道，当初稀里糊涂买的竟然就是曾经风行一时的“一折八扣书”。

大达图书供应社徽标

大达图书供应社版《文选》

平襟亚先生在《上海滩的“一折八扣书”》(以下简称“平文”)一文中回忆称:“上海在抗日战争以前,约一九三〇年至一九三七年这一段时期内,书业中掀起了一个浪潮。有几家规模不大的书店,以极廉价的书籍大量供应给读者,人称‘一折八扣书’,又称‘标点书’。这批书大都是翻印的我国传统小说,如《水浒》《三国演义》《红楼梦》之类,亦有古典文学的单行本,名目多至三四百种。由于同业间的竞争,借口于薄利多销,逐渐跌价,从二折、一折跌至一折八扣。这一空前未有的大廉价,形成了出版界风起云涌的潮流。”

而大达图书供应社也正是应了这股风潮诞生的。因此可以说,“大达”天生就与“一折八扣书”有着不解之缘。

按照朱联保先生在《近现代上海出版业印象记》中的回忆,大达图书供应社的招牌是在1934年挂出来的。其实,它并不是一家新开张的书店,甚至连一个独立的品牌都不算,这个牌子只不过是广益书局的“副牌”。广益书局在当时的出版界算得上老字号了。它的前身是1900年建立的广益书室，1904年更名为广益书局，由魏炳荣主持。清末民初，随着石印技术的逐渐普及，上海出现了不少专营石印书籍的出版机构，比如扫叶山房、千顷堂书局、锦章图书局、有正书局等，而广益书局也是其中较有代表性的一家。这些书局出版的大多数是石印本古籍，特别是古典文学作品。如广益就印制大量文史古籍和通俗小说。这些书广泛行销于小城镇和农村地区，即便是上海滩，也能在星罗棋布的小书摊上见到这样的书。“平文”称，这些书的读者多是“小市民”，大体认得些字，借此消困遣闷。

在新文化运动的推动下，上海的新书业快速发展，新文学作品、各类社会科学书籍、外文翻译作品先后成为出版市场的抢手货。相比新书业的风光，这些石印书局似乎显得落伍了，好像只不过是龟缩在故纸堆角落里苟延残喘的老古董了。所以，一段时间里，石印书业几乎已经被出版界所遗忘了。但是到了20世纪30年代，特别是30年代中期，受到1929年以来世界经济危机的影响，普通民众的购买力显著下降，出版市场出现了较为明显的萧条迹象。普通书局出版新书的成本和风险变得更高了，而收益则微薄得可怜，甚至还要蚀本。1935年8月24日《申报》所载李衡之的《出版界往何处去》一文以“奄奄一息”形容当时的出版界，并分析说：“造成今日出版界这种局面的原因，除了政治环境以外，最重要的是经济关系。经济衰落不但造成购买力的减低，而且也可促进思想的苦闷，无心于读书。为了这样，于是各书局的参考书都成了废纸。就是在上海，号称文化最发达的地方，不但各校学生大多不读参考书，教授大多不看参考书，就是一般文人、著作家，其所写的书的数量也有超过其同时间所读所看的。在内地，不要说是在农村，就是在都市中，就笔者近日所到的长江流域几个商埠，中产以上的人民都在闹恐慌，化一元买一本书是很少见的事，所以，如在九江、芜湖等处，就是商务、中华等几个大书局的分馆，其日常至要的营业也只见数角数分的卖买，市上所见的无非是一折八扣七扣的东西。”

在这种条件下，有精明的书商将眼光投向了故纸堆。拉开“一折八扣书”战序幕的新文化书社就是代表。《近现代上海出版业印象记》记载，新文化书社创设于1918年，系绍兴人樊春霖所办。五四运动之后，提倡白话文，该社乘机出版《白话文做法》一书，以其畅销获利而起家。其后专出不须付稿费的无版权的古典文学书、通俗小说等，加新式标点，粗制滥造，以提高定价、降低折扣，利诱本外埠书商批购，成为上海经营一折八扣标点书之始作俑者，获利颇多。“平文”称，“新文化书社在二三年内出版了三百种之多，种类不单是有价值的小说《红楼梦》《水浒》等，什么公案小说、传奇、笔记、诗话、唱本，全都网罗在内”。也就是说，新文化书社出的这批书基本涵盖了石印书局的出版范围。这也就揭开了争夺石印书市场的序幕。

新文化书社的这一举动直接带来了两个结果。第一是因为销路好，获利颇丰。第二则是给石印书业带来了直接的威胁。

在这之前，石印书业与新书业基本不存在直接的竞争关系，大体上“井水不犯河水”。但是当新文化书社这样“剑走偏锋”，把用铅字排印、新闻纸印刷的平装本呈现在读者和书商面前的时候，传统石印本与铅字排印本之间的差距也就高下立判了。

第一，石印本书分册体量比较大，像《水浒》《红楼梦》这样的书，石印本往往需要分订十册八册。而铅印平装本至多装订三四册，读者携带便利。第二，铅印本所用新闻纸较之石印本所用有光纸更为经久耐看，有光纸则更薄易破损。第三，排印本增加了现代标点，段落分行，而且在宣传中也将此作为卖点。20世纪20年代亚东图书馆曾出版标点本古典文学作品，风行一时。因此以标点断句为标榜，不但更加吸引了读者，也确实便利了一些读者的阅读。第四，20世纪30年代国外大量倾销印刷纸，新闻纸的价格非常便宜，五百张一令不过三元；且上海的印刷机构很多，不仅可以赊纸，而且可以挂账，便利书商资金周转。所以平装书的成本比较低廉。第五，正因为平装书成本低廉，书商本着“薄利多销”的原则，折扣力度也就可以更大，自然更加吸引消费者。另外，古籍不存在版权问题，所以并不是石印书局所独有，谁想印都可以，新书店想要涉足，没有任何版权限制。

有此几端，平装本自然风行；而相应地，石印本则大受冲击。1935年7月29日《申报》所载稜磨的《一折书到乡村》一文感叹，“一折书的势力，一直钻到乡村来了，虽然乡下早已尽有人看报，而活版铅字排印的书，并不缺少，曾有少数人看到过，但铅字排印的书的成为真正乡下人所接触的书，这还是第一次”，并且断言，一折书完全吞并石印书是必然的。1935年8月24日所载李衡之的《出版界往何处去》称，“出版旧小说，因其读者对象最广，而且‘大鱼吃小鱼’，至少那些旧的石印书及书摊的生意是可以抢过来的”。“平文”也说：“铅印本夺取了石印本的销路，石印本自然淘汰了。”

现在，可以回到本文的正题，再来说说大达图书供应社了。大达的出现正是为了应对石印书所面临的严峻局面。当铅印本直接威胁到石印本，造成广益、锦章这样老资格石印书局经营困难的时候，广益的掌门人魏炳荣意识到继续死守石印书市场几乎就是死路一条，于是当机立断，也要效仿新文化书社的套路，在这片新市场上跑马圈地。于是，他打出了大达图书供应社的牌子，专门印制、销售铅印本古籍。为什么不直接用广益的名号，而要改头换面用一个新字号呢？我猜想恐怕是为了留有余地，毕竟相比老字号的广益，一个新字号牵绊更少，不容易引起同业间的是非争执，更容易“见机行事”。大达在正式亮相之后，借助广益的势力，便开始了奋起直追。“平文”称：“广益却以大达供应社名义日夜排印。好在自设铅印局，不消委托别家的，而且新文化早已出版了二三百种，广益不用请人标点，只消照它排印，以误传讹下去在所不论，于是不到一年，竟赶上了新文化。他们两家书店，就此旗鼓相当地竞争起来了。从照定价三折跌到两折，甚至一折半，大致批发多于门售，新文化销不过广益，但也没有败阵下来，彼此相持了一个时期。”“他们如机械式的完全不加以改进，但是由于价廉，贩卖者有厚利可获，以二折批去，五折六折卖给读者，利润在二倍以上，惊为奇迹。因此营业发展，无远弗届。各省各埠，同业汇款来批书的日益增加，每天盈千上万，日夜装箱打包，总是如办喜庆，忙个不停，且因来不及印造，繁销货常常断档，这是书业界空前未有的盛况，也是不正常的繁荣，这事发生于一九三五年。”而对比它们热火朝天的景象，“整个书业市场冷冷清清，渐趋于没落。商务、中华、开明、世界等尚可以教科书维持业务。其他小书店门可罗雀，往往口唤奈何，支持不下，门前扯起了秋季大廉价的旗子，直到年夜还没有落下”（“平文”）。徐柏容先生在其《书战：一折八扣——三十代书界回眸》中回忆说：“一九三五年前后的图书市场上，大达图书供应社的图书到处泛滥，几乎无人不知、无人不晓。到了此时，新文化书社虽勉力相持，但终于声势不如大达图书供应社，居于下风。”

上面的记述还有一点值得注意，即“一折八扣书”的折扣并非开始就如此之低，而是在激烈的同业竞争中一路压下来的。实际上，除了新文化和大达的对阵之外，世界书局等一些书局见有利可图也纷纷入场，“‘合购十部，大洋四元’的《三国志》《红楼梦》等翻印本，成了世界书局近日来的利市卖买”（《出版界往何处去》）。看来，用“书战”形容确也贴切。

“一折八扣书”琐话：从标点本到花面子书

“一折八扣书战”的第一阶段主要是新文化书社与大达图书供应社之间的竞争。此后，“战势”进一步“升级”。而第二阶段的战幕是从平襟亚等人的一次酒宴开启的。

平襟亚的《上海滩的“一折八扣书”》（“平文”）一文记述，当时，他与新文化书社掌门人樊春霖、广益书局经理魏炳荣以及世界书局经理沈知方等人时常一起吃饭。一次酒席上，平襟亚向樊、魏建议将他们的书“改进一下”。具体的意见主要是：“第一：全部删除标点符号，不分段落，不另行排列，只须断句加点，还它传统小说的本来面貌。第二：书中首附每回插图，封面改用彩色图画。第三：精校，减少错字。第四：全部用仿宋体五号字排印。”不过，樊春霖、魏炳荣

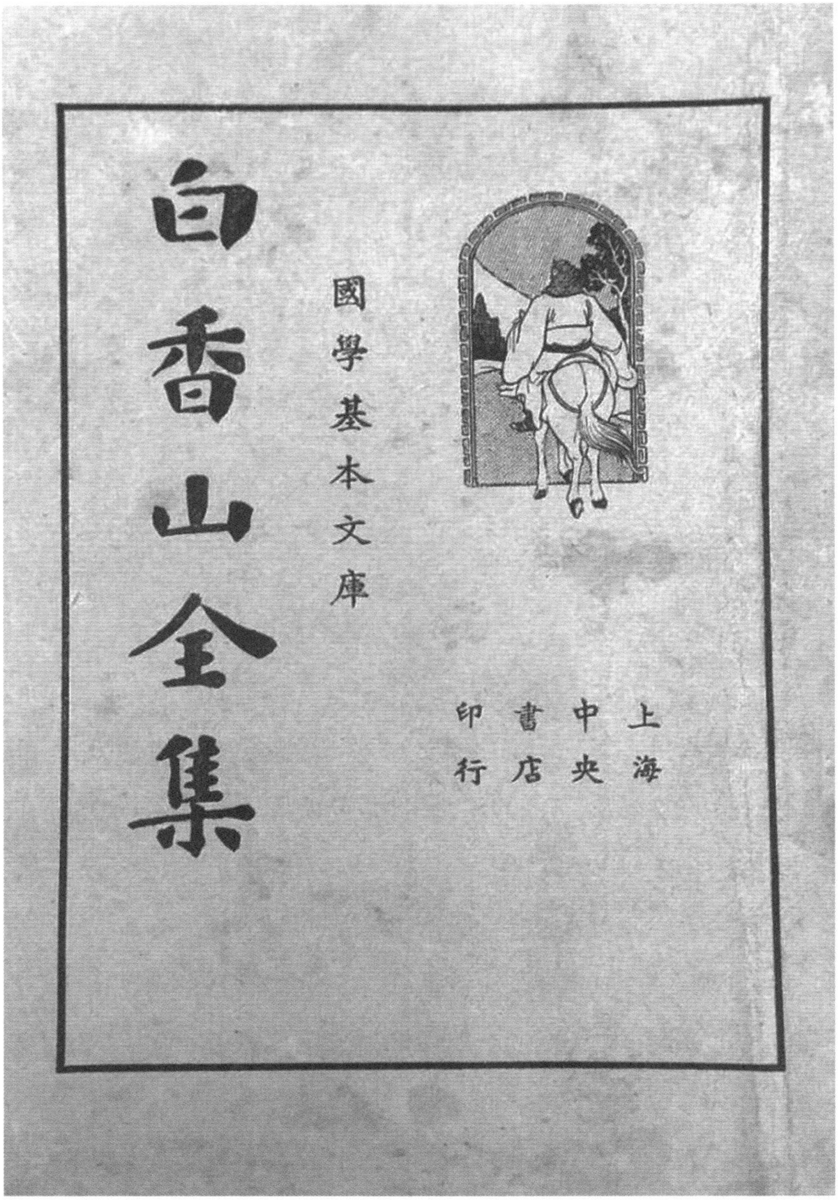

中央书店版《白香山全集》

对于平的建议似乎不以为然，樊托词以重新改版成本高昂，魏更是说了几句不冷不热的“闲话”，末了还不无讥讽地回敬道：“老兄如有改革精神，急起直追，请来革我们的命吧。”

座中的沈知方在书业中素以精明著称，之前世界书局也已经涉足了这块市场，他从这番对话里嗅出了商机。饭后他约平单独深谈。沈非常赞同平的分析，评价他的改革方案“对症下药”。沈认为，新文化和大达两家已“积重难返”，谁都没有大牺牲的勇气。他鼓动平“来革他们的命，另出一套新书”，并鼓励他“说做就做，不可气馁”，承诺“会在后方全力支援”。沈进而对书业的经营策略和盈利模式做了分析。他说：“书业的经营方式，向来有两种：一种是属于保守的，只图厚利，例如印一千本书，造本只有六百元，他竟要卖两块钱一本，只要销去三百本，已捞回成本，留下七百本，便是滞销，也不在乎。这叫做‘两死主义’，买主上门来，买主该死；买主不上门来，老板该死。另一种方式是‘薄利多卖主义’，只消从一本书上赚五分钱，销去一万本，就赚了五百元。这就是他们行销标点书的经营方式。”沈认为，目前他们的利润空间还比较大，现在“入场”依旧有利可图，“万无一失”。平向他讨教如何筹措启动资金。沈则给出了一个锦囊妙计：“资金不妨取诸于外埠同业，号召他们预约定货，先付十分之五，到交货时付讫，这个办法亦行得通的。你只要看商务与中华，他们正在出版大部头旧书《四部丛刊》《四部备要》，定价几百元一部，何尝自己动用资金，还不是借买主的钱在造货，你取法于他们就是。”沈的这番话令平感到“胜读十年书”。之前，平襟亚创办有中央书店，早在20世纪20年代即与沈知方建立了合作关系，两人关系十分密切，用沈的话说“书业中谁都知晓你是我的助手，你取得了胜利，也就是我的胜利”。在得到了沈的充分肯定与支持后，平即开始着手准备。此时正是

中央书店版《唐人创作小说选》

中央书店一折八扣书封底图样

1936年。

第一，平襟亚按照他的设想，印制了《三国演义》样本：“用仿宋体五号排的，只用断句，不分段落，附加同文石印原本的分回插图，及人物绣象，都是极工细生动的，使读者看了内容，再从图画引证，取得对故事与情节留下的深刻印象。又请上海名画家张光宇精绘一幅彩色封面图画。‘三战虎牢关’，十分精美。用一百磅木造纸橡皮版印成七套彩色，从这册样板看来，已使人爱不释手。”样本与书目和广告广为散发。第二，发起预约，承诺书目中确定的一百种书三个月内出齐。这些书基本上新文化和大达都已经出过，中央书店版定价即与两家的相同。“凡预约定印者作为基本户，依照各书定价一折计算，定印时先付七成，余待出书时全数付清，各书随出随寄，以资周转。非预约户，批价二折，出书时先尽预约邮寄，得享优先的权利。”第三，个性化定制，每种书预约定印满一千部者，即在书上印上对方的牌号，于是更受欢迎，各地汇款，纷纷不绝，订单数每种总在一两千部。

“平文”回忆：“当时把样本分寄给外地各同业，约有七百多家，接到的书店老板看得呆了，都认为空前未有之奇迹！既精美又价廉，与他们两家的出版物一比较，有天渊之别。大家认为中央书店这套书，在标点书中独树一帜！于是各地同业争先恐后的大量向中央书店预约定印。”在最初的一个月内汇款总数就在十万元以上。这样，中央书店的启动资金就解决了。平襟亚聘请了四位“通人”，专心精校旧小说文字的错讹，同时绘图制版，创作封面彩色画，又包了一家印刷所“日夜赶排赶印”，竟然如期在三个月内出版了一百多种，以后在四个月的时间内，又继续出版了二百多种，合计印造的成本在二十万元以上。而中央书店却没有动用分文自有资金。平襟亚自己都感叹“这真是个异数”。

与中央书店后来居上、应接不暇形成对比的是，新文化书社和大达图书供应社的营业大受影响，为了保住市场，“不得不再跌价至一折、八扣”，但是于事无补，最终不得不照着中央书店的“新风格”全部改版。“魏炳荣与樊春霖都说这是受到意外的打击，出了冷门。”此后市面上即用“花面子书”来指称这类书了。

“一折八扣书”琐话：从朱太忙想到的

徐柏容先生在其《书战：一折八扣——三十年代书界回眸》一文中回忆了一个大达版图书中的细节。“我至今还清楚记得，即使不是全部也是相当大一部分，版权页上记载的标点者，署名都是一位叫‘朱太忙’的。一年要为一二百部古籍标点，焉能不‘太忙’？”这叫我感到十分有趣，于是专门查找了手头的书影，果然发现了几种书的版权页“校阅者”栏下赫然印着“朱太忙”先生的大名。

我起初认为这个名字恐怕并非真名实姓，而是一个“绰号”，不过上网查查资料，发现朱太忙先生确有其人。据称，朱太忙先生是上海人，初名惟恭，后改名惟公，字益明，生于1895年。朱先生曾供职于大东书局及大达图书供应社，出版多种稗官野史，为之标点，并冠以序文，详述原委，多加考证，受到读者的欢迎。朱先生还雅好搜集乡邦文献。1939年9月，朱先生因肺结核不治病逝，终年45岁。这样看来，“朱太忙”这个名字说不定也是“为人风趣”的朱先生给自己起的雅号。细品一品，这里面还颇有些趣味，似乎既是抱怨“实在太忙”，又是炫耀“实在太忙”！

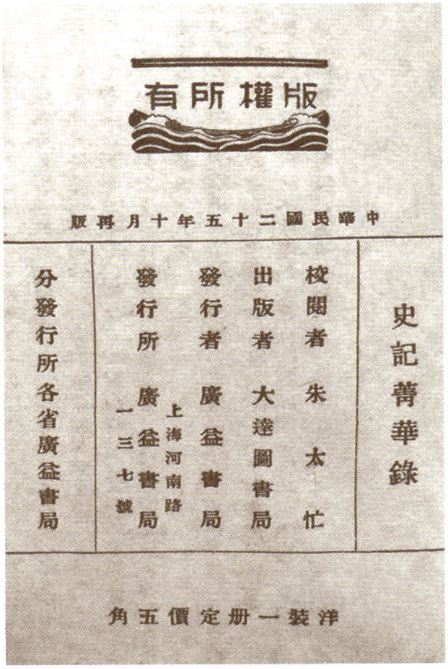
版權所有

中華民國二十五年十月再版

史記菁華錄

校閱者 朱太忙

出版者 大達圖書局

發行者 廣益書局

發行所 廣益書局 上海河南路一三七號

分發行所 各省廣益書局

洋裝一冊定價五角

《史记菁华录》版权页

这个名字，又使我想到了刊登在1936年5月1日《申报》上的文章《一本书的自述》，作者署名清芬。之所以想起，是因为这篇文章很独特，乃是假借一本古书的口吻，讲述其如何经过一番“整理包装”后“重见天日”，这基本上就是翻印廉价古书的全记录了。这篇文章的场景化描写算得细致，小人物之间的对话十分生动，猜想作者也是书业中人吧。这些记述和描写，对于近百年之后的我们了解“一折八扣书”乃至出版业的基层生态都是很有帮助的。

文章开篇“痛说家史”：因为新文化的传播，古书只好“挤在黑暗的角落里”“静候着书蠹来侵蚀了去”，“从我现在所遭遇的一切，来和我过去的光荣时代对比，处处都使我伤心叹气”，忽一日自己又重新被书店老板搬到了阳光下，“被检出来罗列在老板的案上的，原来还有许多我们同系的弟兄和幼辈，他们都在欣慰地望着我。看那些非我族类的家伙，正在哭丧着脸，零落在那些架子上”，由此开启了一段“翻新”之旅。

首先登场的是一位精明的书店老板。此刻他正在“数数这个的页数，数数那个的页数；灵活地拨动着算盘子”，想必是遇到了好生意上门，所以“香烟屁股在他的嘴唇上，烧焦了他的嘴唇皮，他还满不在乎呢”。接着，承揽标点生意的工场老板“老吴”上场了，他的形象可就没有那么潇洒了，“戴老花眼镜”“伛偻着身子”，显得颇有些落魄。接下来便是二人的对话。

书店老板：“老吴，你简直欺人啦！你做人家的只四分钱一千，做我的一开口就是六分，这叫我如何卖得出去呢！”

老吴：“什么，老板，没有那回事！六分钱标点一千字，又不比那些‘的了吗呢’的容易懂，很要费点脑筋；老实说，一天还点不到二万字呢。”

书店老板：“外面很有人说我们的书标点错得很多呢！”

老吴：“这个，……其实都是一样。看得出标点错误的，不加标点也行；非看标点书不可的，不见得看得出错误。天晓得，六分钱一千，那些通人硕士肯来做吗？那样的一折三四扣卖得出去吗？嘻嘻。”

揽到了生意的老吴带着书回到了自己的工场。那里“几只蹩脚的桌子旁，围坐着三五个鸠形鹄面，腰驼背曲的人儿”，他们就是“标点工人”。这里，作者用书的视角做了如下记述：“那个老花眼的可怜人早把我拖了过去，开始在我身上刻划起来。他本来因为没有办法才干这个勾当，他只在想着怎样才能多得六分钱；他本来不管你的支离割裂，只要在你身上踏遍一趟就算完事。‘这简直是残酷的伤害，他的红笔是炮烙的刑具，非把我们炮烙得体无完肤不止！’我这样悲叹着。黑夜来了，他们依然在十五支的黄色灯光下，像机器一般地工作着；半夜过了，还不肯停止。看他们苦恼的脸色，也像有什么虐刑在忍受着。”

十天后，被红笔标点的“支离破碎”的古书进了印刷所，又是一轮讨价还价。

印刷所老板：“贵局生意很发达，出的货很多，只是好久没有分给我们做了。”

书店老板：“生活是有一点，只是你的价钱吃不下！”

印刷所老板：“那里话，我们现在只要有生活做，混得口饭吃就得，谁还想有什么好处？反正天天回头人，让机器躺着叹气，也不是办法！讲到价钱，你老蛮明白，比从前四成里已经减去了三成，四角一千的排工，五角一令的印工，三角一万的钉工，难道还能在你老面前瞎抬！”

书店老板：“我们比不得你们，做了生活就好拿钱；我们造好了货，还得想法子卖出去，所以事先总得有个话算。”

接下来则是排字工场里的见闻：“在排字工场里我所看到的苦恼的情形，比在标点工场所见的更要坏些。在四角钱排一千字的价值里，有工场的一切开支，有生财的应得利息在里边，作为排字工友的工资的还有几个铜子？可是这一千字须得密密地排满一面半板子，经过几次的修改，直到校对先生认为‘无误’了才算完事。这是何等廉价的劳力！我又忆起从前认识过的刻板工人来，他们的那种细磨细琢的神气，有工夫在板子的角落里刻上自己的姓名，正不知要安闲得多少呢！”

经过排版和初校，校样被送回书店，唯一的专职校对登场。“那是一位二十几岁的青年，从他那蓬乱的头发、枯黄的脸色和充满着血丝的眼珠上看去，已完全没有青年人的健旺热烈的气概”，却似乎充满了“无限的悲愤找不到一个发泄的地方”。他的月薪十五块钱，“这是他早晨八点钟来，工作到下午六点钟回去，吃自己的饭，住自己的房子的一个月的代价了”。这也正是他“悲愤”的原因。也正因此，他不过“胡乱地校过两次，随处留着可笑的错误”。但还有不及于这青年的，“大部份的书都是用的五块钱包校十万字的价值，被人抢着去做呢”。

再回到印刷所。连带书稿送去的是书店选定的“那种又粗又松，天字第一号的起码报纸。印刷所老板哭丧着脸，把天字第一号的起码油墨添下去；嘴里喃喃地咒骂着：‘娘娘，越是印工便宜了，越是纸头来得丑，吃墨的祖宗，谁还做这鬼生意！’他这愤怒，给与那些伙计们一种‘明天我就停起机器来，看你们那里吃饭去’的威胁，一个个振作起疲倦苦恼的精神，在黄黄的灯光下努力地工作着”。

两昼夜后，这本书又被送到装订工场，去看那三角钱装订一万页的工作。“在这里，手工多于机器，男女工人的手连接成一部连续的机器，经过了折叠、整理、打洞、穿线、糊面子的种种手续，再送上切书机去切光，才成功了一本本的书。要装成一万页（即二万面）的书，才算赚到了三角钱的工钱。”

经历了一番“历险”，这本书最终被一位青年买下。不过，“虽然也有了好些日子，可是从不曾和我好好地晤过面。看这种情形，大概只是为便宜，随便买来充塞充塞书橱而已”。

文章起首部分的描写暗合了“古书潮”的背景，其后的叙述无不围绕讨价还价、“分斤拨两”展开，足见“一折八扣书”在书商的眼中不过就是一场生意罢了。

“一折八扣书”琐话：从风潮到现象

拉拉杂杂地已经接连好几篇在“一折八扣书”里打转转，这篇打算收尾了。选择“一折八扣书”这个题目的动因是读到了平襟亚先生的《上海滩的“一折八扣书”》（“平文”），由此就想起了之前读到的一些史料。因为当事人的回忆，再来“温故”就有了新的认识，所以有了之前的那些文字。

检点过眼的史料，对于这场20世纪30年代书业中异军突起的“风起云涌的潮流”着实有过不少的记述，不妨再补充些。1934年10月16日《申报》登载关敬之所作《书的普及版》一文，记述了当时上海滩“一折八扣书”的随处可见，在许多临时书摊上，“摆着翻版的旧小说，《红楼梦》《水浒》《三国志》《儒林外史》《大红袍》《岳传》乃至

《曾文正公家书》《秋水轩尺牍》《桃花扇》《浮生六记》应有尽有，甚至还有成亲王之类的石印的字帖”。“这一些书，大都是新式标点分段落，报纸印，牛皮纸的封面。定价倒也并不怎样低，可是卖价却‘放盘’到叫人难以相信：通常是一折再打九折。你化这么三四毛钱，就可以得一部《三国志》了。”“这是从前没有的！这样‘普及版’的盛行，一方表示了需要的广大，但又一方也未必不反映着‘不景气’潮浪中书业的挣扎罢？”1934年6月8日《申报》所载徐懋庸的《另一提议——“关于翻印古书”》一文记述道：“因为便宜，购买的人就很多，无论在都市，在乡下，这类书都极流行。在不喜买书的大学生的书架上，在不知书本为何物的摩登女郎的妆台旁，和教科书一同，时常也可以发现几种劣本子的《文心雕龙》《苏黄尺牍》《世说新语》《牡丹亭》之类。因为单是作为摆饰，这类书也是洋装的，还好看。至于在小店伙计的柜台上，在乡村教师的枕头旁，则这类的《七侠五义》《红楼梦》《古文辞类纂》……差不多完全代替了先前的石印本，因为这类是铅印的，又有新式标点符号，看起来比石印本爽快得多，况且价钱又比石印本便宜。”我在内地报刊中也见到过一些关于“一折八扣书”的记述，这里就从略了。有趣的是，王云五先生在其1937年所作的演讲《十年来的中国出版事业》中对此风潮只字未提。该文收录于商务印书馆于1937年7月初版的《十年来的中国》，当是专为此书而做。看来，王先生对于此风潮是不屑一提的。

至于“一折八扣书”是什么时候淡出人们视野的，“平文”回忆说：“到一九四〇年，日本侵华部队早已控制了上海都市，外地运输堵塞不通，白报纸来源断绝，即使有少数纸，亦被‘纸老虎’囤积居奇起来了，因此大家就放弃出版廉价书了”。“综上所述，标点书与一折、八扣书，大概前后有十年寿命，全盛时期只有五年”。

从过眼的一些史料判断，“一折八扣书”的生意在1936年下半年之后恐怕就开始下滑了。大概的原因主要有三个方面。

第一，时局变化。1936年，华北局势已经处于紧张状态，到1937年卢沟桥事变爆发，全国进入全面抗战的局面。紧接着，日军南下、“八·一三”战事爆发，上海除租界地区均告沦陷。战云的日渐密布，直接影响书业的经营；上海的战火也使得出版业损失惨重；同时战事的爆发也造成上海与内地的交通异常紧张，直接影响内地市场。大环境的不断恶化自然也破坏了“一折八扣书”赖以存在的基础，消失自不可避免。

第二，纸价上涨。从“平文”和一些回忆文章里可以知道，“一折八扣书”的生意之所以利润丰厚，主要得益于成本低廉。这里面除了翻印古书没有版税、稿费成本之外，当时的纸张价格相对低廉也是一个重要因素。但是1936年之后，随着世界局势的日趋紧张，进口纸张的供应量明显下降，沪市纸价显著上涨，由此“一折八扣书”的利润也被挤压殆尽，自然无法为继。

第三，政策变化。1936年4月，教育部颁布《教科图书及其他图书划一出售办法》，对教科书及其他出版物定价及折扣等做出规定，其中要求“所有书籍，门市一律照定价发售，不得减折或抬高”，也就是零售书籍不准有折扣。6月2日上海市书业同业公会公布了实施办法。上海不少书店开始按照要求重新核定价格，改折扣销售为实价销售。折扣是书业营销的重要手段，“一折八扣书”正是利用高折扣的噱头营销大量获利，因此这一“新政”对其的影响可想而知。当时即有人在《申报》上声称“一折数扣书末日已至”。虽然各种原因导致“新政”被暂缓推行半年，但是其所产生的影响恐怕也会让颇具投机心态的书商产生观望情绪，“一折八扣书”的风潮也会因此而减弱。

对于“一折八扣书”的评价向来不高，大体与粗制滥造、投机牟利联系在一起。在民国文献收藏圈子里，“一折八扣书”大多也是上不得台面的“大路货”。不过，我倒觉得，对于当年的这股风潮，我们大可不必仅仅关注于“好坏是非”的判断，似乎更宜把它作为一个历史现象加以考察和分析，并且由此更加深入地把握20世纪30年代上海出版业的种种生态与面貌。这样做，既可以使民国出版文化史的研究更加全面，同时也可以为收藏家的鉴赏提供更多谈资。

出版业和抵制日货

1933年11月6日《申报》刊登了一则消息，内容为上海纸业同业公会致上海市商会的一份函件，检举新文化书社私自盗用日纸印刷图书。大意说，纸业同业公会所属检查队接到“密报”，新文化书社“进有大批日货报纸”，用于印制“新式标点之古版书籍”。经过查核鉴定，“所印纸张，果属有日货报纸”。信函最后说，“吾国四省失地未复，闸北血泪未干，今乃有宣传文化之新文化书社胆敢购用大批日纸，实属利令智昏、伤心病狂，殊堪痛恨”，要求“查照究惩，并请拟稿分发各报馆或通讯社，俾受社会制裁，以儆效尤”。

民国时期，印刷用纸基本仰赖进口。对于洋纸的倾销，国人时有议论；在提倡国货的声浪中，提倡使用国纸也多有呼声。比如1936年国民大会选举在即，上海市民陈荇荪、冯仰卿等即“特电南京国选总事务所，请采用国货毛边纸，借挽漏卮而维国货”。1928年6月29日，《申报》

刊登吴失之所作白话诗《扑灭洋纸》，力挺国产纸，抵制外洋纸：“扑灭洋纸，爱国青年都欢喜，大家同心抵制。指天发誓，要做到个澈底，无论何时何地，定购用国货纸，把漏卮塞住，便是立于不败之地……”类似这样的报道在《申报》上并不少见。政府对此也有动作，1932年7月28日国民政府教育部通令各省市教育厅局转令各书局，“嗣后刊印中文书籍及教科书等，一律采用国产纸料，借以提倡国货而杜漏卮”。不过，我国当时的现代造纸工业十分落后，因此客观上不可能不仰赖进口。所以无论民间的呼声何等高涨，政府至多也只能“提倡”而已。至于教育部的通令，从后来的实际情况看完全形同虚设。

但是，对于“日货”则又有不同了。民国时期，国人对日本的仇视痛恨情绪普遍存在，特别是随着日本军国主义对中国领土的步步蚕食，反日情绪持续高涨。由此，提倡国货的同时，尤其强调抵制日货。在当时的主要纸张进口国中，日本一直扮演着重要角色，进口量甚至一度居于首位。特别是在东北、华北地区，东洋纸基本占据进口纸份额的最大宗。除了新闻纸之类的传统机制纸外，日本还制造出了机制毛边纸，其状类似我国的传统手工纸，但是价格却便宜得多。因此，日本纸业对我国纸业的冲击尤其明显，由此抵制日纸就成为抵制日货中的重要内容。

《抵制日货之考察》，正中书局，1933年11月出版

在抵制日纸方面，行业公会发挥了关键作用。一般是上海市

商会统筹，纸业公会会同书业公会和铅印业公会组织实施抵制行动，对于阳奉阴违仍私自使用日货的商家实行惩罚。新文化书社私自盗用日纸案便是在这样的大背景下浮出水面的。此处提及的新文化书社正是一度领“一折八扣书”风潮的那一家，其所印制的“新式标点之古版书籍”自然也应该是“一折八扣书”。这次的事件据称是源于纸业同业公会所属检查队收到的“密报”，不知道是不是因为生意做得太好，被人盯上了。

1933年11月17日，《申报》刊登题为《市商会公布新文化社购用劣纸　纸业公会正式检举》的消息，将纸业公会、书业公会和上海市商会有关此事的往来函件予以公布，从而使我们能够了解到其中的细节。

在接到“密报”后，检查队当即前往举报中所提及的两家印刷所突击检查，果然在其中一家名为“华文”的印刷所内查获日货报纸，据称是新文化书社送来的；又从新文化书社购来民国二十二年十月（1933年10月）印制的《聊斋志异》一部，对其纸张加以鉴定，认定确系日纸。市商会接到纸业公会报告后，即分别向书业公会和铅印业公会通报情况，责成分头展开调查。铅印业公会查实报告称，“新文化书社购用日纸，华文印刷所明知其为日货，并非拒绝代印，均属违反抵货公约”。书业公会对纸业公会送来的书样核验后亦认定“确系日货”。但是“新文化书社并非属会会员”，公会自然不便以会员约定追责非会员书局，遂向市商会请示处理意见。市商会复函称：“除将来函披露报纸，期供各界严正批评外，并应由贵会通知所属会员，与该社杜绝业务上之往来，以示与众共弃之意。”

第二天，新文化书社刊登“紧要声明”对认定其私用劣纸一事表示“殊为骇然”，并将“最近各纸号发票十七页送呈市商会”，并请派员调查以明真相。

12月17日，市商会公布调查结果，新文化书社所提供的十七页发票确系采购西纸凭证，但其采购数量仅为同一时段书社实际用纸数量的十分之四，则“搀用日纸为一事，而向各纸行议用西纸又系一事，两者未便相混”，强调新文化书社私自使用日纸“自当认为实在”。

19日、20日两日，新文化书社致函市商会，并在《申报》刊登声明，为自己叫屈。这份名为《新文化书社为被诬羼用日纸事特再郑重声明并请各界公评》的声明矛头直指纸业公会，言辞颇有咄咄逼人之势，且摘录部分：“窃思敝社自被诬羼用日纸后深信雄辩莫逾于事实，忠贞无惧乎谤伤，故坦然以进纸发票十七页，呈请市商会派员澈查，证明实在。讵意市商会仍以此责诿诸纸业公会，而纸业公会始终未派一人来社审核。今竟采取外界风影之谈，诬称敝社最近所进纸张不止十七页发票所列之数，谓达一万余令之多，不知何所见而云然，何所据而云然。岂仙人袖底自有不可测之阴阳，葫芦中更有不可说之妙药耶，殊令人笑诧莫名矣，抑更不知所称外界，究属何界，究系何人？该公会何妨以堂堂之鼓，振振之旗，摘奸发覆，昭告天下。奚事藏头露尾，其人物疑为乌有先生，其行迹等于匿名揭帖，其用心殆亦不问可知矣。窃思纸业公会，为正当法团。既具摘奸发覆之心，应宜实举告发之人。实揭隐匿之证，与敝社质讯无讹，然后昭告社会，与众共弃。庶足以折服人心，而使人无可置喙，乃竟漠然视发票为不足凭，置簿册而不加察，凭外界流言，锻炼周内，持为铁证。如是则赵高擅指鹿之绝技，曾参蒙杀人之奇冤。欲加之罪，固何患无词乎，然一手终难尽掩天下人之目，‘莫须有’三字，似亦不足以服天下人之心。”这篇颇有些“气势”的声明通篇指责纸业公会以莫须有的罪名强加于己，其中必有阴谋，要求纸业公会交代其中黑幕。

新文化书社的这份声明虽然名义上是冲着纸业公会的，但感觉上颇有同时在向上海市商会、纸业公会和书业公会挑战的味道。之所以有这样的“底气”，我以为其一是前文提及的，新文化书社并非书业公会会员。其二便是转移公众注意力，希望将大家的关注点转移到所谓“黑幕”上去。其实，在这份“驳斥”声明中，新文化书社除了做出“对于日纸，早经屏绝，账册具在，随时得以检查。自问此心，无愧无怍”的表态之外，并没有拿出有力的新证据。更有趣的则是最末的话“再以后报章若再有不负责任之攻讦，敝社恕不再行驳覆”，这多少有点外强中干的感觉了。

次日，上海市商会即将回函见诸报端，严词驳斥：“查贵社羼用日纸一层，早经该公会提出贵社发售之《聊斋志异》为证，此事举发者虽为纸业公会，而鉴定者实为书业公会，书业公会本以维护同业利益为天职，既据该公会认定确为日纸，足征其出于至公，为贵社对于纸业之检查，则谓父攘子证，其言已出于不伦，而对于书业之鉴定，则又称系同行嫉妒，是两法团之报告，几于均不可信，此贵社自行袒护则可，而本会断不能同此见解，要知同行嫉妒一语出于书店与书店之间则可，至于公会立场，自甲乙以至于全体均为同业，无所究其彼此、统定于超然地位，故本会认为书业公会之鉴定，非贵社所得而推翻也。”

至此，此案算是锤落音定了。

书局的“腿脚”

——发行琐话

随便翻开一本民国书，去看看它的版权页，只要不是太过潦草，一般都会注明出版者、印刷者、发行者的名目。其中，关于发行方面的信息多会注明发行机关的名称、地址，有些也会注明分支机关的信息。在版权页上标注发行信息，并不是出于行政当局或者行业公会的硬性规定，只要看看民国图书中形制各异、繁简不同的版权页，就可以知道并没有统一的规定。

通常情况下，发行机关也就是书的出版机关，比如商务印书馆出版的书，自然也是商务发行；但也有例外，例如某一个团体出版的书，其发行机关可能就是一家书店，也就是将这本书包给书店代为发行，收益两家分成。版权页上如果注明“总经售”或者“经售处”之类的字样，通常是这种情况。承揽“经售”买卖的一般是专司书刊贩卖的书店，不过也有一些书店，依托自己比较成熟的发行渠道，代为售卖与自己所出图书风格类似的书刊。生活书店就曾经开展过这样的业务，后来为了进一步加强管理，还曾经制定过有关的办法。当然，也有些“心大”的书局，版权页上的发行信息经常“付之阙如”。

这样看来，发行信息是不是加、怎么加，恐怕更多是出于书局营销的需要。比如在版权页上标注自己门市的地址，可能为的是招揽本地的顾客，也方便外地的读者或者书贾取得联系；写上自己在外地的分支机构，甚至注明地址，可能是为了方便外埠读者或者书商就近联络。至于商务、中华、大东、世界这样的大书局，在版权页上密密麻麻地罗列出一堆分号所在的城市，似乎多少有些“低调炫耀”之嫌，使读者或者中间商晓得自家的实力，感叹到底是书业大佬！

半个多世纪后的今天，当年凝聚在版权页上的那些良苦用心、精打细算恐怕早已经为历史的灰尘所遮盖，很多细节我们都不可能再知晓了。不过，这些信息提示我们，一本书从印刷出版到最终摆在读者的案头，中间到底经历了什么是值得注意的，因为这个过程也是一部书生命的组成部分，更是民国出版史不可或缺的重要部分。

民国时期，任何一家书局出版一本书，只在出版地一隅售卖肯定是远远不够的，即便在出版业的中心上海，仅靠这里和周边地区的销售收入恐怕也很难回本营利，所以还是必须广泛地到外地去发售，以广销路。而向外地，特别是到内地贩卖就需要建立自己的销售渠道，这就好像是书局的腿脚一般，没有顺畅的渠道，再好的书恐怕也只能在货栈里睡大觉了。当时有业内人士把不重视销售、不懂得建立有效销售渠道，视作很多中小书店经营失败的教训之一。可见，建立有效的销售网络对出版机构来说绝对是关乎生死的大事。而民国时期的书局，除了有数的几家大书局之外，大部分都是中小书局，甚至还有一些挂一块书局幌子的“杂货铺”“皮包公司”。书局的实力、出版规模、出版内容，都会影响它们对销售网络的选择。

从我见过的史料来看，民国时期的大小书局选择的发行渠道主要包括两种。第一种是自建发行渠道，也就是在不同的区域建立若干分号，由总部派出若干管理人员，在当地招聘若干店员，组成分号的工作团队，负责一定区域的销售。第二种则是委托各地的中间商在当地代为销售。此外，也有两者兼顾的，在一些地区自建分店，在另外一些地区则主要依赖中间商。当然，除了这两种之外，还有后来逐渐发展起来的邮局寄售业务，不过占主流的还是前两种。

对于第一种，显然不是一般书局能做得起来的。建立自己的发行渠道首先要有充足的资金和比较健全的管理团队，以及完备的管理手段。如果总部都只是草台班子，在各地建立自己的分支机构简直就是痴人说梦。纵观民国时期，能够建立起属于自己的分支机构网络的书局，实在为数不多，比如商务、中华、世界等。抗战全面爆发后，生活书店为了适应发展的需要，曾经在20世纪40年代初期大力扩展自己的发行网络，在大后方地区先后建立了40多个分支机构。自建分支体系的好处是显而易见的，比如有利于销售推广。因为是自己的下属机构，在营销策划上可以统一部署，相互配合；各地的经营也可以因地制宜，办出特色。这肯定与单打独斗的效果有着天壤之别。这一点尤其在发行教科书上更为明显。当时中华、商务等大书局之间教科书的竞争最为激烈。每到开学前夕，各地分局分馆的经理就要四处活动，当地的教育机关领导、中小学校校长等关键人物都是他们公关的重点对象。各种或明或暗的手段也在这个时候展现得淋漓尽致。可以说，正是各地分支机构在当地的长期活动和关键时点的定向公关，才能保证可观的教科书订购数量。而这样的事情，无论如何是无法交给旁的书贾来做的。

在特殊时期，大书局自己的发行网络更是能够发挥无可替代的关键作用。

以商务印书馆为例。曾经在商务印书馆供职的张毓黎先生在其《商务印书馆总管理处迁渝时期的工作概况》一文中，回忆了抗战爆发后商务印书馆所处的艰难困境。抗战爆发后，特别是太平洋战争爆发之后，由于东南地区特别是香港的沦陷，商务印书馆的重要分支机构和香港造货基地先后丧失，虽然如此，到1943年商务生产已经重上正轨，恢复了日出新书一二种的传统。张毓黎先生认为之所以能取得如此令人瞩目的成绩，既要归功于当时商务骨干力量的勉力经营，同时资金链的保障也至关重要。20世纪40年代入职商务印书馆的陆廷玨先生在其《抗战时期重庆商务印书馆琐记》一文中说得更为明白："这时商务在后方还有十来个分馆，各分馆都有一定数量的存货。我们就是靠这些分馆的营业款来经营的。诚如古语说的'百足之虫死而不僵'，商务在各省重要商埠设的分馆在这时起了重要作用。"

我们还可以通过张毓黎先生对贵阳分馆工作情况的回忆，了解更多细节。据他回忆，贵阳分馆在保证营业收入和加快资金周转方面主要做了两方面的工作。第一是做好本版教科书的发行。当时商务的业务收入主要依靠发行中小学教科书，而贵阳分馆负责整个贵州省中小学教科书的发行。教科书的采购主要由县政府或县教育局统一办理，购书数量大而且都是现款结算。对于这些"大客户"，分馆都是直接与之保持长期联络，不假书贾代销，这样既可以减少中间环节，压缩成本，而且可以保证资金的快速回笼。第二是努力疏通交通运输。运输效率与资金周转效率有着直接的关系，而战时大后方的交通十分困难，所以要想保证货物的运输顺畅，必须花费很多精力。贵阳当时是西南地区的交通要道，无论是分发至各县的教科书，还是由其他地区转运至此的商务版书籍，很多都要由此发运或经转。要保证各批次货物能够顺畅周转，分馆不仅要安排人手随时处理各方面的运输业务，而且还要想方设法疏通当地的关系，上下打点。甚至在一段时间里，"贵阳分馆不仅在贵阳要办转运，而且还派营业主任王庆丰常驻独山，有时还要到金城江，接运并办好转运工作”。此外，贵阳分馆每日所收款项均是当日汇至总管理处。这么做一方面是为了保证资金及时到位，另一方面也是防止货币贬值造成不必要的损失。

除了商务印书馆之外，从相关史料记载看，各家所直属的分号都会承担类似的职责，发挥类似的作用。

说完了大书局，再来说说中小书局发行图书所依赖的“腿脚”——各地的书商。

中小书局因为没有足够的能力和资本搭建自己的发行渠道，自然要依赖第三方的力量。当时各省相对繁华的地方都有专事贩卖发行的书店，先是以贩卖古籍居多，后来新书业逐渐发展，也出现了以售卖新书为主的书店。不过，随着时间的推移，新书店与旧书店的界线也就没有那么明显了。书商的规模自然有大有小，比如佩文斋、豫郁文等字号都是在当时颇有规模的书商。我就曾经见过一些国图馆藏民国书，在某个不起眼的地方印着“北平佩文斋”的蓝色印章，这应当就是它代图书馆采购的图书。当然，更多的则是中小书店，主要是在当地贩卖，间或与附近的学校联络，向老师、学生推销自己店里的书。

上海的书局和各地书商之间的买卖说来简单，就是上海出了书，送到各地的书商代为销售。书卖出去了，再按照一定的比例两家分账。但是，就我看到的一些史料记载，这里面其实有着比较复杂的关系。大体说来，这两者之间是相互依赖的关系，但彼此又有着“店大欺客、客大欺店”的矛盾。书商对于大书局多是比较依赖的，似乎要矮一头；但是对于那些小书局，特别是新入行的小书局则要硬气得多，条件开得也比较高，花样玩得也比较多。这里举几个例子。

先来说说“账底”。张静庐先生在他的《在出版界二十年》一书里对此有详细介绍：“出版一本书，在算盘上打起来，总可以赚钱的，而且赚得很不坏，那么为什么有很多很多的书店会倒闭会归并呢？为什么著作人自己捞腰包印行一本作品，到头连‘造本’都捞不回来呢！这就是‘账底’的关系。换一句话说，就是说你要花上半年一年的精力，将赚来的钱来铺这‘账底’；没有‘账底’就没有人替你贩卖。就是有人替你贩卖，卖出之后还是不还你的钱。这‘不还的钱’说来说去还是‘账底’。”“这‘账底’，也可以说是‘千年不还，万年不赖’的长期欠账。一家书店要先有了一层‘账底’，然后可以逢节逢年，在‘账底’以外的欠款项内，收到三五成已经卖掉了的书款。”很明显，这是书商利用自己在发行上的相对垄断地位，从出版商那里强行获得的一笔额外“灰色收入”。这在当时非但不会受到舆论谴责或行政处罚，反而成了一种业内通行的“潜规则”。

“账底”是当时商业的一种陋习，在一定程度上制约了书业的健康发展，特别是中小书业。民国时期，出版市场经历了几轮风向变化，从最初的鸳鸯蝴蝶派风靡一时，到新文学的大行其道，之后又有社会科学、儿童读物、古籍文献等图书的畅销。一波畅销书的风向袭来，自然有很多书局想要随风而动。这里面除了作者、稿源等问题之外，发行渠道更是至关重要。而把控渠道的中间书商往往有自己相对固定的选择，不会轻易改变。张静庐先生书中就提到了这样的事情。当时泰东书局老板赵南公预感到鸳鸯蝴蝶派的书已经是回光返照、难以为继，准备另起炉灶出版新文学图书。而这个时候，他就遇到了类似的问题。泰东“是出版《新华春梦记》一类小说书的，它已经将推销《新华春梦记》一类书的发行网布定了”，也就是说已经在这些书商那里铺了一层“账底”。现在泰东要弃旧举新，但普遍保守的书贾却不一定肯跟着一起动。因为在他们眼中，新文学书销路未卜，要担风险，而眼前《新华春梦记》之类的“旧书”收益却是相对稳定的。

因此，泰东要想改弦更张就不得不寻找新的中间商，相应也要再准备一笔资金用来铺新的“账底”。用张先生的话说：“泰东要放弃现成的‘账底’而另行‘打桩’，真是相当的困难。”也难怪他感叹说“一家旧的书店，要放弃他的上了年纪的旧的一切，转变为新的书店，真是一件很艰难的事，还不如痛痛快快地另开一家新铺子来得容易得多”。李衡之《书店杂景》中关于“账底”的评论正合适作为总结：“出版新书愈多，垫下去的‘死资本’也愈多，存货也愈多，账底也愈多，一切都‘愈多’，而活动资本则愈少了。”

对于中间商，一些文化界和书业人士是颇有诟病的。1935年6月29日《申报》登载的樊仲云的《一个出版界的自救计划》一文，总结了当时出版界“最感困难之点”：同业间的竞争、中间商人的操纵、账款之不易收回、书籍推销的困难。其中有两点直接与中间商有关。总结《申报》上一些文章的观点，对中间商的诟病主要集中在几个方面。

第一，抬高了书价。《一个出版界的自救计划》说：“上海的小书铺所最无可如何的，便是各地的贩卖，不得不委托一般书商。因为这种书商在中间的盘剥，上海经营出版业者，于其所出书籍，定价不得不高，然而其所收入，仍是七折八扣，甚至连血本也不容易收回。而读者购书则例须依照定价十足，或竟外加邮费。故中间书商的存在，于出版业者为不利，于读者亦只有感到高抬价格的苦痛，实为文化发展前途的障碍。”同年7月13日所载冷峰的《关于书的定价》一文，更是给出了具体的“定量分析”：“一本书的成本二角五分，书店老板所以要定价一元，理由是著作人要抽百分之十至二十的版税，就去了一二角；代售的书店来批发，打一个七折，就得去三角，这样，两角五分的成本，已经变为七角五分了。再加上代售书店欠账的利息，自己在报纸上所登广告的费用算他去了一角五分，那他成本两角五分，卖你一元钱，他也不过赚了你一角。”作者痛斥道：“我们只有骂那一班书商了。他们向出版界批发，自己居中竟要赚三角钱，真是黑心达于极点！”

第二，拖欠账款。1935年9月21日刊登的器重的《出版业衰颓之检讨》说，一些书局为广开销路，除了给外地书贾大折扣外，“还将账目拖放”。但是等收账之时，书贾的货款“七折八折已是幸运”，还有的书贾干脆把代售的书退回来抵账，给书局带来不小损失。《一个出版界的自救计划》还提到了这样的情况：“因如今日的书商，常利用小书局之各自为政对于甲书局之款项，简直置之不理，甲书局方面因其远在外埠，不便往索，于是只得自己吃亏，决定以后不再批书与彼，在甲书局，以为这样当可置书商于绝境，然而事实不然，他因为与乙书局的往来，仍旧可以批到甲书局的书。所以除非甲乙丙丁等书局能一致联合，外埠欠款不还的书商，仍旧有法子可以批到各书局的书籍。”

此外，对于内地一些书商的眼光水平，一些业内人士也颇为不屑。李衡之的《书店杂景》这样评价：“那些内地的书贾，他们之经营书业，与经营洋布杂货并没有分别，不过把书也当作商品之一来贩卖，对于文化、学术，甚至书的内容，并没有一些意见——根本莫名其妙。”

书业中人尽管对于内地书贾抱有十分复杂的感情，但是仍离不开他们，所以还要极力拉拢。《书店杂景》记载“每逢有内地的书贾到了上海，各书店的经理跑街等，彼此间有些感情的，即辗转相告，好像是来了个活财神似的，请客、拉拢，各尽其能。如那书贾，带了一些现金来付账或办货，则其旅馆中更是门庭如市，同业之间，往往还会因此发生龃龉”。

附录

这里收录了四篇史料性质的文字。《书店杂景》和《各书局印象记》是两篇刊载于《申报》的长文，作者均为李衡之先生。从李先生的记述推断，他当是业内人士，且十分留心时事，因此在很多问题上讲得很透。《开明书店创业十周纪念特刊》刊载于1936年8月1日的《申报》，占了两个整版。《特刊》汇集了多篇回忆性、评论性的文字和题词，是研究开明书店历史不可不读的重要史料。这三篇史料对于我们了解20世纪二三十年代出版业生态很有价值。《独立出版社的苦斗》一文最大的特点是，作者花了大量笔墨，不厌其烦地记载了20世纪40年代初期重庆等大后方地区出版物资的具体价格，对于了解这一时期大后方出版业的具体情况具有意义。

书店杂景①

李衡之

一些小常识，不是生意经

（一）开书店

老先生说：“哼！开书店，现在才有的事！”这意思，表示老先生看不惯所出的书既非“经史”，又非“子集”的那些新书店，其次，那也是实在的，“开书店”这个“风气”，确是一九二七年左右才开展起来的。以前不是没有书店，但不是今日的那种新书店，以前不是没有人开书店，但“开书店”并没有成为智识份子，一种“风气”。

在以前，所谓书店，主要的无非是那些什么“山房”“书屋”之类，专印旧籍的书店，（在上海还很著名的如校经山房、扫叶山房，有正书局等），自维新运动以后，外国的新学制输入，中国的“学堂”也稍稍变了质，新的教科书的印行，有了需要，新的书店随之产生与发展，但直至五四以后，新文化运动澎湃以起，但所有的“新”书店

① 内容上除排版错误外，一律按当时用字录入。

不过还只是商务印书馆、中华书局、文明书局等几家而已。后因商务印书馆的发展特别庞大，除了一般讲究版本的先生们向北平旧书摊及各地藏书楼去收买“明版”“宋版”以外，一般小学生中学生（甚至大学生）心目中，所谓书店，不过就是商务印书馆而已。于此，可见“书店”的“寥落”。

且不论是文化的进展推动书店的发达，还是书店的发达引起文化的进展，总之，那个时间，在文化圈里，实在是太寂寞了。除了些教科书，不痛不痒的所谓社会科学书，以及半新不旧的小说（如林译小说，小说世界所代表的野人记等译本，也是此类）以外，去翻一下当时所谓大书店如商务、中华、文明等几家的书目，究有一些什么对于文化推动有关的东西？

我们得赞美国民革命所引发的出版界之新的动力！一九二五年左右，就以上海来说吧，出版界方面发生了新的刺激！泰东在当时还不见引起大家注意，光华书局成立，创造社出版部的创设，北新书局的南迁，对于上海遂称为“出版界中心”的出版界，无异是在静沼中投下了几颗石子，接着春潮、南强、乐群、新生命、开明、黎明等几家接着兴起，遂造成了盛极一时的“开书店”的风气，当时一般青年对于出版界的认识为之一变：不但不认商务为唯一的书店的代表，而且认商务等于是以前的“山房”“书屋”，古书书店、旧书业、新书店，成为三种性质不能调和的东西。

（二）书店的种类

造成当时开书店的风气的原因，起先最主要的见一种抑压已久的文化界的突变，随后，由于这种需要的增加，新书店纷纷兴起，惟其性质，略有不同，这种不同是基于“开书店”者的动机不同而来。根据开书店者的动机不同，当时的新书店可分为几类：

第一，作为政治斗争之工具的书店——这是一种进步，各党派已知道了除了军事的斗争以外，文化上或宣传上的斗争也是必要的。于是仅次于报馆，有甚于学校，同为文化斗争之地盘或根据的，当是书店了，因之为了政治上的野心，很多掬出钱来开书店或争夺书店的。当时长江、江南、创造、复旦等以及各倏现倏灭的书店，都是属于此类。

第二，作为文人地盘的书店——文人，望文生义，自然是会写文章的人，虽则也有不文的文人，也有文而非文的文人，不过总是“例外”。文人的文章，有的见为了没有出版的地方，有的不满意出版的书店，于是，好的，自己来办一家吧。新月、金屋、春潮，等等都是文人书店之例。但是，你得知道，文人也是有“种类”不同的，这种说受人家剥削，不满别人家的出版，即自己开书店的文人，无疑的是有钱的文人。如非“我的朋友”胡适之先生所题：“愿金屋中人不忘，天边新月，优哉游哉，有如此者！”

第三，“文人市侩”用以牟利的书店——这种书店性质与第二种虽似相近，而实有别的，第二种书店的文人，虽则不能说完全没有牟利观念，但比较上，还是以“自己出书”的成份为多，但这第三种就不然了，开书店者也是能动动笔杆的人，他们看见开书店是好卖买，于是摇身一变，由文人而“专心一志”地为市侩，去经营书店了。怎叫做“文人市侩”呢？这是新名词辞典中所找不出，而是根据上海四马路上一位大“书店企业家”所口谈，“老实说，虽则我们也是文人，但我们已成了商人，不客气说，就是市侩，市侩自然是重利的，所以对于作者的稿费版税自然省一些好一些”。于是乎产生了文人市侩。

以文人而一变为书商而开的书店，如张松涛沈松泉两先生之于光华，张静庐先生之于联合、现代、上海杂志公司等，都是因开书店而放弃了笔墨生涯的例子。开明书店的章锡琛先生，在《妇女杂志》及《新女性》时候，虽不敢称之为中国男性“柯仑泰”，但笔力千钧，也曾有过不少青年读者，现在已成为谁都知道的我们的章老板了。

第四，纯粹书商的书店——也就是全为市侩牟利性质的书店，他们看见书店能赚钱（这当然成为历史上的陈迹了），至少是一大部份，于是也忙着开书店，有的是小规模经营，好像看中了青龙白虎，偶然的下他一注，老板就是伙计，一身兼有全部的职务，这种书店因开支省，发展困难，而倒闭也较不易。如四马路上的光明、文艺等几家，便是其例。也惟自己一窍不通，以好开书店也是和开杂货店似的，谁都可干，于是开手就大做，到底一场无结果，如新宇宙、南华等几家，都是因此闭门大吉。

第五，由办杂志而扩充开来的书店——办了一种刊物，觉得生意不错，读者也很广，于是进而办书店了，如《新女性》之于开明，《新生命月刊》之于新生命，《生活》周刊之于生活，《黎明月刊》之于黎明，都是其例。最近，据说中国农村经济研究会与中国经济情报社因出版《中国农村与经济情报》，得了好评，也扩充而成立了新知书店，《新生周刊》不幸夭折，闻邹先生回来又在筹划新生书店，《经济常识》因《新闻报》的广告效力而行销较广，随之也就产生了经济书店，这些书店，也都可归并于此类的。

第六，由旧店新扩充的书店——随着开书店的风气的推动，有许多旧书店也纷纷扩充起来，旧躯壳中灌注进了新生命。如大东，出一些武术法律等书，不是很好吗？突然的大收其稿。成立了今日这样很漂亮的门面。神州国光社的碑帖字画是很赚钱的，可见突然又来了《读书杂志》，以及什么蒲列哈诺夫之类的一大批新书，民智书局以出售党义书籍出名，在杨幼炯先生主持下也出了许多国际政治及法律等新书。世界书局的特征是红玫瑰与江湖奇侠，那知突然来了许多ABC，不足，又是大批的大学丛书、中学丛书之类的许许多多的新书。

第七，不，没有了。并不是没有了，若再加上去，未免要重复了。如不嫌繁琐，还可以分的，至少，还可以分出一种“莫名其妙的书店”。在过去不久的现在，大家盲目的争开电影公司，由莫名其妙的成立，结果也莫名其妙的关门。当时也有许多这种的新书店。阔老们听了人家的怂恿，拿出几万来开一家书店，结果，没有好久就倒闭了。再其次，这看新近的事，党国要人开书店，甚或“半官”性质的书店也发生了。

还有，是的，还有那些“以宣扬文化为职责的书店”还没有提到呢！但是，究是那几家呢？亚门，我们只能说：所有书店都是的！

（三）书店的资本

书店的资本在实质上和其他各业的资本并没有二样，不过在资本的征集上，因出资人的性质不同，遂也有了分别。依照普通的集资方法，不外乎：一、独资，二、合伙，及三、公司组织三种，书店也近是。但是你要知道，“开书店”这个卖买，也许是在“百业”之外，并不是谁都知道做，谁都会做，以及谁都愿意做。因此，公开招股，以公司方式来组织的，除了商务、中华等几家所谓大书店外，委实不多，有之，似乎只见□年前开明书店于报端公开的招了一次股，其他各新书店，虽则也有公司组织的，但公开招股的却不多见，原因非各书店不愿招股，而是即招股也不会有人来应招故。

要知道新书店资本的来源，当先知道新书店须要多少资本，如不嫌过大的话，那末，我们可说，少至数十元，多至数百万，都是一样。这话怎样说呢？你不见，只印薄薄数十页一本书，而创立一个书店名称的，不是很多吗？这样的书店，不是数十元已够了吗？至于数百万呢？那话固有些过大，但实际上，新书店对于资本的需要，确是无限制的。

新书店最好的应用资本的策略，是把所有资本，除开一部份必须的开支外，全用在出版新书上，书店营业的发达，以售书的多少为定，要书售出的多，非种类多不可，这样，就使书店对于资本的需要，没有止境了。因为，譬如出版一本书，成本是二百元，待书一出版，这二百元是非全付不可的（书店有意使印刷所及著者作者“吃倒账”，自当别论），但书不能立即售完，即使售完，又不一定能收回全部账款，于是，出版新书愈多，垫下去的“死资本”也愈多，存货也愈多，账底也愈多，一切都“愈多”，而活动资本则愈少了。因此，除了几家发展到了顶点的大书店以外，新兴的书店，尤其是在发展的过程中，随时随地在渴求新的资本。今日上海四马路上各书店没有一家不感到流动资本的缺乏，这是不能完全归罪于新书业不景气的，一部份还是由于书店的“资本构成机能”使然。

于是，各书店的资本来源以及取得的方法，不得不出之于下列几途：

第一，独资，所谓独资有好几种，有的是书店老板自己经营书店，而自己出资的，这种书店，大半全是市侩书店，规模也不大的。还有是非经营者出资，在过去数年中，颇有些军政要人，党国先进，听了一般文士的包围怂恿，拿出几万几十万，来开一爿书店的，这种书店，在今日已有很多倒闭，但还有一二家，到没有钱了的时候，由出资者开一张支票，这样一张一张地在继续着。以前，有几家书店，营业部根本没有账目，有一家，经理死了，往来的客账即无从查起，不知道的人以为是笑话，如知道了这种书店集资的内幕，自然不足为奇。

第二，合伙，这种合伙多见之于文人自己所开的书店，几个写作的朋友，集合在一起，大家拿出些钱来，书店是成立了，但不知道新书店是不时需要新的资本去滋养的，文人根本没有这末多的钱，因为无以为继，以致中途夭折的，这种书店真是太多。

各种有趣的拉资本的方法，也多发生于这种书店中。如侵吞作家稿费，作为新股，即其一。因为文人所开的书店，对于著作者大多有些认识，如有人在他们那里出书，他们便对你说："你的稿费一半作为股款，加入我们的书店吧！"这样，在名义上是增加了新资本了。其次，于熟人，"老朋友，请你也来加入一股吧"，钱拿到，先付了房租，甚至是先作了拉股者本身这一月的薪金，直到闭门大吉，出资者还不见发来股票的，也是很多。

第三，公司组织，但真正的依照公司法办理的，在上海新书店中，很不多见。除了一二家大书店外，有许多新书店，虽名为股份公司，事实上不但没有官红利，而每年的营业报告也是不见的。

还有一种吸收资本的方法，且是一种不很好的方法，即书店吸取存款。其中佼佼者，当推世界。此外，即如开明、儿童等，也都有同人存款。银行存款，长年利息不过七厘，书店存款则在八厘至一分之间，在书店方面说，这比向银行出九厘去透支好些，但在书业一般衰落中，营业结算很难有一分的纯利，所以，所谓存款，实是饮鸩止渴。

（四）总经理

在各书店中，总经理的职权和地位各不相同，这是由于书店组织的性质所决定。在名义上，总经理的职权和地位是在书店中至高无上的，而在实际上，虽有的书店是如此，但也有和一般小伙计无异者。其所以如此的缘故，是由于总经理的产生方式所决定。如总经理就是这书店的老板，那末总经理的职权不但至高无上，而且也和其书店的寿命相始终。如北新的李氏兄弟、上海杂志公司的张老板，以及开明的章老板等，都是老板或是创办人而兼总经理的。另方面，完全由于雇佣——不，完全由于聘请而来的总经理，有权的固不少，而无所为的也很多。如以前世界的沈知方先生，已去世的现代的洪雪帆先生，他们在其书店中，都是很有权威的，几和那些“独资老板兼任总经理”无异。此外，我们知道的，商务的王云五先生，差不多可说是“狄克推多”，现在生活的邹总理，职权也极大，据说邹氏回国时，生活同人的欢迎会上，一片“我们的总理”之歌颂声，盛况为出版界空前所未有，而同时，来无所为，去无所由的总经理，也所在多是，如以前新月的总经理，差不多隔多少天换一个，现在华通的总经理究是谁，也常使人捉摸不定。

每个新书店的工作，有二大部份，一部份是出书，别一部份是营业，如何推进营业，自然是总经理份内之事，而于出版方面，则未免有些问题。除了那些无所谓的总经理，根本上无权过问出版情形外，重要的原因还是每个总经理，对于出版未必和对于营业同样的有经验。试问，在各书店的总经理中，都能如王云五先生似的，在国外一个月中能遍阅数千本科学管理法的究有几个？所以，在总经理与总编辑之间，未免常有龃龉，不是总经理想去过问出版事宜而总编辑不愿，就是总经理与总编辑之间对于出版意见的不合。因为，总经理是偏于“生意眼”上面，而总编辑对于“生意眼”未必有什么经验，这是冲突的主要点。

其次新书店大部经济情形较为支绌，不得不量入为出，这与总编辑的出书计划，也相违背，因而常有总编辑决定了稿件，甚或发出了稿费单，而总经理属下的会计，坚持不发的。以前，书店总经理因此与著作人或编辑打架的事件，时有所闻。不过，总经理与出版统一起来的也很多，在那些老板兼总经理的书店，自然是无问题的了。

实在说吧，新书业到现在还在垦荒时期，尤其是现在，更当风雨飘摇之际，总经理的责任是极大的，有许多书店的盛衰，都以总经理为转移。总经理大部兼任营业主任，有的甚至不设营业主任，所有营业事务，全由总经理独揽。这于书店的营业极有影响，纵有好书，而没有好的推销，书是不能不胫而走的。但可惜在新书店中，总经理官僚化与恶化的也还是有。有的总经理“做小货”，即把易销的书，多印一版作为自己的收入，或是自设纸行或印刷所，与自己所担任的书店相交易，决不命其书店“不吃亏”。有的书店总经理吞公款，有的总经理腐化，彷佛一做书店总经理，即踏上了做官的云梯，天天去官场鬼混，甚至有的以为自己已是了不得的大亨，于是天天开房间打麻将叫堂差。这表面上虽属于个人的私事，但其影响所及，对于出版界文化界的损失是多少大？

（五）店员

新书店的组织、规模大小各有不同，所以店员的情形，也很差异。书店规模大的，分工自必较繁，店员的种类自必也较多，如商务中华等几家大书店，各部分工颇细，同为店员，自分部主任，以至小伙计，其性质是截然不同的。但同时，大部份的新书店，如四马路上林立的，都是规模不大，因之，所谓店员，其职务大都是差不多的，有的甚至老板、经理、店员，都是同一人（当然也有几个别的伙计），这种家庭作坊式的书店，店员所处的地位自与大书铺不同。

大概，在规模不太大，也不太小的新书店中，店员是有相当重要性的，因为在这种书店中，除了经理等二三高级人员外，支撑营业全部的，便是这种店员，因为其分工不大，所以性质也差不多。而且，今日新书店中，正是这类书店为多，所以我们这里可即之为对象，来谈谈其中比较有趣的情形。

先说店员的来源。因为新书店的历史还不久，所以完全为适应新书店的需要而产生的店员，并不很多，有许多书店的店员，大部还是旧式书店中的伙计，这种人，他们称之曰内行，此外，即称为外行。在这里，也可看出新书店经营方式的非现代性。不过，这不过就多数而说，并不是说新书店没有新式店员，反之，现在即在逐渐发展起来，那些从旧式书店店员所转变过来的店员，很有被淘汰之势。

店员的雇佣，权在总经理或经理手中，所以总经理或经理对于店员决定的作用颇大。就因为新书店大部份还没有走上现代组织之路，“封建的”因素还很大，反映于店员雇佣上的，便是同乡及亲戚的援引。你看，就是开明，那里的店员不多是绍兴人吗？洪雪帆时代的现代，所有店员不多是宁波人吗？再如北新，大部份店员，据说也是与李氏有关的，其次，规模更小一些的新书店，自更不必说了。

比较这种情形更落后的，还有学徒制度的存在。有许多书店大部份的店员都是学徒，有的甚且全部都是学徒。这是新书店经营者很大的一个认识错误，他们以为书业也是和其他售式商业一样，可以利用“价廉而又便于控制的”学徒来负担一切职务。以致新书店的店员大多一知半解，甚且连字都识不了多少，你走进这种书店去，不但那些店员不知道来怎样招待你，而且，有时你问他有没有那一类的书，他会拿出绝对相反的书来给你，你指名问他要那一本书，即使这本书就放在他面前，他也会瞠目不知所对，甚而竟至说没有。要这样的人来发展新书业，真的，不亦难哉？

好像为适应时好，各书店也曾有过一时，大家竞用女店员。在日本、丸善、三省堂等几家大书店，所有店员几全是女店员（男店员大多在较高级的指挥地位），而其能力大部比中国的男店员还强。譬如你问他要《托尔斯泰全集》，她会进而介绍你《杜伊托夫斯基全集》等，她们店中有的书决不会不知道放在那里，有时，这书是她们那里所没有的，她还会告诉你可到什么地方去买。而在中国，女职员一般的还免不了花瓶的尊称，就是在作为文化事业的书店上，也还是一样。最早，雇佣女店员的是张竞生博士所创立的美的书店，那里的女店员好像只懂得张博士的几本大著，使一般书痴子，一进美的书店，反弄得像是乡下人进了跳舞场。后来，上海各业对于雇佣女职员的风气比较开通了一些，大家对于书店的女店员比较没有以前好奇了，但是，据个人的“私见”，好像一般书店女店员的能力还是不很高明，而且，仍免不了“点缀”之嫌。大东书局在门市部新屋落成的时候，各部有许多女店员，这些女店员，对于顾客的应酬似乎有些勉强。随着大东景气的消逝，女店员也真和瓶花一样，不久即消失。现代在扩充门市部的时候，也有一批“美丽”的女店员，有几个本想到里面去揩油翻阅文学书的穷朋友，因之却步，有时有顾客对她们作卖买，很有几个女店员表示出一种羞怯的样儿。和大东一样，现代的女店员不久也消失，这更表示出女店员好像是书店在有钱时候的一种装饰品。现在书店雇佣女店员的已不多，女店员的能力也不见增加。

经过现代式训练的店员不是没有，商务等大书店且不说，如生活，对于店员的训练便是很严的（这大概就是职业教育的效果吧），店员的效率似乎也比别家为佳。据说，他们所收的店员大多受过相当的现代教育，也没有学徒的制度，有之，那不过是现代式的练习生，不过，我们知道，在工业组织中，资本主义经营中的职工，有时的待遇反比家庭作坊为劣，据说，在书业中也有同样的情形。

书店的店员每月所得不过一二十元，就是女店员，虽则还有一笔装饰上的额外支出，而所得报酬，也不过一二十元而已。在此米珠薪桂的时期，自然是仰不足养父母，下不能养妻子的，于是，书店店员很少安心于其业，这使各书店的经理很感没有好店员可用之苦。书店店员的出路是什么呢？如不改行，那末，他们看到书籍成本与价格之间的差额之巨，便想侥幸自作“老板”。有时我们看到只印一二本书的书店，那便是店员想做老板的尝试，也有幸而成功的，其成绩或收获便是那些现有的家庭作坊式的小书店。至于如“创造社小伙计”周全平等似的，由店员一跃而为作家的，实在不很多见。

（六）总编辑

我们说过总经理在新书店中地位的重要，但如和总编辑相比较的话，那末，总编辑更是新书店的灵魂。本来，在名义上说，每家新书店大多是分作营业部与编辑部二大部份，总编辑是编辑部的主持者，其地位已够重要。何况更有甚于此者，即：一、有许多书店的开设，最初的目的是在出版书籍，尤其是用以达到某种目的的书籍，营业如何，倒还其次，在这种场合，总编辑便是这书店的惟一灵魂，如总编辑的意向与开书店原来的目的不合，则此书店便是有等于无。二、有许多书店，名义上虽有编辑部，虽有几个编辑，但在实际上，所谓编辑部是徒有其名的，几个编辑的工作无异于校对员，自然一切的出版方针全由总编辑一人的意向来决定。

明了了总编辑在新书店中的作用，对于各书店的出版趋向，即有线索可寻，大概，各书店出书方针的决定，固有许多因素，但总编辑的意向，总是最大的决定势力之一。譬如开明，在其初期，章先生由《妇女杂志》的主编而为《新女性》的主干，对于妇女问题，自必较有兴趣。因而关于这方面书籍的出版，也特别的多，稍后，夏先生主持编辑部，因他是个有历史有经验的中学教师，于是造成了开明为中学生的书店。新生命书店由陶樊先生等主持，所以关于中国问题及国际政治经济的书籍出版得最多。黎明书店始终由孙伍先生主持编辑部，所以政治经济的书籍，尤其大学教本，与英文文学书，出版了不少。北新在语丝社诸君未脱离以前，是一个有名的文学书籍出版机关，后来，自赵先生主持以后，作风即为一变。再如本来与商务对峙的中华，近年来虽有新书出版，虽不太坏，但也没有特色，在出版的种类中，好像教育方面的书籍成份较多，这与舒先生自然不无关系。也有本身一无所偏，亦即一无所长的总编辑，他对于出版的决定，自然是莫明其妙。大东在扩充时收下大量稿件，结果不是没有出版，便是出版了也少有人要，那当然要由（总）编辑负责的。

关于书的出版，由编辑部分工审查计划的不是没有，不过大多的新书店规模都不很大，除总编辑外，有三个以上的编辑（校对员及“事实上”的校对员除外）的书店，实不很多。即以编辑部略具规模的书店来说，如开明，虽有多位编辑，而职权总是有所偏的，编辑部分工最细的是商务，但是书籍的最后决定取舍，还是在于王先生。所以，即使我们说，在新书店中，总编辑（总经理兼任的自也在内）无例外的是书店的灵魂，也不为过。

因为总编辑的地位是这样的重要，所以各书店对于总编辑的人选特别重视——不，事实上各书店的总编辑无所谓其“选”的。为出书而开办的书店，其总编辑自然即是书店的开办人，否则，各书店的总编辑也必是与书店关系最密的人，如大股东、董事，或创办人的亲信之类。所以，有许多新书店，总经理颇有常换的，而总编辑掉换的却不多见。

自然，我们不能不提那些纯粹商业性的书店。在这种书店中，老板或创办人对于总编辑的职务多是外行，他们的关系人也很少是内行，于是遂不得不去请教外人。因为有这种书店的存在，曾有一个时候，总编辑也成为文人逐鹿的目的物之一。角逐总编辑，也和官僚逐鹿禄位一样，很多是用尽卑陋的手段，甚且利用政治的力量，来对这种书店的老板压迫，当时，有几个书店中，很有几个“钦差”编辑的存在。就为了这样，有几家书店遂不得不常换总编辑，有几家，就在总编辑的几次掉换中，闭门大吉。如新宇宙等，便是这种情形下的牺牲者。

如纯粹站在新书业的立场，来论断总编辑的好坏，则总编辑究应具备那几种资格呢，我们以为，总编辑因需要较高深的学术基础，但不能有过深的偏见，而且应该对于各部门的学术，都应有多少认识。一个书店与其请一位学术特别高深而无一般常识的专家，还不如请一位对于各方面都有相当常识的文人。此外，总编辑对于出书，不但要顾到市场关系，而且，还要顾到学术的价值，并以学术的影响，去改变市场关系——即读书空气。

（七）校对员

在新书店的编辑中，除了总编辑以外，我们不提其他人员而即说校对员的缘故，是因为校对这一件工作比较不为人注意，而事实上却很有趣而重要。书业中人当然知道校对是怎样的一回事，但业外人也许知道得不多。所以，我得先告诉你，所谓校对，简单的说，便是在书籍排印的过程中，根据原稿，改正印刷所送来，已排好而尚未印好的未定稿。这工作不是很简单吗？于是在新书业发生的初期，各书店中由校对而发生的趣事，真是太多了。

“校对”可以说比“剪报”还难的一件工作。剪报，不是很容易的吗，有什么难呢？但根据有过剪报经验的人的报告，最初是没有不失败的。譬如，第一你得知道材料的取舍，第二又得知道材料的分类，这种工作要是由没有经验的人来做，就是你告诉他那段新闻要剪他也会只剪前一段，把刊在另版或另行的下半段忘了，校对的情形固然不同，但其困难，在原则上实是一样。

没有经验的书店老板（或总经理、总编辑，总之，是负责人），以为校对是易事，起初大多不肯出较高的钱去请校对员，有的甚至即命学徒担任，以致新书中错误百出，一般著作家，有的不满意别人的校对，又以为校对是易事，常要求书店把稿件自校，结果比较书店中学徒所校对的还糟。校对似乎多少有些神秘的事，学力欠缺、文字程度欠佳的人，以为校对只须一字一字地对照就得，自然会错得不堪设想，反之，就是由原著者来校对，在其校对的时候，觉得很满意了，但待书出版后，也会错得连自己都不能相信，有的甚至以为是印刷所改错了。

这并不是给书店的校对员故意吹嘘，事实上校对确是须受相当熟练的工作。校对员固然不需要学者专家来充任，但中等以上的学力清顺的文字能力，是必须具备的。最好，校对那一种书籍的校对员，对于这一门学术有相当的认识，这可对于校对工作更有帮助些。一个尽职的校对员，不但能看清楚原稿，使校稿与原稿无异，而且还要知道原稿上笔误地方，在相当范围内，予以校正。

现在各书店中校对员的情形怎样，因为校对员不及总编辑的有名，所以我们不能个别的申述。不过就一般而言，校对员的地位是很低下的，仅略高于普通店员而已。有的书店甚至不雇佣校对，即由上至总编辑，下至学徒，大家分担校对的责任，因之，一般小编辑与校对员之间，更不容易分别。有的自称为编辑，事实上不过是个校对员。一般人以为校对接近学术工作，校对的学力容易进步，殊不知即使把某本书校阅了二三次，结果书中说些什么，校对员也是很难了解的（主要原因是工作断续不定），不过，比较□普通的店员，校对员的向上机会，自然要多些。

（八）生意经

有许多人（尤其是自己写一些文字的所谓作家之流）以为只要书的内容好，人家自然会来买，所以经营书店的主要问题，不在于销路而在于出书。有的比较精明些，顶多也不过知道书出版了后，还需要广告的宣传而已。就为了这种认识不足，有许多的书店闭门大吉，有许多作家因之和书店老板吵架。

一切商品的决定条件在于市场，书亦是一样。国际资本主义的商品倾销，必须中国的买办，才能深入内地各处，决不能因其价廉物美，即可不胫而走。新书店所出版的新书，欲达到读者之手，也真是谈何容易。除了一二大书店在各地有分行外，其他各书店的新书欲侵入各地销售，正和国际资本主义国家的商品需要买办一样，非经过内地书贾的贩卖不可。中国因统一市场机能的衰弱，各种行业仍有基尔特的残存，这种内地书贾，也是同样的有帮口。中国旧式商贾的腐败，是尽人皆知，这并不因为新书业是属于文化事业范围，而有所例外。

书贾亦可称为内地的书店，他们的来源有两种不同，一种是由前贩卖石印《神童诗》《百家姓》等旧书的书贾蜕化，另一种则随新书业的发展而发生，到现在，他们之间已没有分别，其惟一营业便是把上海等埠各新书店的新书，贩卖到他们的所在地去。他们的规模各有不同，有的很大，如华北的佩文斋、豫郁文等，都还有他们自己的支店，布置等严密的销货网，但大部都是规模小的。他们惟一营业方法，是与当地的学校联络，以推广他们的卖买——自然，这也只有少数，大多数亦仅是一个门市，做些广告，引诱读者自动来购而已。但就是这样对于新书业影响已不少，如没有他们，你的新书即无法到达他们那里，你即少去了那里的市场。自然，这也是由于中国教育水准一般低落使然，否则需要书的读者，大可以来函购，根本用不着他们的中介。但事实上，中国新书读者，能随时留意自己所需要的书籍出版情形，用各种方法来购买的，还是不多，除教科书外，一般书的销行，都无非："呀，有那样一本书吗，买一本吧。"书如不能放到读者眼前，即不会有销路。

就好了这样，上海新书店的经理及跑街们，即非拉拢那些内地的书贾不可。但是那些内地的书贾，他们之经营书业，与经营洋布杂货并没有分别，不过把书也当作商品之一来贩卖，对于文化、学术，甚至书的内容，并没有一些意见——根本莫名其妙。他们所最重视的是：一、这书有没有销路？二、这书的定价与折扣如何，是否有利？三、这书是否有政治上的问题，即是否会因贩卖这书而被公安局封门？（过去，这种事情太多了）。他们的利润，全在书的多量售出，这样，必然使他们倾向于几家大书店，因此，他们的营业主因，都是依赖几家大书店的书为基础，对于新开的小书店，因不知道那种书是否稳健，可以数量不多，根本无甚出入，故多不愿代为经售，以之，常有这样的趣事。

“不要，这种书没有销路的，往来记账多麻烦！”内地书贾对新开的书店的经理说，虽则那些书是最有价值，亦最有销路的。

“朋友帮帮忙，就求你带去试试看，送给你也可，销不去可不必寄回。”精明的经理这样的哀恳。待书贾把书带到内地，一售而空，读者又纷纷往购的时候，利之所在，书贾自必不得不问那新书店要求添配，那时新书店经理现的计划即成功了，不是借此问书贾索款，即甚至款不来，书亦不发。

小的新书店，如发展其推销网，固不得不拉拢内地书贾，而内地书贾因商品根本来源所在，却又去奉承那些大的新书店。他们的方法最重要的是订特约。所谓特约，即某一区域范围内的营业独占。各处我们所见到的，除“某某书局某地特约经售处”以外，还有什么“某某店某地分店”，这种所谓支店分店，大都均是与本店不相干的，不过特约经售而已。新书店利用特约经售的关系，可以接受若干保证金，又可规定特约经售处，每年至少作若干的营业。如那书店出的书确实好销，那末，经售对于该店自必惟命是听，否则，如新书一经停发，只有闭门大吉。以故，新书店中规模愈大，收账亦较易。有人说，在新书店大多吃倒账，或收不到账的今日，商务经售处的账是不会收不到的，即由于此。

为要推广销售网，对内地书贾，不但小书店尽力拉拢，即大书店亦多加青睐。内地书贾，或是老板，或是经理，大多每节或每年来上海一次，以便就近结账及配货。中国新书业同业公会的组织，固不见得有多少重要的作用，而上海四马路上却有一种自然的团结。每逢有内地的书贾到了上海，各书店的经理跑街等，彼此间有些感情的，即辗转相告，好像是来了个活财神似的，请客、拉拢，各尽其能。如那书贾，带了一些现金来付账或办货，则其旅馆中更是门庭如市，同业之间，往往还会因此发生齟龉。那家的账付了，那家的货配了少，大家会角逐起来。

中国旧式的商业往来，建筑在所谓"交情"之上。"我和你有交情，你得多付我一些款，多添我一些货"。制造"交情"的方法，是花酒、鸦片、麻雀、看戏等等，以前如此，现在也还多是如此。我们虽不敢说新书业的卖买全是这样的，但谁也不能否认这一套还是有。因此，时常有来上海办货结账的书商，结果是满身梅毒，归不得也哥哥。这当然大部要归咎于自己的意志不强，而亦不能说与那种不正当的应酬无关。有人说，中国商业的衰败，由于交易制度的不良，我们如借用这话于新书业上，则新书业做"生意经"的方法，委实需要加以改良。

（九）书的价格

书的价格也是生意经中问题之一部份。书的定价本是没有一定标准的，但各新书店出版的书，其价格水准好像相差无几。决定书定价多少的因素，主要的是成本、内容如何，好像新书店的经理们尚少注意。不过，间有几种很"冷门"的书，自知不需要者，即奉送也不受欢迎，需要者即高价亦购，因而定价较高外，其他的书彷佛都是以篇幅多少作为定价高低标准似的（装帧纸张自然也有关系）。

据一般的情形来说，书的定价大部均在成本的四倍至五倍之间。如这本书的稿费、印刷费、纸费等总和第一版以二千本计算，每本成本若是二角，则定价多在一元上下，如书的销路好，售价又不打折扣，则书业这卖买，真是不坏。在新书业发生的初期，各新书店纷纷开张，就是为了这个缘故。记得当时很少有打折扣的事，廉价的机会也不很多，有一个时候，因纸张涨了价，各新书店还来过一套什么“同业公议，照码加一”，其盛况可知，现在的“全部新书，一例对折”，“一折八扣”等廉价，在当时读者心目中，从没有想到会有这样好的机会的。

固然，当时书的定价高，书业颇为景气，但即以现售没有折扣来说，书店所得的纯利，亦并没有吾人所想像的那末多。例如定价一元的书，除了少数在门市部现售的外，批发给同行，至少七折，等收款时，又复来一个回佣及折扣，复加上资本的利息，所得恐已只有五六角之间，再加开支消耗，倒账损失，以及前“书店的资本”节中所述，生财账目的无限制增加，常使初版新书，无利可图，如抽版税，甚至还要赔本。又出新书，近于投机，未必全有销路，如有呆销的书存在，影响更大。新书店所期望的是再版书，但因中国读者数量之根本不多，欲思一般的参考书，有万本以上的销路，实非易易。因此，新书店能发展成功的，遂也少见。

还有一种情形，影响于定价很大的，便是做“生意经”的方法，新书店如了要推广其销售网，尽量讨好于内地书贾，这种书贾对于书是什么都不知道的，只知道代理折扣大，回佣高。但如依从他们的要求，新书店必然亏本，否则书又无法推销。于是新书店中聪明的经理们，想到了两全其美的方法，即学马路上的洋货店，明中大喊廉价，暗中抬高码洋。因之，近年来，书业并没有发展，而书的定价则日高。

因之，就发生了一个奇怪的现象，即读者购书，到上海本店去购，其价格往往比在外埠代售处要高，在上海本店售实价的书，在外埠七折八折，都可购到。上海的各代售别家书的书店，对于某大书局的书，往往并不就近向其直接配购，而反向外埠的代售处辗转购来，其代价比向其本店直接购买者为廉。代售者不增加手续等费，而其价反较本店为贱，岂非怪事？但如我们知道了上述的原因，即可无所惊奇。新书店本店也何尝不想跌价以广招徕，但这是与内地代售处的利益相冲突的。如本店现售实价，同行批发七折，内地书贾满意了，但若本店也以七折出售，而不予同行以七折的七折，则各地的代理者均将会把书退回。所以，精明的读者，常多不向本店购书，而转向于代售者。

一九二九年后，因文化运动的衰落，读书空气一般的消沈，新书业已感受打击，自世界经济恐慌发生以后，读者的购买力更形枯竭，于是“全部新书半价”，这种空前的惨象即被逼发生。这并不见读者的福音，而是新书业破产的朕兆。除了一二家大书店为排措别人倾销外，大部份都见亏折血本、以相挣扎。你不见不是有许多在过去有历史的新书店，现在都入于停顿状态？他们的营业衰落了，开支是一样的，不把存货尽量售出，也许即可被逼关门。自最近币制改革以后，纸价及其他成本显然增加了不少。但你还能和以前似的，因成本增加，来一下“同业公议，照码加一”不能？新书业的全部崩溃，恐怕就在不久的将来罢。

至于那些“一折八扣”的无版权书的翻印，虽云是一种畸形的现象，并不是直属于新书业范围内事，但也可反映出今日的中国出版界与文化界，已走上了怎样一个阶段了。

（十）收稿

回过头来，再来谈谈新书店出版方面的情形。其中最重要的自然是收稿是出书了。

各书店的收稿态度，颇有不同，大概的说，在新书业发生的初期，各新书店大多是接受外稿的，有几家，在开办或扩充的时候，甚至像惟恐没有稿件付印似的，收稿很滥。如华通及大东神州等，曾有一个时期，大收稿件。所以这时，曾产生了大批以卖文为生的“作家阶级”，据说，当时还有人组织译书著书的“托辣斯”，一本书，一个人译十页，二天便可缴卷，上海著名某“学者”，据说还组织过什么学社，招请了一批失业的动笔杆朋友，给他私人译书。大量生产的某三角恋爱小说家，其作品是否完全亲出其手，也曾为大家讨论的有趣题目。有几个作家，不但不怕稿子没有出路，而且书店还须出钱预约，如郭沫若的稿费，千字均在十元以上，张资平也说，他的稿子非千字七元不售，懿欤盛哉，大量的“天书”即随之出现。有许多社会科学名著都译得使不懂原文的人，比读原文还难懂，如《史的一元论》《经验批判论》等，即以中文的文字来说，有那一段是可以读得下去的？但也因为当时各书店收稿容易，乃有大量的卖文阶级产生。时至今日，还有许多人互问：“在上海，单靠卖文可以生活吗？”告诉你，朋友，这是历史上的陈迹了。

这个景气时代并不长。过后，各书局虽不如以前样的盲目收稿，但收外稿的书店还是很多。卖文的朋友最感到兴趣的问题是：一、这个书店是欢迎那类的稿件的，二、那个书店里我有熟人。以为解决了这二个问题，收稿即有百分之九十的把握。因为自己，亦曾在书店中当过小编辑，知道实际情形并不是这样单纯。关于第一个问题，如我们以前说过，因书店主持者观念不同，各书店出书的方针固各有所偏，但这并不是说，你的书与他们性质相合，送去即可收下。反之，往往愈是方向相同的书送去，更会被退回。这不是奇怪吗？原因是：譬如某一书店比较，以中学生书籍出版为多，则该书局对中学生书籍的出版必先有了较详细的计划，而且主持者亦必长于此道，你的稿子送去，未必适如他们计划中所预定，而又感到缺少者，往往不是与他们已收或已约之稿相抵触，即是与他们的观念相冲突，你的稿件内容的好坏，还是第二问题。不信，你看，各书局中比较有系统的书籍，不是特约有关系者的译著，而是外面偶然的投入者，共有多少？

关于第二个问题更是愚蠢。据说中国只有一家最大的出版家，在过去，接受外稿，对于投稿者的“面子”是很有作用的。有时，这部稿子根本无用，但是你有“来头”，他们也会把你接受下来，接受了后，可改的，他们的小编辑给你重改一遍出版，实在太糟了，付了稿费，束之高阁。但自受了一·二八的炮火以后，这种情形已很少见。其他规模小的书局，除了那个盲目收稿时代外，因有熟人而接受你的稿子，这根本是梦想。因为，那些小规模的新书店，决定稿子取舍的总编辑，大部是与书店有切身关系的股东之类，出版一本书，所费成本至少也得数百元，如你的书，在他们的观念中，是不能赚钱的，他们肯单单为了“熟人”的关系，而给你牺牲数百元吗？

除了书业鼎盛的时期以外，各书店虽接受稿件，但都经过严密的选择（大都站在生意眼上），接受稿件的方针，主要的不外两种：第一，在他们预定的计划之中者，第二，是书店主持者本身的稿件，普通的股东还是没用。不过，话又得说回来了，如你的稿件能适合该书店的出版方针，而又有熟人介绍，比较是好一点，这好处是他们至少要考虑一下，并且给你一个较快的答覆。

上述情形，还仅适用于新书业尚能维持的时期，至若新书业趋于崩溃的今日，这话又需加以若干的修正，你看，除了商务、中华等三数家之外，谁还在继续出新书？终算比较成功的新书店，如开明、新生命、生活、黎明等家，虽仍还有新书出版，但其数量较之以前为何如？在这种情形下，自然卖文阶级没有了市场，必然趋于没落了。

不过，这种打击主要的只是以卖文为生的所谓文人或著作家而已，真正有研究，研究并有新的发现与成绩的学问家，影响并不多。这话怎说？很明显，在中国前者与后者虽则同样写稿，而是有很清楚的区别的，那些卖文的著作家们，对于他所写的东西，不一定有什么研究，甚且他写的什么，自己也不能十分了解，不过为了“卖”的关系，不得不抄一些英文日文之类的外国文，或东拼西凑的拉拢一些统计数字，组成一篇文或书样的东西而已。中国今日现有的作家，大都是这样的人，否则，在出版业相当热闹的过去数年中，何以像比较化了一些功夫，有一些新的发现的著作（内容正确性如何自当别论），如梁氏的《先秦学术思想》、胡氏的《中国哲学大纲》等的书，还是这末少呢？至于真有价值，及新的发现的学术专著，因为数量根本不多，出路似亦不会因之断绝的。

不过，就是那种卖文阶级的文稿出路减少，站在出版界的立场说，自然也是出版界衰落的可悲现象。

（十一）出版新书

自新书店的出版新书的潮流来看，除了一二家有其特定的方针外，全部的新书业差不多是一部投机史。自然，书店的出书，在相当的范围内，必得适应客观的需要，并且有时还得去发明，并进而去创造那种与文化有关的需要。但是，只是一味的随波逐流，追随人后，粗制滥造，则虽有新书店，还不如无之。

如以形式的阶段来分，则新书业的发展，可说是由于文学书所引起。在军阀政治重压之下，智识份子的苦闷，最好的自必只有向文学上去求发泄。因之，前期创造死的浪漫文学，大受青年的欢迎，北平语丝社的讽刺文字，亦受大家的崇拜。创造社门市部成立，北新书局南迁，光华泰东生意利市，于是一哄而起，有许多新书店产生。这个潮流，可称为文学的时期。

但是新文学还没有建立若何基础，一般粗制滥造的文学作品已充斥了市场，有许多不过是中学生校作文簿上的文章，印行起来，也可成为很好的文学专集。如当时所有的刊物，像泰东，只见一些狂喊，如真美善，除了曾氏父子的译作外，也不见有什么真美善的地方。此外，等而下之，更不用说。这样，所谓新文学，自必慢慢儿为人厌弃起来。

同时，经过了国民革命的怒潮，大家对于现社会的认识，需要理论的解释，已非单纯的文学的申诉，所能满足，于是继之而起的第二个潮流，即入于社会科学的时期。新兴社会科学的绍介，自有其客观的需要，但在这个潮流一开始，即为新书业中的市侩所破坏。他们无选择的出版社会科学的书，把许多名著译成天书，致使许多青年对于新兴社会科学见而生畏。如现已归并于现代成立不久后，即继出文学书及儿童书的联合书店。且以“专门社会科学书店”相标榜。则当时社会科学书籍之为书业市侩的利薮，可以想见。但是好景不常，这潮流因政党煽动作用，及市侩投机，终于不久即告消灭。有许多社会科学书籍无从出版了，有的又不受读者欢迎，这个时期，即告终结。

继之而起的，又是文学书的潮流，但与初期不同。这时因经过了理论的涵养，又因读者对于文学书内容的进一步的要求，遂发生了所谓革命文学的运动。一般新书店，以为终究还是文学书的销路好，又开始了文学书的竞争。结果，这运动又因种种关系而消沉下来。

这个时期很使新书店的编辑先生们彷徨，文学书是社会科学书都没有办法，还有什么书好出呢？彷徨中听说儿童书局赚了钱，商务中华的儿童书也很好销，于是大家又转而向儿童及小学生方面进攻。但不久，商务中华两家大书局，来了个儿童文库、小学生文库等大规模的倾销，各规模小的书店，只有屈服于大资本排挤小资本的铁则之下。

儿童书失败，大家想，教科书是学生不得不买的，或者有办法吧。来，出版教科书吧。要知道，教科书根本是大量生产，或大资本独占的卖买，岂容小书店染指其间。中学课本一律八折，小学课本一律六折，商务、中华、世界、大东等主力战开始，实力差者只有败北，其他小书店殷鉴不远，自然只有避走他路。

出演至此，因国内一般购卖力衰落，新书业已走上了崩溃的阶段，其回光反照的表现，便是古书及杂志年的同时出现。出版古书，便是说只有图书馆、收藏家还有一些购买能力。出版杂志，便是说大众对于智识的要求，已不是专书，而是短篇杂志，而杂志中，尤其是幽默刊物及图画杂志。——最近，更由杂志而走到小型报纸，是新书店将慢慢地被排斥于文化圈外（对于小型报纸，据本人的观察，以为在教育未能普及于大众的今日中国，其发展不过是文化更趋衰落的表示，因小型报纸并不能创造新的读者，其读者仍不过是那些读大报及杂志的人）。

试看，近一二年来，各书店有什么书出版，不论是质的方面或量的方面？今日出版新书最努力的要推商务了，每日都在二本及二本以上。但是一部份因中国客观的条件决定，不易产生研究高深的学者，遂也很少有价值较多的书写作。观乎商务每日新书，少见有价值有意义的新书，便可推见一般。其他各书局，大都出书的数量已很少，更无论书的质量。有些书店仍在出书，但时代彷彿逆转。出书的水准只有倒退。有的，虽还不至于与“一折八扣”的市侩争利，但无聊的投机书之出版，已占了主要地位。如“××百日通”“实用××法”等颇见流行。有时，因与他们书店的名誉有关，不敢公然出版，便假造一个书店的名称，表面上只见寄售关系，实则全是他们自己的东西。在出书上，新书店蓬勃的朝气，早已没有了。

（十二）广告术

在本刊数期前，曾有人提出书报评论的问题，希望有严正的书报评论，来指示读者选择新书，实则在今日，除少数例外，所谓书报评论，也只是书店的广告术之一种，所以来谈谈书店的广告术。

每个书店，大部均有广告部，聘有专人设计。我们大家周知的书店广告，是：一、登报，二、发目录及单页广告，三、出杂志（大部杂志的作用全在广告上面）。但是这仅是公开的，书店的广告术还多！有的虽不似广告，但事实上仍是宣传，有的不过是不公开的而已。约略的说，至少有下面几种：

一、卖预约——有的倒不是为了收集现金，而是在使读者知道，这书是这末重要，内容自然可靠，而又是这末便宜，可不要放过了机会。

二、名人题字或介绍——这在过去是数见不鲜的，如出版一本书，请所谓名人学者也者，写上几句，即可大登广告，什么先生评语如何，某某教授先生怎样等等。现在商务的星期标准书，亦可视作本方法之别一种形式应用。

三、优待方法——优待方法很多，最巧妙的无过于去年生活与开明所玩的把戏，开明优待生活各杂志的定户，生活优待开明因《中学生》的定户，其目的无非各为自己的书作广告、拉生意，结果，竟至在报上吵起架来。

四、送新闻——日报新闻栏中，所谓某书店某书已几版，如何如何受欢迎等情，均不过是各书店自己送去的广告。

五、书评或书报介绍——除了以前刘英士编的《图书评论》月刊及少数的杂志如《文化建设》《中国农村》月刊等外，所有的所谓书评，大多都是广告。致送这种广告的方法各有不同，有作者自己假用笔名，写了一篇送去的，有请别人写了送去的，也有自己写了，请编者或其他名人加上一个名字刊出的。据说，甚至有书局出钱包下杂志的书报评论栏，自行送稿刊出的。这种情形实际上并不足怪，你不见各报上什么学校的特刊，什么公司的新闻，形式上好像是第三者的报告，实则是化了广告费的别一形式的广告。同样作为商业组织的书店，自然也有其用广告欺骗读者的权利。

六、作序——尤其所谓名人学者的序，千篇一例的是互相吹捧，广告而已。

七、名人文章——这主要的限用于杂志为多。

八、奖学金，读书会——只要你看，这如由某一书店发起，有没有不读其本店书籍的？即使不是由书店直接发起，书店也颇有利用这种机会的。

此外，尚有许多方法，惟视各书店运用的手段如何，如官厅嘉奖、某某机关推荐等，也多是书店运动而来。

（本文分作16次，分别在《申报》1935年10月5日第十九版、10月12日第二十二版、10月19日第十四版、11月14日第十三版、11月21日第十六版、11月28日第十四版、12月5日第十四版、12月19日第十七版、12月26日第十四版，1936年1月16日第十八版、2月6日第十九版、2月13日第十八版、2月20日第十八版、2月27日第十七版、3月19日第十六版、4月2日第十八版刊登）

各书局印象记

李衡之

商务—中华—世界

（一）商务印书馆——书局是什么？商务印书馆——有二大部份人，都把cgwmon noun的书局，同化于Prober noun的商务印书馆，在一九二五年以前，商务印书馆确是唯我独尊，以老大自居。

国民革命的怒潮推动了文化的巨轮，新书业随新文学与新社会科学以俱起，四马路上，书店蜂起，曾有一个时候，进步的青年，除买教本以外，足迹不到商务印书馆。而商务印书馆并不“随波逐流”，大家说：“哼，商务是没落了！”

但是，不久，情形转变，商务坐视着大批小书局的封门与倒闭，而其自己还是屹然。

“一·二八”日本的铁鸟啄毁了整个的商务。世界开明的教本，在商务停业期中，莫不利市三倍，甚至有以商务的后补者自居的。大家以为，商务是很难恢复了。

然而，日本的铁鸟固然毁坏了商务许多物质，但同时也毁坏了商

改造后新装开业的商务印书馆发行所殿堂（1935年）

务过去根深蒂固的“生产关系”（恕我乱用了这个名辞。）复业后的商务，在一个新的基础上，更是飞跃的迈进。《东方杂志》《教育杂志》又在杂志销数上占了首席。

“商务印书馆……‘每日新书’……‘儿童文库’……《四库全书》！王云五……”（商务又成为书业中的巨灵，且是各书店的最大威胁者）

（二）中华书局——资格差不多和商务印书馆一般的老。但我们在直觉上看不见什么，除了仪器和字画。是的，中华的主要营利的东西是仪器用具，除了那块厂址地产以外。

在出版方面，我们很难看出中华有什么特色。在新文学盛极一时的时候，中华刊出了徐志摩主编的“中华文艺丛书”的广告。直到徐志摩死了，文学书的潮流过去了，我们才看见那几本丛书姗姗而来。“新中华教科书”，曾行销一时，但教部的暂行课程标准“过时”，这套书也随之黯然。

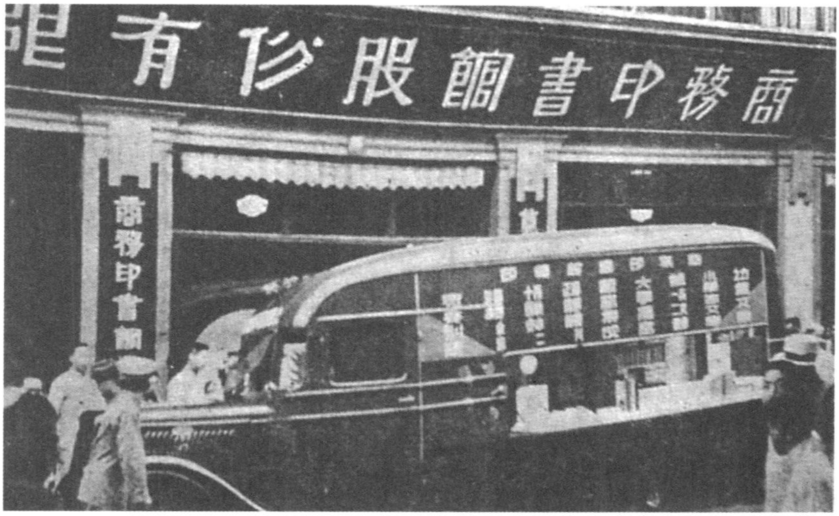

三十年代商务印书馆图书巡回展览汽车

但，在许多定期刊物中，我们不能不推崇《新中华》是比较进步的。短小精悍，而且有时还有几篇非“名人题字式”的学术性文字，尤以过去第一卷为甚。

（三）世界书局——在数量上，规模之大，世界无变的是老三，在以前，提起世界书局，我们就联想到《红房子》《红玫瑰》《江湖奇侠传》，什么艳史、哀史，等等。

不久，世界有个很快的进步，不但中小学教科书出版了很多（而且往往每种书二本，更是特色），就是二三十万言的大学教科书也出版了许多。有一时期，世界和商务一步一趋，竞争很烈，商务有“大学丛书”，世界亦有，商务有“每日新书”，世界亦然，有时，世界且超越商务，如世界小学教科书，某年秋季开学在某地由所谓教师联合会所批定的分数，比商务中华的都高。

但是，世界有许多特色，还是令人莫测高深。如世界银行啦，大华书局啦，世界出版合作社啦，真如群星之环列，为其他书局所望尘莫及。

世界的出版方向转变，是由于“ABC”的利市三倍，然而也许即为此故吧，一般人对于世界的各书，即使是极高深的“大学丛书”，仍免不了“ABC”之感。

开明—新生命—黎明—华通

（四）开明书店——由《新女性》杂志社蜕化出来的开明书店，在后起的新书业中，算得是较成功的一家。

为了《妇女杂志》上发表了较激烈的妇女问题的论文，章锡琛脱离了商务。在一家一楼一底的住宅中，几个朋友计议出版一种妇女问题的刊物，为发行刊物的方便，自然又需要一家书店。《新女性》杂志即和开明书店同时产生。正和北新的初创推动了初期新文学运动的怒潮一样，开明的初创介绍了许多进步的妇女问题的学说。《新女性》上关于“自由恋爱”及“自由性交”问题的论争，掀起了一个大波，虽则因不满妇女杂志的保守而退出商务的“章老板”及其“社员”，在这次论争中，畏缩地维护着所谓性霾的“恋爱”，但柯仑泰的恋爱论等终于也在这个时候介绍了进来。

开明书店在另一方面，可说是中学教师的集团，在文化界中，他们有他们超然的一派。自《新女性》走到了无可发展的尽头，他们便很聪明的和“一般”一同结束，这对于开明是有益的，他们发现了他们的长处，这个转变，使开明推向另一条新的路上发展，那便是中学课本及一般中学生读物的辑编。在这一点上，开明奠定了它的基础，后来虽有什么“中学生书局”等来模仿，但没有一个能赶上开明的。

就性质来说，开明的几种中学课本不能不说是较优秀的，虽则他们想由中学课本而推进到小学课本，在去年，小学课本上曾受到一些亏折，然书的本质还是不错。

不过，不景气笼罩着新书业，开明没有这种魄力可以和商务一样，超然不受其影响。最近《二十五史》等大部旧书的印行，其意义并不是说，开明更进步了，而是恰恰相反，开明在新书出版上已感到枯竭，而为了吸收现金，更不得不以巨量的书来卖“预约”。其次，开明之兴，由于“章氏一家人”似的“家庭工业式”的经营，而现在，开明的范围日大，内部的关系日形复杂，必然的开支亦必大大地增加。这样，如在出版上不能另打出一条新出路，这也未免不是开明的危机。

（五）新生命书局——清党后，《新生命》月刊取得了以前《新青年》《现代评论》《向导》等最流行刊物的地位。差不多各方面的人，都在注视着《新生命》。新生命书局遂在《新生命》月刊的迅速发展中成立。

就实质言，当时新生命书局和民智书局等相类似的“党机关书局”。三民主义的读物，几为该局所包办。但在一般人的心目中，却并不以“机关书局”视之，新生命的许多新兴社会科学的书籍，颇为一般读者所欢迎，而且，也可说，在当时，只有新生命书局尚能供给读者在进步的社会科学方面一些新书。其别一刊物《社会与教育》，更曾获得极广大的读者，这不是矛盾吗？这是新生命书局为他人不能及之处。

随新兴社会科学的衰落，新生命书局亦曾沉闷过一时，而现在又在恢复其原有的朝气了。对于中国社会史研究的专籍，新生命出版者大半。最近《食货》的发刊，以新的方法，来研究中国社会史的意义上，也不能说不是划了一个阶段。

（六）黎明书局——提起黎明，常有人把它和开明相并称，实则黎明的方向和开明不同，其相同的地方，只是：黎明也有个别的书局所没有的特点。

黎明在初创时，可以说是一个大学书店，所出版的书，均是篇幅浩繁的大学课本及社会科学名著，这是其他的书店所视为畏途，也是其他的书店所引为可惊的。接着黎明在农村复兴运动发生以前，出版了许多关于农村问题方面的书籍，不久又出版了许多乡村教育的著作，在事前，颇引起一般“追波逐流”者的不解，但事后，我们不能不说这是黎明的特别地方。

记得黎明以前发刊的一本刊物上，曾表白其自己的方针说：新书业的历史，只是追波逐流彼此仿效的历史，如文学书潮流之后是社会科学书，其后是儿童书及教科书，其后是翻印故书，各家并没有一定的方针。“但是黎明在出版方面并不是没有方针，反之，却有其一贯的方针。我们（黎明）认为新书业的重要使命，是以比较合理的智识，提供于一般的读者，提高本国一般的文化水平。……我们……并不因有什么诱人的波澜而动摇，不但以前如此，以后我们还是如此。”

那是对的。譬如现在吧，在大家正在提倡“幽默”的时候，黎明出版的《世界文学》，态度是那样的严肃。其另一刊物《中国农村》月刊的又是一般瞎吹农村复兴，农村建设的人们所看了即感头痛的。

（七）华通书局——一家由文化圈外的人所经营的书店，其命运，和大东一样。在创办时，何尝不大吹大擂，但现在，也颇有日暮之感。

华通的书籍有一个特色，就是：并不特别坏，如世界大东的什么“奇侠传”“哀史”“百日通”等“礼拜五六”派的著作是没有的。但同时，也没有切合需要或较有价值的著作。以前华通曾有过一种介绍出版品的刊物（名《中国出版月刊》），其中介绍的文字，都是些不痛不痒，使人说好不成，说坏也不能的文字，这种精神也充分表现在华通出版的书籍上。

在以前，华通门市部是很能吸引人的，其特色是收罗广，布置佳，但不久即为别家门市部所压倒，虽也曾应用什么“拉丁区”的咖啡馆为招徕，但就是这咖啡馆本身，也没有观察到读者的“需要”。

大东—北新—现代

（八）大东书局

以印刷所起家，经理善于“营业”的，是大东书局。

四年前，在读者心目中地位不及“亚东”的大东书局，忽然来了一个突变。“大东书局大收稿子”，上海文人辗转相告，每日下午四五时，大东总厂二层楼上一间小小的会客室中，挤满了各式各样的“卖稿人”。等着，等着，“希望”而又“恐惧”的神色表现于每个客人面上。姗姗而来的见《好莱坞游记》作者，新由南京政界退休下来的总编辑孟先生。全室起了一阵骚动。孟先生的判断力实在惊人，不到一小时中，可以应付了全室的客人，并决定好几部稿子的取舍，这样轻易，大有令人想到：这好像是在买青菜咸鱼。在头二天，孟先生差不多使每个客人都带着笑容回去。

上海大东书局总厂

接着大东的新屋落成，

建筑的宏伟，与商务及中华鼎足而三。接着是日报上巨幅的广告，篇幅之大，开书业广告之先河。

但是，曾几何时？大东在教科书上的竞争，遇到了阻碍，《现代学生》万难与《中学生》相竞走，接着又是什么家庭教育运动、教学游戏、加股添开分店……种种，其作用不过成为“盐水针”。现在，大东又回复了以印刷所为生命线的原状，孟先生虽为大东收买了许多名著，但我们读者走进大东，仍感到和未扩充前一样的寂寞。一个出国四年回来的朋友问我：“我的那本书已卖到几版了？”我想了一会，回答他说：“似乎很久以前，在大东图书目录中曾看见一次过。”

（九）北新书局

由北平移植到上海，北新书局在新书业的开创期中，颇著“开路”之功。

据说，北新的创办，出于“偶然”。鲁迅等几位，为想自己的书自己印方便些，于是有了这个集合。在初期，北新书局无异是“语丝社”的外壳，但出于意外的，《语丝》和现在的《论语》一样，造成了一时的风向，《呐喊》《彷徨》《华盖集》等莫不利市百倍。于是北新的基础稳固了，“李老板”遂也由之产生。

一般说来，北新所出版的书籍，即使除了前期的那几种著名的文学作品外，其他的书也很多是在水平线上，很能引起读者重视的。不过，自从新兴社会科学及新兴文学运动发生以后，语丝社在“巨浪”中解体，北新随之进入沉闷之路。接着“小猪八戒”事件等的打击，以及书业的一般不景气，北新即失掉以前的朝气。赵景深先生作了“北新”的“东床”，编辑方针在他主持之下，在出版方面划成了和以前不同的一个阶段。儿童书及中小学教科书之竞争，北新的活泼朝气一扫而空。现在，我们提到北新就想到“李家店”，但也许就为了这个缘故，在“书业恐慌”的今日，北新仍能“安步当车”地慢慢地走着。

（十）现代书局

这个摩登书局曾有一时确乎是很摩登的，五年以前，他因为迎合当时摩登风气，大出……文艺作品，结果致遭了封禁。然而洪老板的本领，毕竟异人，他从这个巨大打击中，把书局复兴起来。他始终把握住摩登的意义。一·二八事变以后，商务的《小说月报》停刊了，他乘了这个机会，出版《现代》杂志，一时成为中国唯一的文艺刊物。这是现代书局的全盛时代。

以后，出现了《文学》,《现代》的作家去了大半,《现代》落伍了，加上施蛰存等的所谓第三种人与读庄子及文选的问题，引起了左翼全面的攻击，于是《现代》乃一落千丈。

与《现代》的活跃同时，现代在书业界有值得特笔记述的一事，便是洪老板对于杂志年的把握，现代书局实首创各种杂志的综合贩卖。当是时，现代书局确乎门庭如市，点缀着三五美丽女店员，真有一种说不尽的旎旖风光。然而好景不常，专门贩卖杂志的小公司，接二连三的起来，现代书局拿手的营业给打倒了。这时候，又来了意外的灾祸，洪老板去世了，于是一时飞跃的《现代》只好随着寿终正寝。

最近，现代经过了改组,《现代》杂志也复活了，但是没有把握摩登的意义，要想复兴可不容易呢。

生活—儿童—神州—太平洋

（十一）生活书店

由《生活》周刊起家的生活书店，在后起的新书店中，可说是最奇特的一个。《生活》周刊，在前期，谁都知道是中华职业教育社的

生活书店外景

“职业教育家”们教导一般小市民们怎样穿衣、吃饭、谈恋爱、做生意……的代表刊物，在文化运动的高潮中，《生活》周刊不但为一般较进步的青年所忽视，甚且卑视，但，并不是真的由于这个刊物内容好，而是由于中国各地读者的程度一般落后，《生活》周刊居然获得了广大的读者。自经一九二七年的革命及一九三一年的国难，《生活》周刊遂崭然露其头角以后，由于代替读者代办书报的发展，生活书店于焉成立。

因《生活》周刊读者网的广大，生活书店代办书报的营业委实不恶，“一·二八”后“商务”被毁，无色彩的《小说月报》等文学刊物既多停刊，有色彩的刊物又不能立足，生活乘时发刊《文学》月刊，这个刊物的发行，增加了《生活》周刊以外的读者的重视。但这时生活所出版的书，还只是略胜于“星期×”派的什么“……一个女子结婚……”等类的东西。

不久，生活书店有个突变。谁也意想不到的“职业教育家”们所办的《生活》周刊，其内容会有激剧的转向：生活书店的出书方针也随着大不相同。《哲学讲话》《社会主义讲话》等硬性的书籍接连出版，生活几成了当时一般青年注视的重心。然晴天霹雳，《生活》周刊被禁了，《文学》也是一发千钧，这个打击阻止了生活的锐进，同时，在营业方面说，这个打击却是生活的“塞翁失马”。

这个打击以后，大家以为生活的东山再起，也不会再有以前的锋芒。但不久，《生活》借《新生》的外壳而还魂，杂志年中，《译文》《太白》《世界知识》同时产生，生活书店又引起了同行侧目。

我们说，生活的奇特，并非指其出版，而是营业，在出版方面，尽管杂志如何众多，尽管《世界文库》的篇幅是如何巨大，但因书籍不多，对于读者未见有何贡献，惟在营业方法方面，实有为他家所望尘莫及的地方，这只要指出二点，即可代表一般：第一，我们当还记得，生活借口优待《中学生》的定户而使精明的开明书店大呼“上当”，其二，巨幅的联合广告中代理发行书之多，为他家所莫及。生活书店现在是走着与其他出版家不同的道路。他以出版杂志为号召经营书籍之代办事业，与近来的所谓杂志公司，可谓同曲异工。

（十二）儿童书局

由数百元钱起家，而现在资本增加到十余万的儿童书局，实是时代的幸运儿。在文学书、社会科学书、教科书等都已“无法可想”了的时候，出版家们遂转而向儿童做生意，这，恰巧给儿童书局着了先鞭，于是营业一日千里，即在总店所在地的上海，也成立了“支店”。

发展儿童书有个困难，便是儿童用书种类不广，未能尽量的增加。儿童书局也很知道这一点，所以，在纯粹儿童用的书籍出到相当的时候，即转而出版了一些幼稚教育及师范教育方面的书。

实在说，儿童书局的各书，在其同类的出版物中未必能胜于他人。在质量上既没有提供新材料，使儿童获得一些“旧的”以外的较清新的常识。在技术上，也未见得比初期儿童读物如商务中华等所出的为高明，有的还觉得有些生硬。在质量上既没有什么特长，而是纯然由于时势所促进，故在商务中华《儿童文库》等大规模的竞争之下，儿童书局的营业必然的要受打击。

再说到儿童书局的幼稚教育及师范教育方面的书，我们就想到这位由“知行”而“行知”的“陶”先生。在陶先生指示下的儿童书局这套书，比较所谓大华书局的“薄薄的一本”当然好得多，但陶先生，我们知道在实际工作之努力方面，是使我们佩服非常的，而在作为实践根据的“理论”方面，则有许多似尚待修正。这反映于他及他所指导的书籍上，于是儿童书局的这一套书，不及黎明开明所出版的了。

（十三）神州国光社

神州国光社原先是等于有正书局，只卖书画碑帖的一家商店，出乎意外的，正当新书业衰落之秋，神州国光社突然的出版各种新书了，锋头之健，在出版界，无与相匹。如各种社会科学名著的翻译及中国社会研究专籍的出版，自《新生命》以后未之有也。《读书杂志》的出版，在文化界上确曾掀起一些波动，中国社会史论战的开展，虽没有什么结果，但其影响是不可磨灭的。

究竟这不是一家纯粹的商业性质的书店，所以其兴也速，其衰也快，“人亡政息”，神州国光社回复了他卖旧书的时代——虽则现在所有的旧书已非古画古书的古籍。

（十四）太平洋书店

这家书店是中落了，它在出版方面，是很平庸的，其前期的书是如此，其“中期”的几本“近三十年中国 × × 史”，也未见有何特色，后者，也许是个挣扎，记得有个什么“文库”的计划，全是“免费”的选录一些杂志上的论文，幸而这计划只完成了几本样本，否则中落也许要更快。

该店在出版方面虽平庸，而在营业方面却曾有过一个创见。那时，新书籍还未见如何衰落，北新开明等因纸张加价，新书价格正在“同业公议，照码加一成”的时候，而太平洋所出的书却在七折六折的出售。这不是它的先见之明吗：“定价高，折扣大？”现在，“一折八扣”“全部对折”，这个风气，说句笑话，还是太平洋书店倡之于数年前呢。

正和“大东”一般，太平洋的生命线又回复到了印刷所方面。

（十五）辛垦书店

辛垦书店，如其名。

在一九二七年以后，上海新书店的蓬勃兴起，有甚于今日的跳舞场。大的书店固然也有，但大多数都如朝生夕死的蜉蝣，有许多书店，只为了出这么一二本书，就有了一个书店的名称。我们不知道这书店的负责人是谁，地址何在，究竟能支持多久。——当然，这现象也不是偶然的，除了商人投机外，主要的原因是为了有色彩的书籍之出版与避人耳目。

辛垦书店，不知创立确期是何时，就我们记忆所及，大概也是在那个混乱的时候，而且最初给我们的印象也只是那种倏起倏灭的小书店之一。至多，也不过是当时“昆仑”“南强”“乐群”的一类，而事实上，还没有这几家煊赫。

但事有出人意外，在各小书店如群星之陨落以后，辛垦却经过了多次的风波，慢慢地改变了大家对它的认识。

辛垦的出版方面在新书业中独成一家，同时也是辛垦所自傲的，便是极硬性的科学及哲学方面纯理论的书籍之介绍。这条路，其他的新书店是很少走的——其理由倒不是如叶青先生在本刊所说，出版界对于这种价值比较永久的书籍不愿出版，且为了各自的存在，这条路委实走不通。以前想走这条路的人家也有过如黎明书局孙寒冰所编的那套“社会科学名著译丛”，其内容是够硬性了，但是，究因限于读者的程度，这类书籍的出版未能使读者的智力躐等飞跃，所以，实际的效力却有限。因此，辛垦的书籍读者不多，销路自也不大。

但就因为其销路不大，更显示其为“辛垦”了，虽则辛垦内部构成者的性质，有不得不如此的客观的原因存在，而它能不纯为“生意眼”着想，而数年来如一日地介绍这种硬性的名著，实有使人不得不敬佩其“辛垦”之努力的。

辛垦以前有一种杂志叫《二十世纪》，销路虽不普遍，但亦和其所出版的各书一样，为一部份人所注目，为大多数读者所称重，现在也许辛垦主持者明了了当前多数读者的理解力及维持营业与内容高深相冲突，现在改出的那《理论与批判》，已失却了《二十世纪》的严肃性，也和学时髦似的，好像朴实的乡下姑娘穿上了摩登的高跟鞋（不仅其附刊的《文艺》如此，即社会科学方面的理论文字，也有些流俗起来）。

（十六）良友图书公司

良友图书公司以《良友》图画杂志起家，在图画杂志中，《良友》可称为资格最老的。在好多年以前，《良友》即以“图文并茂”（实则图胜于文）号称于时，读者之广大，在当时同性质的杂志尚还缺乏的时候，自然是可称“独步”了。

《良友》的成功得力于印刷技术的进步。在当时，《良友》的印刷是最考究的，因为技术的限制，使别家书店不敢在这上面设想，即有一二家同类的刊物，如《文华》，也均不及远甚。因之，良友独步天下，竟悬赏巨款，声言：谁能证明《良友》的销路不是最大的呢？

不过，好景不常，《良友》原先的主编者脱离，虽未蒙如何损失，而“时日”的变迁，终于给予了《良友》较大的打击。第一，印刷技术的一般进步，打破了《良友》在技术上独占的局面，第二，因一般读书空气的沉默，逼使多数出版界注视到“懒懒地睡在沙发上读的”那种图画杂志上面去。你看，在这杂志年中，一大堆杂志中是否以图画杂志为最多？在这许多图画杂志中，以印刷术来说，《万象》《美术生活》等不是比《良友》更进步？以内容言，《时代》《大众》等不是更尖锐、活泼吗？这样，《良友》怎能会不受打击？

不过，正如《东方杂志》“倚老卖老”之为同类杂志中销路最广大的一样，《良友》仍不失其销路最好的地位，虽则今与昔比，或非旧观。

因杂志的读者多，其他书的销路必可“带起”，《生活》周刊之于生活书店便是一例。所以，良友接着出版许多文学书，那是计之得的。良友所出的书，仍有一个特色，便是装订印刷之精美，仍不失为“图画杂志”书局之作用，殊非他家所能及。

在一般读者目光中，提起良友图书公司，便想到那红的绿的美丽的一大堆。在这方面，良友是风气的始创者，也是最成功者。也许就是这个缘故，良友除了软性的读物外，其他较硬性的读物即无把握，如其所出版的《中国问题丛书》，便是一例。现在，良友所最重视的是文学大系的营业，这书虽仍是“文学”，但以史实为主，软中未免带硬，除了治文学的外，“坐在沙发上的人们”恐少光顾，故我们暂在这里预言一下，这书不但不能和其《良友文学丛书》一样，销路上万，恐还不及生活的《世界文库》。

（十七）亚东书局

以考证及标点旧小说而起家的亚东书局，在过去几年中委实发了一点财。亚东的成功（自然只指发财一点）实属侥幸。因为，新青年时代以后，胡适之正在“走红”，几本《胡适文存》是归亚东出的。同时，旧的白话小说因白话文运动而更受一般的重视，何况又加上白话运动的“发起人”胡博士的考证标点，自必更为纸贵洛阳（这种旧小说，在当时有许多，较顽固的中小学中，学生是只能偷看的，自从胡博士提倡后，很多被采作课外读物或补充读本）。而这些书又都是亚东书局出版的，因鲁迅一人的成功，而产生了现在的“北新”，何况当时的胡博士，亚东那有不发财之理？

每家范围较小的书局，因主持者或编辑部负责人的主观决定，在出版方面往往会无形中形成一个系统，或特性。然亚东除标点旧小说外，这种系统或特性是没有的。亚东的新书不算少，也有数十种，而其中，有的是辩证法一类的社会科学方面专著，有的是莫明其妙的“星期×”派的文学，只要去翻一下亚东的图书目录，即可知道该局编辑部的无能，或是主持者根本是对出版无理解的书贾。

不久，粗制滥造的新文化书社等标点书，竞卖于前，一折八扣七扣的标点书潮涌于后，一个在出版上没有方针的书局自必无所措手了。

（十八）女子书店

上海的书店照例是聚集在福州路棋盘街一带，但是也有例外，女子书店便是开设在霞飞路许多鳞次栉比的按摩院中间的。这是女子书店给与我们读者一个最深的印象。次之，则要算是“女子书店”这个名称，但是亦只此名称而止，如其所出版的《女子文库》《女子月刊》等等，则与从前商务的《妇女杂志》、开明的《新女性》等，似相去远甚。然而如《妇女杂志》《新女性》等，不仅编辑撰著者多是男子，且其阅读的分子，亦多为男子，故以女子知识程度之落后，《女子月刊》正足表示其为女子的读物。而如现今时露头角于报纸广告上的《女声》，也正如此，与《女子月刊》堪称为一对姊妹花。可是最近自《女子月刊》《女子文库》的编辑者黄心勉女士以病去世，女子书店的主持者，已不是女子，而为男子姚名达先生，以后的女子书店及其所出版的书籍，或者会有相当的改革罢。

（十九）新中国书店

“新中国”历史不久，现已在沉默中了。新中国在过去并不曾给予我们多少可注意的地方，但自开明迁移新址，新中国移入开明旧址的时候，可也曾稍稍引起大家的注意，而那知自成立门市部以后，新中国反而日趋沉默下来了。

新中国出版的书籍，第一是文艺丛书，接着是儿童读物，此外就少见新书出版，这二种书都是很“适应潮流”的，因为这时候别家书局正在出这一类的书。就因其如此，新中国不得不沉默下来，因为，先入好主，新中国的文艺书与儿童读物是落了人家的后面，而其本身又少有特色，可以抢上前去。对于这样的书店，是很可惋惜的，因为于“营利”及“推动文化”上两者均无所获。

（二十）群众图书公司

这个书店的历史是相当长的，而且颇有老当益壮，虽是风烛残年，仍不畏长途跋涉，跟着别人赛跑之慨。

稍留意一些书业情形的，提起群众，就会想到是“跟着人家跑”。在初期，群众的一些“党义”方面书籍，确曾获了相当利益，但大部是由杂凑而成，经不起别家后起的竞争。不久，随新兴文学的发达，群众也曾了不少文学书，而这些文学书又是去“礼拜×”不远的东西，现在自无立足地了。再后，来了一些“××甲选”之类的编集，这可说是群众出版物中较有意义的。

群众的门市部在现代时代（以前新月）等之间，只有这样小小的半间，因夹在别家漂亮的门面之间，益显出群众的门面狭小了。但群众的门面并不因狭小而失其顾客，不过其顾客大部非自己的而已。以前，因“黎明”的门市附设在群众，使群众的现购生意带起不少，后来，又因上海杂志公司设立在群众，竟至“门庭若市”，但自“黎明”“上海”先后成立自己的门市以后，群众的营业自然受到打击，但群众的“跟着人家跑”是素有把握的，接着自己也改为“杂志公司”并且还出版了几种画报等定期刊物，可是跟着人家跑以“落后”为多，何况其所出版的刊物，不论是内容与形式，都是同样的穷乏，要说群众有可引人注意的话，那只有以前的《涛声》和现在的《芒种》了。

（二十一）广益书局

广益书局主要的是旧书，不过也曾出版了几本新书。据说广益在旧书（古书）方面的营业，每年很可观的，其所出版的旧书性质如何，且不具论，而就新书而言，委实过于投机了。试看所出版的如“×××作法”之类的东西，形式上固很时髦，而内容上则其本身还是大部须研究一下“作法”的。本来，一元或数角一千字稿费的文章，欲不粗制滥造，又岂能得哉？

广益的新书出版现在似乎减少（甚成没有）了，这，我们不能说不是广益的“得”策。

（二十二）光明，乐华，文艺

这三家联合门市部在四马路上，以前曾引起读者的注意，因为，在各书局的书籍还均照实价发售的时候，三家的门市部即标出“本版例七折，外版八折”的长年廉价办法了，自然有许多读者，跑到他们那里去，不过，不久，四马路上有门市部的各家，因营业影响，纷纷不再发书，同时，“新书对折”也随之成为普遍的风气。

这三家书店可说是“家庭书店”的典型，他们小规模的做着，即在编辑上与营业上也很少分工，静观时机，看中了机会，即出这样一二本适应时机的书，有时候，也正中鹄的，如《国联调查团报告书》及《墨索里尼自传》等书，都是营业还不错，不过，在究极上说，他们还不能说是出版家，而是贩卖家。

（二十三）作者书社

在北平，有个“著者书店”，在上海有个作者书社。二者的性质是有些不同的。平津一带有几个“教员作家”（因并非全是大学教授，故未能称为教授作家）或是为了自己的书没有地方印，或是为了受书店剥削，或是以为自己用作课本的一定销路好，所以组织了一个著者书店，自己出钱印书，交给自己的书店发卖。作者书社也是根据“作者自己出书”的需要而产生的，其与著者书店不同的地方，是社的本身全系中间经售商性质，非若著者书店即是著者组织，略近出版合作社的情形。

在外国，出版者与发售者已颇多分工的组织，而在中国，作者书社还是创举。据说，作者书社的主人就是以前商务印书馆代售部的主任。商务利用其分馆多，声誉大，寄售书籍销路自有把握，而且又因为有许多书贩，全靠商务书籍为业之故，对于商务账务自必不敢不理，故给商务代售书籍，不会有“收不回账”之虞。现在世界书局之外，何以会有世界出版合作社与大华书局，也就是这个缘故。自从“一·二八”以后，商务的代售部取销，也许当事者鉴于，商务代售部营业的发达，因而自组作者书社。若然，则在营业方面实有考虑的必要。

第一，作者书社不能与商务代售部相比。商务代售者所恃的有众多的分馆，内地以商务书籍的生命线的各书商不敢拖欠账款，所以对于（一）如何把书推销到各地去，（二）如何把账款收回来，这二点毫无问题。而现在作者书社所恃的是什么呢？

第二，作者书社如把代售书籍分寄于内地各经售者，必然的会发生折扣上与付款上的困难，在著作者自己，以为把自己的书对折交作者书社发售，已是廉到无可再廉，然复交于内地经售者，对折收款算是最高价格，而且内地经售者即使把书售出，未必即将款交来，而大部作者，却不会谅解这点的，这是一个严重的矛盾，而首当其冲的就是作者书社。

第三，中国一般文化水准未发达到较高程度，私人及“非出版界的”团体出版书籍数量不多，作者书社似很难即以之为营业主源，如仍以经售“书业中人”的出版物为主要营业商品，则以普通一般代售书店无异——事实上，作者书社渐有走上此路的倾向。

第四，近来各书店代售营业日趋发达，因其出版物之宣传广告，自易招致读者，如生活、开明、等家，代售的范围，似有凌驾作者书社之势，这未始不是作者书社的一个很大打击。

在这种情形下，作者书社的路线似难走得通，作者书社成立已有二三年，其未能充分发展，想亦就是这种客观原因所限制。

作者书社自身不是一个出版者，本无印象可言，不过其营业的方法是新颖的，有足引起吾人注意。常闻有人提议上海各书店成立联合贩卖方法，这方法很可参酌作者书社的情形。

××××××××××××××

李衡之启事——各书局大概均以六月底为会计年度终了，本人拟调查一年来各书局营业情形，以为出版界今后之参考。至恳各书局将一年来：（一）出书数量及种类，（二）营业数额，（三）所有困难，（四）今后计划等各点，详为示知，待略加整理，即于本刊发表，事关出版事业之前途，想荷各书局鼎力玉成。

（二十四）上海杂志公司

上海杂志公司是杂志年中应时的聪明的创造。它的主人张君本是有经验的书业界前辈，而且以前也是“动笔头”的人。资格最老，而现已倒闭的光华书局与他有关，“社会科学年”（仿杂志年名）中以社会科学专门书店相标榜的联合书店，也是他所创办，以前想做文艺书托辣斯的现代书局，他也曾主持其事。以这样书业的前辈，来经营杂志年中第一家杂志公司，其成功自在意中。

我们认为，杂志的普遍是出版界衰落的一种畸形发展。因为第一，一般读者购买力的衰落，第二，“专门智识需要”的常识化，这样，便造成了杂志的空前发达——然这还有些夸张，事实上，中国今日杂志的发达，仅是图画杂志及幽默小品的发达，与专门的学术毫无关系。

正和文艺书之后是社会科学书，其后是教科书，其后是杂志一样，杂志在今日已快近强弩之末了。第一，有了地位的杂志不能永久维持其地位，新出的杂志太“粗滥”，均可减少读者的信仰，如《论语》，总算是顶红的刊物之一，而现在已慢慢地使读者厌倦。而且，大部份人看杂志，本是为了一些趣味或刺激，这种成分是很难持久的，杂志营业衰落，自在意中。第二，就杂志本身来说，实不是最好的营业，因为杂志的定价廉，常不到成本，以致很少杂志是不亏本的，上海杂志公司本来自己出版好几种杂志，现在都改为经售了，就是为了这个原因。但仅靠经售取佣，其利至薄，上海杂志公司主持者虽干练，恐也难胜过客观的困难。

现在，其他的杂志公司接连兴起，如中华，如群众，固是“上海”的打击，然打击最大的还是各书局杂志经售部的日趋完备，如生活，如开明，其号召力自必更甚于单纯经售杂志者。

因此，我们对于杂志年的前途，实难乐观。

（本文分作9次，分别在《申报》1935年5月4日第十七版、5月11日第十七版、5月18日第十七版、5月25日第十五版、6月8日第十六版、6月22日第十六版、6月29日第十四版、7月6日第十八版、7月13日第十七版刊登）

开明书店创业十周纪念特刊

开明书店与中学青年

郑晓沧

当国民革命军底定江南之日，也正是开明书店诞育之时。其时开明虽甚幼小，却早峥嵘露其头角。不久而夏丏尊先生之《爱的教育》风行宇内，又不数年而林语堂先生之《开明英文读本》亦不胫而走，又不数年而《中学生》，而《新少年》相继而出，闻定户均在数万以上，一时书业前辈，均视为后起之秀，良以开明各重要负责人，均是学术界有声望的人，且取稿凭严格为主，行事以稳健为先，故能取信于社会，吾人不能不信"诚实是最好政策"之名言了。

最近数年中，就我所知，开明所发行的：有朱起凤先生之《辞通》、《二十五史》（内包柯氏之《新元史》）、《二十五史补编》，并重印《六十种曲》《清名家词》，是对于固有文化之努力，颇值得吾人之注意。对于小学教科书，也有所尽力，所出小学教科书，颇震动一时，但最重要的对象却为中学生。

我尝主张中学教育应正名定义为青年教育，此基本观点一定，则

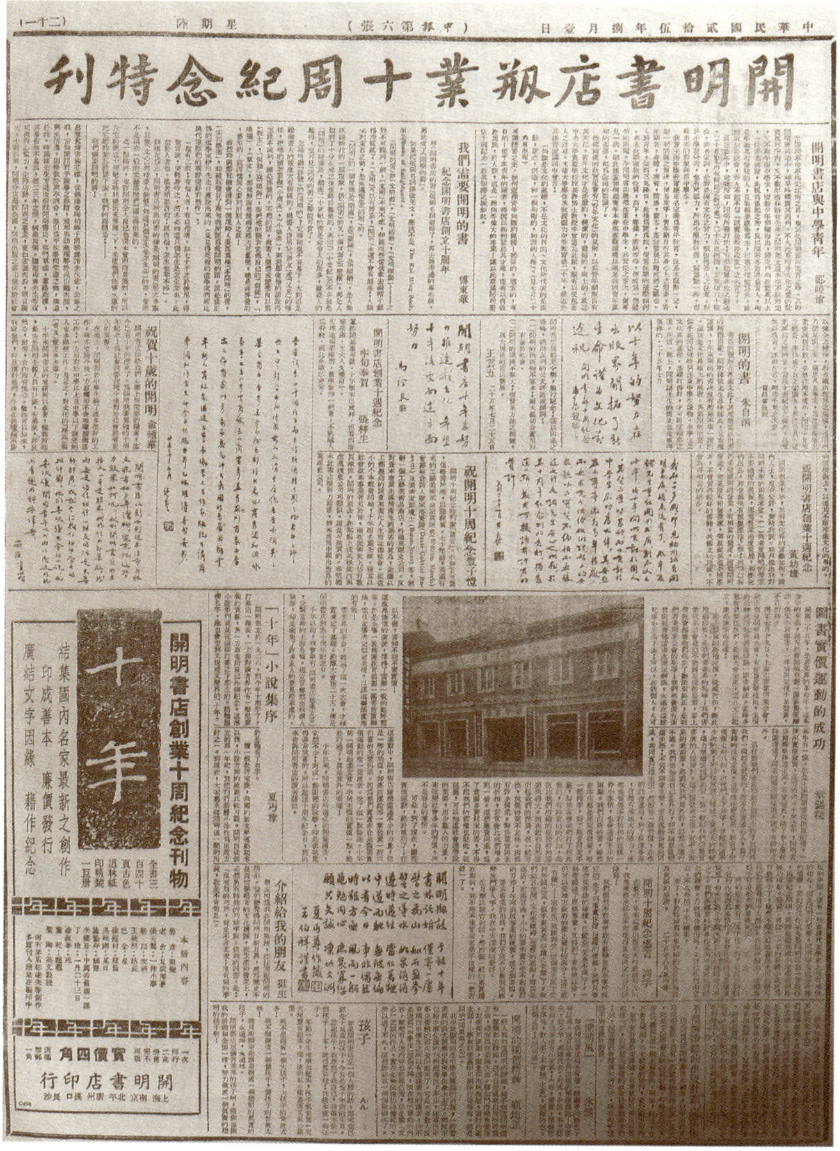
中華民國貳拾伍年捌月壹日　（申報第六張）　星期六　（二十一）

開明書店創業十周紀念特刊

開明書店與中學青年

我們需要開明的書　傅東華

開明的書　朱自清

「十年」小說集序　夏丏尊

圖書實價運動的成功

介紹給我的朋友

孩子

開明書店創業十周紀念刊物

十年

結集國內名家最新之創作

印成善本　廉價發行

廣結文字因緣　藉作紀念

實價四角

開明書店印行

《申报》1936年8月1日第二十一版

一切问题之解决，便易着手。青年期自有其身心上之需要，青年期者，身体、理智、情感、意志、蓬勃发展以趋成熟之期也。人到青年，如到三叉路口，此后为龙为蛇，便看此期的遭际如何。那末此期读物的性质，高下，杂糅，广狭等等，便成为一个严切的问题。今开明书店既然注重在中学生，其责任之重大，便可见一斑。则此后宜如何从青年本身与客观环境以满足我国青年真切的需要，似为急迫的要图了。

德国前进的教育家尝有“青年文化”的见解，以为青年期应自有其文化，青年文化才是活泼的、纯洁的、发扬的、向上的。最近中央大学实验学校校长许恪士教授亦曾道及此点，期有以促起吾人之注意。光华大学廖世承教授尽力中等教育垂二十年，最近于其播音演讲词中曾言：

“知识是文化的基础，不是文化的目的。文化所代表的是活动、意志、创造和一个均衡的、和谐的人格。”（见七月二十六日《申报》）可谓精警之至。如何选择青年知识的糇粮——补益的、适宜的、可口的——使千万青年的读者，得因以稍稍发展其才华，而有以自效于民族，于人类，这是一种何等伟大的事业！谨以此意为开明书店十周纪念一致其颂祷之诚如此。

我们需要开明的书——纪念开明书店创立十周年

傅东华

将“开明书店的书”这个名词省略了，再去掉旁边的专名线，那就成了“开明的书”。

如果把这个名词译做英文，应该不是The Kai Ming Books而是Books of Enlightment。

“开明的书”和“文明戏”、“文明结婚”、“文明理发”之类不可视

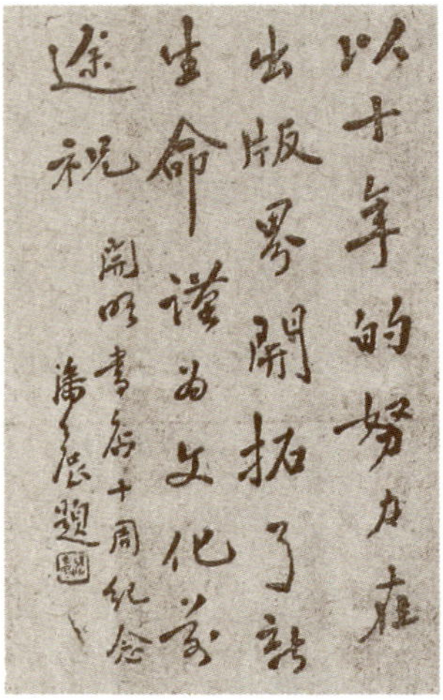

潘公展题词

同一例。“文明”本来不坏，却被这些家伙拿去做帽子戴得滑腻腻了。“文明”可以有罪恶，“开明”永远不会有罪恶；人类未到末日之前，是永远需要“开明”的。

“开明”的一个反面是“闭塞”，是“蒙昧”，是“固陋”，是人类孩提时代的一般现象。但“开明”的又一个反面是“蛮横”，那是人类到了十分长成之后也终于难免的。那怕“二十世纪”差不多就是“开明”的同义语，然而二十世纪的书是命令人的居多，启发人的难得，也可见“开明的书”之难能可贵了。

怎样叫做“启发”的（开明的）？定义确也不容易下。大约这是跟做书人的态度大有关系的。做书人自居于“朋友”或“父兄”的地位，把他的读者看做“小朋友”“小弟弟”，那就即使他的话说得怎样不流利，总是启发的。不然的话，做书人俨然或隐然自以为“教主”、“领袖”或“导师”，而把他的读者当做自己的“信徒”“喽啰”“群众”，那就无论他说得怎样天花乱坠，总是非启发的，惑众的——就因他居心要利用别人之故！

前些时偶然有机会读到一部现时人要认为极“不开明”的书，《宋元学案》，却被我发见了几句我所认为最开明的话，话是从正牌的道学家伊川先生口里说出来的（足见得从前的道学家到底比现代导师们的嘴脸还好看些呀）：

“信有二般：有信人者，有自信者。如七十子之于仲尼，得他言说，便终身守之，然未必知道只个怎生是怎生非也。此信于人者也。学者须要自信；既自信，怎生也夺不得”。

到现在为止，开明书店所出的书的确是“开明的书”居大多数，就像《文心》那样要人能够“知道只个怎生是怎生非”的书，也决不是现在一般的文艺导师们“导”得出来的。

这一点精神，也许开明仝人自己也还未曾明白意识到，所以在它的创立十周纪念特别提出来解释一下，希望他们能够永远的把它维持并且发展下去。我们的祝愿是——

我们需要开明的书！

贺昌群祝词*[①]

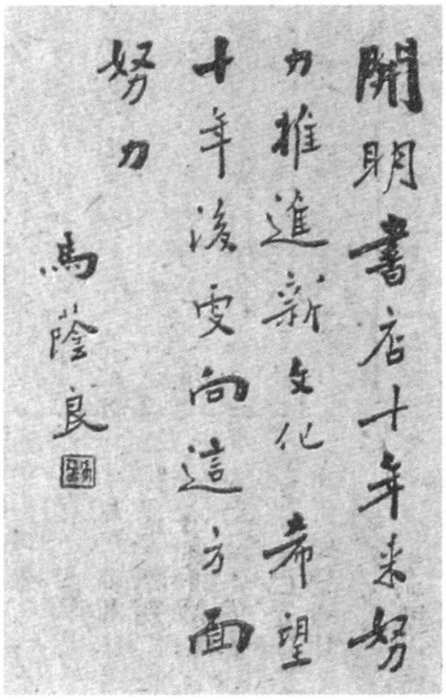

马荫良题词

昌群曩佣书涵芬楼，从锡琛圣陶伯祥予同振铎诸先生游，公余之暇，常侧闻诸君子论学之余绪，或相与访幽探胜于吴山越水间，兴至情浓，则畅饮于旗亭酒舍，每引为平生学问交游之乐，无过于此。时锡琛先生方退而创设开明书店，孤门单进，筚路蓝缕，其事皆知不易为，然二三年之间，纲举目张。继而丏尊先生等复相与同心协力，主持店务，开明之事业，更如云蒸霞蔚，朝日腾天。十载以来，开明分店遍设全国，开明出版之书尤能供给社会以健全之精神，而吾国出版界之规模，得开明乃鼎足而三矣。窃思凡百事业，为之者倘敬其业而诚信以敷，必无往而不成功。开明十年来之经营，卒以臻今日之宏图者，盖充分具有敬业诚信之精神也。当

① 标题为后加，标注*，后同。

兹十周纪念之盛典，昌群无以为贺，谨缀片言，聊寄千里之末意。

贺昌群敬祝

开明的书

朱自清

书店的职务在推进文化；其成绩当以出书的精粗为断。开明诸位先生品味既高，又处处谨慎，十年来所出的书决没有滥恶不堪一读的。这该是文化界极大的欣慰。再则开明出书，似乎从开始就特别注重中学生读物。中学生是文化界的基础。基础打得好，才可盼望轮奂之美。在这一点上，开明诸先生的眼光也是值得敬佩的。

二十五年七月

王云五贺词*

开明书店为创业十周，举行纪念；谨以同业之资格，提出左列的公允评语或颂词：

（一）开明的出版物不算多；而大都切合实用和有益于社会。

（二）开明的规模不算大；而营业方法之稳健，与大规模的书店无异。

王云五　二十五年七月二十五日

开明书店创业十周纪念率句奉贺

张梓生

筚路开基事可钦，十年树木已成林。但看四海声华满，光大人文继自今。

旁搜远绍萃琳琅，旧学新知一例量。不欲随人为轩轾，只此卓识已非常。

祝贺十岁的开明

俞颂华

开明书店供给我们心灵上所需要的粮食，迄今已有十年的历史了。为开明我要贺它的十周年纪念！为社会我要祝它今后对于社会将有更大的贡献。

在过去，开明对于中学生做了很多很好的工作。我希望它今后一方面锲而不舍地继续做这工作；一方面对于中学以上及中学以下程度的人也多做些工作。易言之，对文化的“提高”与“普及”双方多多尽力。

十年来开明书店的成绩所以卓著，据我所知，是由于开明全体人员有计画，有勇气，并且热心、耐劳，合作而有恒心。鉴往可以知来，我祝他们，并且预料他们，今后必能继续不断的这样做去，以达其不断推进文化的目的。

祝开明书店创业十周纪念

黄幼雄

开明创业十年，其对文化界的贡献如何，国内人士，自有定评，无待我说。我只提出我对开明未来的两点希望。（一）我希望开明的营业不要过度的发展，因为营业过度发展，那么他的出品，将也难免有粗制滥造之弊；但（二）我仍希望开明的营业，有相当的发达，因为开明营业，如果没有相当发达，那就表示着全国学者，不会买得较好的书籍，我国文化程度，不会取得相当的进步。

祝开明十周纪念

丰子恺

开明十周纪念特刊索“箴言”。我无言可箴，但略书所感，以志祝贺。七十年前，英国有名的工艺美术革命家莫理史（William Morris）曾经纠合诗人画家洛赛谛（Dante Gabriel Rossetti）及美术家彭琼士（Burne Jones）等，创办一个工艺美术品商店，叫做莫理史公司。反对资本商业主义所产生的恶劣的货品，企图以工艺制造的诚意来美化人生而改造社会。从很小的小本经营开始，十年而名震全欧。后竟以社会改革事业著名于世，而在美术史上占有数页地位。开明的过去，在某点上或某程度内与这莫理史公司相类似。这是可欣贺的。希望它本此素志而努力前进，将来成为中国出版界的莫理史公司。

图书实价运动的成功

章锡琛

民国二十五年，是书业界的革命年。这革命年的意义，就在教育部颁布《划一图书售价办法》，规定全国图书，一律须照定价十足发卖，不许折扣。

同年七月十九日，上海市书业同业公会，在市商会开会员大会，有会员当场提出，主张由公会呈请教育部改变划一图书办法。当时多数会员群起反对。最后大会主席王云五先生起立，激昂慷慨地说道：

图书发卖的高抬定价，低减折扣，借此欺骗顾客，是我们书业界的耻辱！我们书业同业公会自己不能纠正这种恶习，要上劳教育部替我们规定了办法来纠正，是我们书业同业公会的耻辱！我们那里还有面目向教育部请求改变这办法，永远在这种耻辱中生活下去！所以，在我个人，人可以不做，书却不能不卖实价！

这激昂慷慨的演说，博得了雷声一般的欢呼鼓掌。于是全场一致拥护教育部《划一图书售价办法》，并且当场决定制定业规，以谋这办法实施的有效！

书业界的革命，经过了这一次大会，才确实奠定了基础。距离大会后二十天，便是开明书店创业十周年纪念日。

十年以前，我曾草有《开明书店始业宣言》，登载当时的上海各报。这宣言虽然由我个人执笔，却是汇集了许多友人的意见而草成的。其中有一条，就是主张开明书店出版的书，一律照实价发卖，没有折扣。十年之中，开明书店始终坚持这主张，不曾变更，除了中小学教科图书为了同业的连带关系而不能不有折扣之外。

为什么我们在当初就有这种主张？就因为我们一向都是买书的人而不是卖书的人，为了书籍的没有定价，由书贩任意低昂，和有了定价而七折八扣，由他们上下其手，曾经吃过不少次的亏；所以从买书人转成了卖书人的时候，竭力想矫正这种恶习，替一般和我们同属买书者的人谋便利。这主张发表之后，有不少书业的老前辈，都讥笑我们为外行，以为永远行不通。我们也知道自己是外行，却不愿意改变这主张；不但不愿意改变，并且运动新起的同业，共同实行这主张。然而每一种习惯，在他的社会里面，到了根深蒂固，自然有着极大的势力，虽然像卖书不打折扣的这样一件小事情，也会遭着不少的困难。我们出版的书，虽然在本店都是照定价发卖，而一经转手，到了贩卖同业手里，却常常替我们打了折扣卖出，有时卖出的折扣，甚

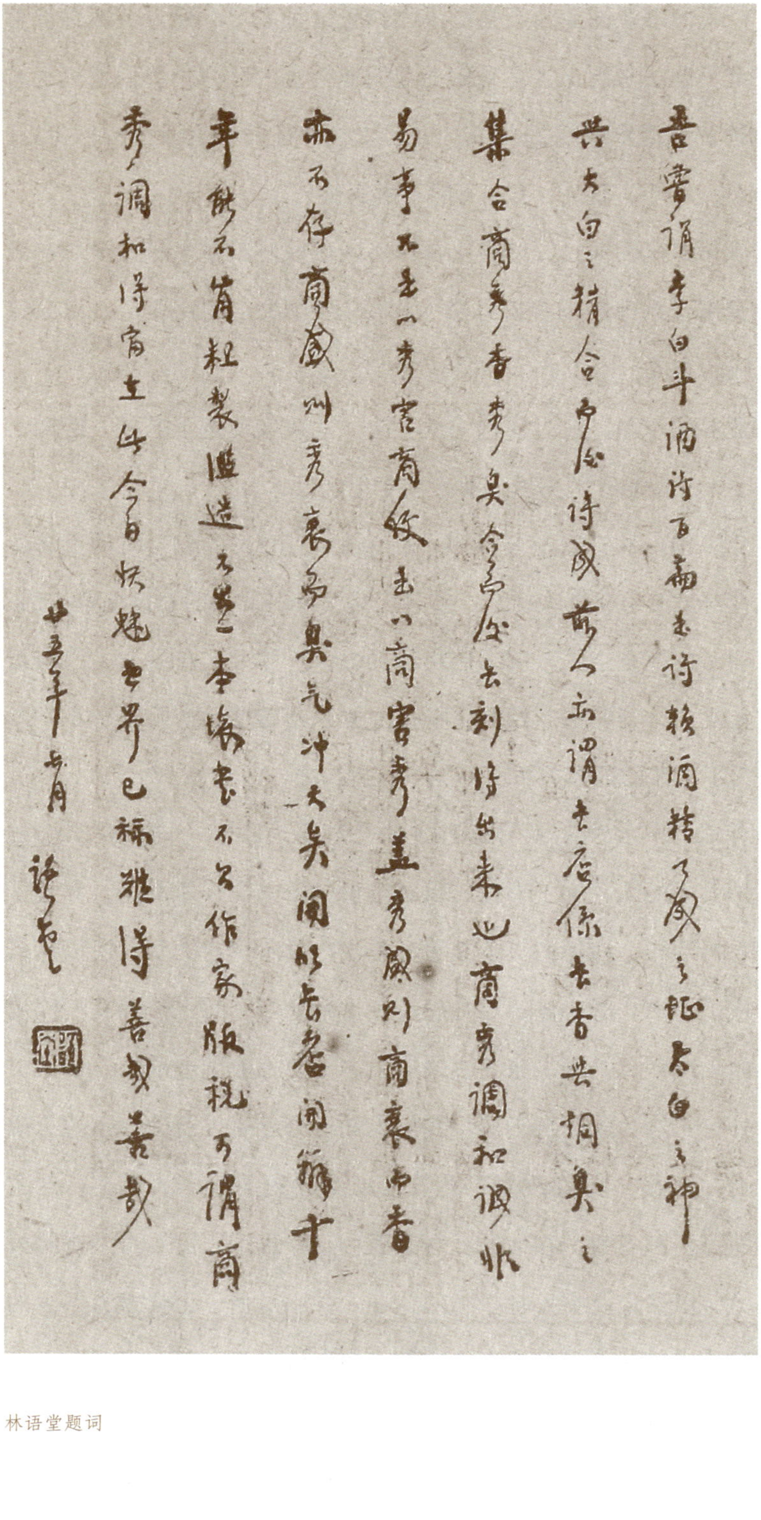

林语堂题词

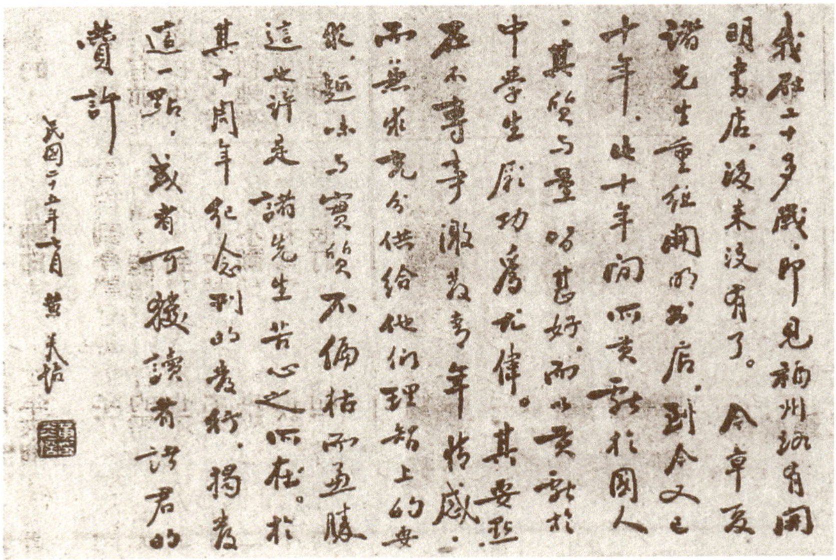

我在二十多歲，即見福州路有開明書店，後來沒有了。今章友諸先生重組開明的書店，到今又已十年。此十年間所貢獻於國人，其質與量均甚好，而以貢獻於中學生底功為尤偉。其要點在不專事激發青年情感，而兼求充分供給他們理智上的要求，趣味與實質不偏枯而互勝，這也許是諸先生苦心之所在。於其十周年紀念刊的發行，揭發這一點，或者可獲讀者諸君的贊許

民國二十五年夏 黃炎培

黄炎培题词

至比我们所给的批发折扣还要来得大。这在起初自然要引起我们的诧异，但一经考察，就觉得毫不足怪。因为有许多同业，对于贩卖同业的折扣，常常会比我们增多到一倍。这些贩卖同业，为了贪图多卖别家的书，不得不把我们的书价也贬低。从这里，可以知道社会连带说的重要，用少数人的力量，来改变社会多年的习惯，决不是容易的事情。

可是，到了现在，图书实价运动，终于成功了！在这运动中，开明书店虽然尽过不少的力量，但是一等的功臣，却应该让给那一群发卖一折六扣书的先辈同业。因为他们实实在在是图书实价运动的唯一促成者。受了这一点余荫，十年前《开明始业宣言》中所主张的实价一点，终于行通了，真是意外的幸运！

十年以来，开明书店所遭受的艰难困苦，当然不少；而这一点困

难的战胜，却是使我觉得非常欣喜的。所以趁这十周年纪念日，写出来告诉开明书店的读者诸位。

《十年》小说集序

夏丏尊

开明创立于一九二六，到今年十周年了，打算出一种书，一方面对读者界作有一点儿意义的贡献，另一方面也给自己作个纪念。这部小说集刊就是从这样打算之下产生的。给它题个名字，谁也会想到又现成又醒目的《十年》。于是它有了名字。

据一般批评家说，我国的新文学运动起来以后，小说方面的成就比较可观。开明自从创立的那一年起，就把刊行新体小说作为出版方针之一。到现在，大家都承认开明这一类的出版物中间，很有一些在现代文学史上占有地位的佳作。这是开明的荣誉。开明要永远保持它的荣誉，就约当代作家各替开明特写一篇新作，用来纪念开明，同时也给我国小说界留个鸟瞰的摄影。发育了将近二十年的新体小说成为什么样子了，虽然不能全般地看出，但是总可以从这里看出一大部份。在这一点上，这部书似乎有着不少的意义。

所约作家共有二三十位。到了集稿的期限，有些作家因为事情忙，有些作家因为要慎重推敲，尚未把稿子寄到，而存稿的篇幅却已不少了。我们不愿意叫许多作家失掉参与我们纪念的机会，乃改为分册出版，先将已收到的发表，不久再出《十年》续集。

末了，对于特地为本集撰稿的各位作家谨致真诚的感谢。

二十五年八月夏丏尊

开明十周纪念感言

调孚

在最近十年来从事出版业者所最感痛苦的，我想谁都承认是不能获得最低限度的自由保障罢！

我们固然不敢奢望能有《苏联宪法草案》所规定的“受下列事实保证”这样的优越，我们只希望勿受非法的摧残，已经是“受惠不浅”了。一部书经过了原稿审查，又得到了著作权注册，仍可以受地方政府的禁止发行的处分：这已经“奇迹”了！至于在“敦睦邦交”这个美名底下受到斧钺之灾，似乎更其是“奇迹之奇迹”了。我们姑且放开“文化受阻碍”这样的高论，书店是商店，在商言商，小小的资本实在受不起猛烈的刀斧！年来出版事业的疲软，这是个要因。

要求书业的出路，我们不能不从整个民族解放斗争入手。我在今天深深的觉得。

生日应该说吉利话，然而铁一般的事实摆在面前，我不能不像管家老婆子这样的“愁苦经”了。

介绍给我的朋友

挺生

朋友因为我在开明服务，往往问起开明的情形。他们总觉得开明日新月异，成为历史不长而信誉昭著的文化机关，在生产和营业上，必然另有特殊的巧妙手腕。但我的回答是：“没有别的巧妙，就是不弄玄虚；没有别的手腕，就是不肯苟且。”

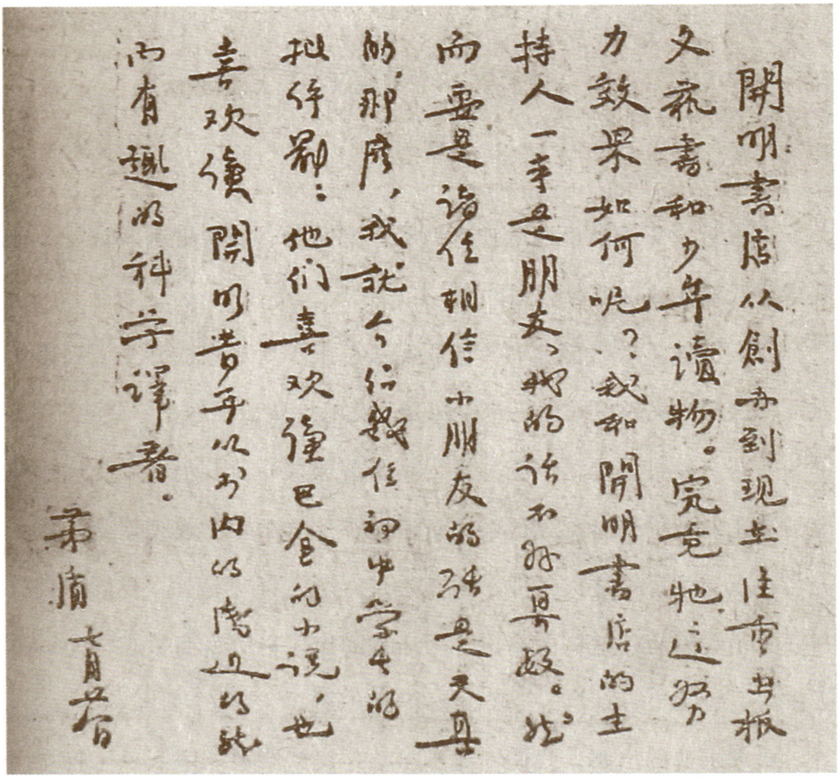
開明書店從創辦到現在，經常出版文藝書和少年讀物。究竟牠這努力效果如何呢？我和開明書店的主持人一素是朋友，我的話不好算數。然而要是請信賴小朋友的話是天真的，那麼，我就介紹幾位初中學生的批評罷：他們喜歡讀巴金的小說，也喜歡讀開明青年叢書內的淺近的然而有趣的科學譯著。

茅盾 七月廿日

茅盾题词

似乎也有人说过：“服务开明的人，都还不脱书生本色”。在我自己也有这样的感觉。他们悃愊无华，只知道实事求是，根本就不会卖弄玄虚。他们对于社会的贡献，并不自以为满足；为要发挥更大的效能，每出一种书籍，总是慎之又慎。他们遇事不肯苟且的态度，完全是一种责任心的表现。你若是和开明接触，无论在出版关系上、买卖关系上，以及友谊关系，如果受惯了流俗的酬应，最初就会有异样的感觉。我觉得开明始终守着这样的立场，在生产和营业上，也自有其颠扑不破之道。

不预备赚钱的出版计划

宋云彬

因为自己在开明书店里办事，似乎不好意思说恭维话，但有一点值得特别提出来一说的，就是：开明书店的出版计划，有时候确乎不专在“赚钱”这一点上着想的，例如，《辞通》、廿五史及补编、《六十种曲》的印行，当计划出版时，就不曾计算到要赚钱。我希望开明书店能够前进一步，出版些大规模的《社会科学丛书》之类；但，这要看社会环境如何而定，现在似乎还谈不到这种计划罢。

“开明风”

冰然

整个开明书店似乎有着一种显著的特色，我以为。这可以拿它所出版的两种杂志——《中学生》《新少年》，来做代表：形式、中型，不怎样堂皇，但并没有小家气；内容，着实、稳健而不落后，教人看了不会喊“上当”。这种特色，我称之曰：“开明风。”

开明的独创精神

顾均正

一般人都知道开明的稳健，却不知道开明还有一种独创的精神。这不但表现在出版的书籍方面，还表现在业务方面。譬如门市概售实价，封面采用图案，尽量采用版税制，发行活叶文选，小学教科书里

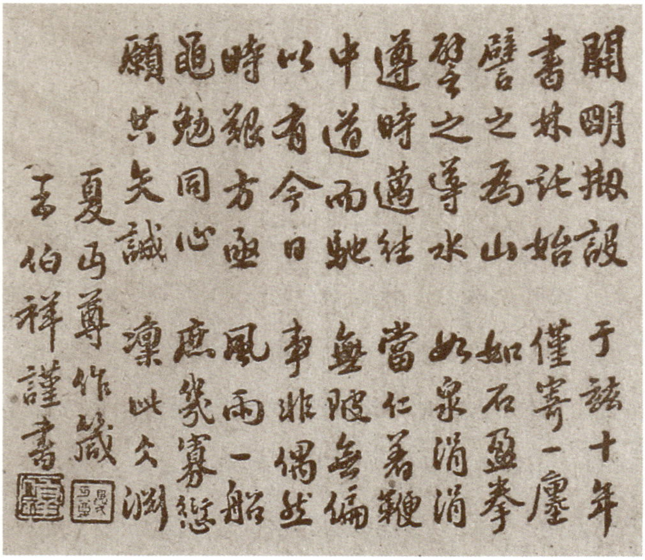

夏丏尊作箴、王伯祥题词

间用钢笔行书等等，都是开明“开风气之先”。

其中最显明的是《中学生》杂志的出版，一时书业界的眼光都集中到《中学生》身上去了。那时不但给中学生读的刊物跟着出了不少，连专出中学生书籍的书店也开起来了。可是大多数人没有明白《中学生》之所以有这样广大的读者，决不是因为“中学生”这个名称，而在他的独创的内容。虽然有人连内容也在模仿着，但是像《文心》之类的作品，实在是无法模仿得像样的。所以过了不久，这些杂志就一个个被淘汰了。

孩子

A. A.

如果开明书店是一个人体的话，那末他已经是十足岁的孩子，今日是他十年前的生日。

说起孩子，我想到了我自己，我根本是一个孩子——不，说得真切些：我根本像一个孩子。

年龄一年年地增加起来，孩子气也就一天天地丰富起来，这，使我私心窃喜而又私心窃惧。

我不想做成一个大孩子，大孩子的世故太多！

我不愿做成一个傻孩子，傻孩子的世故太无！

我只祈愿着企图着做成一个聪明的真实的孩子，永远地，永远地。

开明书店这个书业界的孩子呵，愿你也像我的祈愿和企图一样，努力做成一个真实的聪明的孩子啊！

“十年”考成

诵邺

十年的岁月，可以悠闲地过去，没有什么感觉。但在二年间可以攫取一，二八五平方公里土地的帝国主义者看来；在世界人士的预测中以为十年二十年都无法完成，而偏在第四年上完成“五年计划”的苏联民众看来；在能够想法发挥个人能力，用同样时间做出二十几倍工作的斯太哈诺夫看来：十年的岁月，准可造成一部绚烂热闹的历史。时间的价值，是要拿人力成就的事业来给它评定的。

十年来，开明书店同人（连著作家在内）的成就怎样？让我来约略统计一下吧。第一，从一九二六年八月一日开始创业起，至一九三六年七月底止的出版物：

总类　一三种　一三册　实价　一六.〇五元

哲学类　三七种　四一册　实价　二六.〇四元

宗教类　七种　七册　实价　四.五〇元

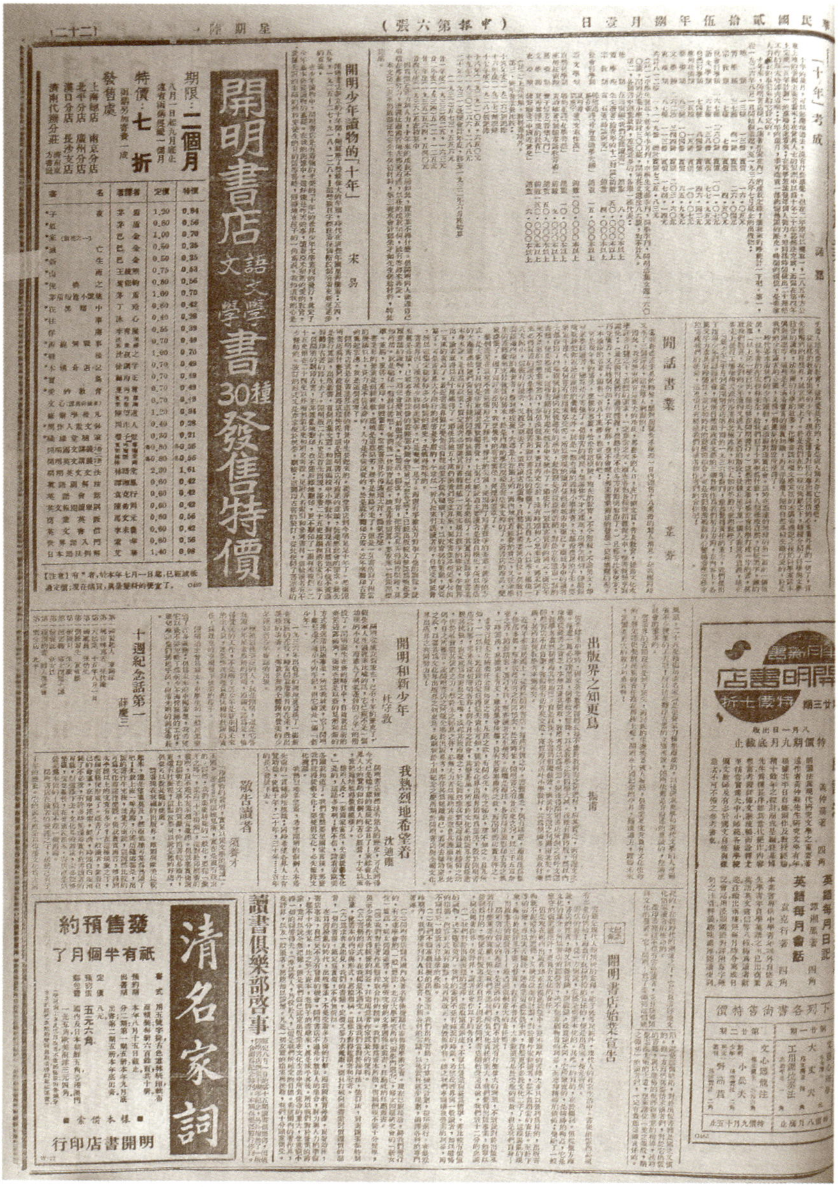

《申报》1936年8月1日第二十二版

社会科学类　一六七种　二六〇册　实价　一〇一.〇七元

语文学类　六七种　一三八册　实价　七七.九五元

自然科学类　七四种　八四册　实价　四六.四二元

应用技术类　一五种　一五册　实价　一〇.〇七元

艺术类　八三种　一〇四册　实价　六五.九九元

文学类　二六二种　三四四册　实价　二〇三.六〇元

史地类　八七种　一一三册　实价　一七四.一四元

共计八一二种　一，一一九册　总计实价　七二五.八三元

（注一）《中学生》杂志、《新少年》半月刊、《中学生文艺》季刊、《词学》季刊、《开明活叶文选》一六〇〇篇、《开明活叶小学教材》三〇〇篇、《开明英文选注》八六篇，均不计入。

第二，各类书中销数最广，重版最多的，各举一种代表：

总类　范寿康编《我们怎样读书》　销数　八.〇〇〇本以上

哲学类　朱光潜著《给青年的十二封信》　销数　五〇.〇〇〇本以上

宗教类　黄石著《神话研究》　销数　四.〇〇〇本以上

社会科学类　陈望道　施存统译《社会意识学大纲》　销数　一五.〇〇〇本以上

语文学类　夏丏尊　刘薰宇著《文章作法》　销数　一〇〇.〇〇〇本以上

自然科学类　顾均正译《化学奇谈》　销数　一〇.〇〇〇本以上

应用技术类　黄幼雄著《无线电话收音术》　销数　九.〇〇〇本以上

艺术类　丰子恺著《音乐入门》 销数　五〇.〇〇〇本以上

文学类　夏丏尊译《爱的教育》 销数　一五〇.〇〇〇本以上

史地类　魏野畴著《中国近世史》 销数　六.〇〇〇本以上

（注二）上表所举，教科书除外。

第三，历年营业数比较：

十五年度（一九二六）无记录

十六年度（一九二七）无记录

十七年度（一九二八）无记录

十八年（一九二九）一〇五,六五〇元

十九年（一九三〇）二六六,二八八元

二十年（一九三一）改变会计年度，移至一九三二年六月底结算

（一九三二）五七三,五五六元

廿一年度（一九三三）四二五,一六三元

廿二年度（一九三四）五一二,一二五元

廿三年度（一九三五）五六四,五四〇元

廿四年度（一九三六）正在结算中

因为限于资力和人力，十年来的成就不过如此，实在算不得什么。但开明同人总还自己相信在那里努力，总还迂回曲折地在那里前进，以后的成就如何，只有等将来再说。

本文第二表承出版部汪允安先生供给材料，第三表承会计部朱子如先生供给材料，特此志感。

开明少年读物的“十年”

宋易

开明书店创立的十年间，刚经历了些最伟大的年头，时代在这些年头里奔腾着：五四，五卅，一九二五—二七，九一八，一·二八，……这些数目字标注着每个阶段都有着更新更进步的意义。

在少年读物中，开明书店是有着它的光荣的《十年》的世界少年文学丛刊的发行，奠定了少年基本修养读物的基础。在我的记忆中，这好像是昨天的事，读着亚米契斯的《爱的教育》、爱罗先诃的《幸福的船》和安徒生的《月的话》等书时，静静地在屋子的一角淌泪。我知道我的心是受着人间底爱的教育，这些爱是不朽的，当是与人类共存亡的爱吧。

从这样的教育中出来的少年，现在是怀着对任何事物都同情的心来看外界的一切了，首先接触到的自然界，就立刻爱上了。于是我们在另一种的冲动之下，陆续介绍了科学与文学结合的读物，法布尔的《科学的故事》《化学奇谈》和继文学童话的《木偶奇遇记》之后的科学童话《木偶游海记》等，这些是充满着丰富的现实知识，而又洋溢着人间和自然界相交织的爱的，于是我们的少年读者的心灵，又为一个进步的阶段所浸润了。

时代要求着我们的少年读物，必须面对现实社会。这时在遥远的地球的另一面的一个城里，一位年青的作家伊林先生，给我们写了《十万个为什么》《人类征服自然》《白纸黑字》《矿的故事》（以上第一种已出，余均将在开明发行）。这些把文学科学社会科学打成一片的书，真教我们欢喜，我们的少年读物又进入了更新的阶段：从躲在屋子里一个人寂寞地淌泪，现在要走上农村工场地角天涯的沙漠与北极冰原，和全人类的劳动大众相欢呼了！

《新少年》半月刊当开明书店第十周的一九三六年创刊，愈加觉得责任的重大，我们提出了指导少年们认识社会，理解自然和欣赏文艺的三个目标作为我们努力方向，在内容上，各篇文字力求具有时间性，并且和时代的动脉相拍合。可是我们怀着战兢的心警惕着应怎样才能完成我们的使命，这里怕只有经过我们的读者和作者们的合作吧！

闲话书业

芷芬

当我跨进书业界的时候，听到房龙《世界地理》一日内销售十八万册的惊人消息，在我国同时又来了三个译本，这是够人刺激的！

因此，我常想中国有这么大的地皮，那么多的人口，在打倒文盲、普及教育、提高文化水准许多口号之下，书籍的需求，一定非常之大。而在各色各样苛捐杂税之中，惟书报独享到蠲免（最近四川果然有过书籍税，但终于受不住各方反对而取消了）；且邮寄比较（原文作“比众”，似误排，据文意修改。）便宜；刊登广告，又有特别折扣；存货不会酵，也不会烂；那末书业前途的发展一定极灿烂的呢。一本通俗的名著，销售一百八十万册，也可能的吧！

可是几年来的感受，想像和事实，恰恰背道而驰。现在的教育，不分阶级，不论男女，却可进学校读书，总算是平等极了。但贫苦的国民，无论你天才怎样高，向学怎样切，却给银块纸钞把你拒绝在高崇的黉墙之外。就是一点普遍的义务小学教育，大部份农民的子弟，要紧放牛赶水，也何尝有幸福来享受呢。所以书报的读者仅限在城市中而已。而城市中的读者大部份因了内地报纸的趣向低级趣味的感染，最欢迎是淫杀盗的新闻，对于立场严肃一点的书籍，便要摇头。这样书籍的用处在城市中又狭小了。即使有一辈欢喜买书的朋友，而近年来不景气的形势愈来愈凶，非但没钱来买，更以奔走生活，没有时间和心思来读。那末剩下来必得买书的读者是学生，教员，图书馆和以书为生的书佣了。而且九一八以来，国境一天天缩小，这仅有的读者，又被分割去了。这些读者的读物，自然教科书要推首位。但教科书经过内地的贩卖者，贩到学校里，大都是上在账上的。而内地教育经费的贫乏，又往拿学生的书籍费来支付教员的薪水，于是内地的学校间接是书店来支持的了。而书店的商品，变成漂账了。因了这许多原因，我想像中的书业繁荣，便烟销云散了。

整个书业在这样不景气情形之下挣扎，挣扎的尖顶，便现出了同业竞争的姿态。竞争的方式，是大廉价；目的是争取读者现款图书费。上面已经说过主要读者是教员学生，所以书店的大廉价总趁他们荷包里有钱的开学时候举行，这已成了年常老规了。其实同业竞争在书业本身来说，是自杀的政策：假定读者必需要买的书籍总值一百万元，现以竞争的缘故，半价售出，读者就得以五十万购得了。即使其他五十万仍消费到书业界来，那末书业界便要多付出一百万的货品了。最近书业界似已觉悟这自杀政策不能再继续下去，以教育部的策动，便妥协了。可是书业界大小同行的利害是矛盾的，平常以一折八扣来引诱读者的，自然受到威胁，所以这协定能维持多少时候的历史，是值得玩味的。

书业界因了读者减少和同业竞争，已是奄奄一息了。而还有手枪尖刀对准了他的胸膛。说来真是奇迹，已经审查和注册的书籍霎时间会变成“思想危险”；已经出版较久推认为唤起爱国意识的读物，一刻儿会变成“妨碍邦交”。毁版、删改、封存，把书业界弄得头昏眼暗，莫知所措。就是编印一点教科书吧，每调换一位教育部长，总是非常顶真，要重来一个课程标准。重编、重排、重印、销毁旧书，常使书业界弄得满头大汗，黯气吞声。

书业界的营业是这样疲软，环境是这样恶劣，几乎是无路可走了。但是一爿书店到了相当的机构以上，资力是不能呆滞的，人力是不能浪费的，于是只有翻印古书。近年来翻印古书的风起云涌，就是这个道理了。

开明书店就是在书业界这样的背景中生长起来的。从弄堂书店到今朝足足十年了。然而开明书店为什么倒能发展得这样快呢？这是开明书店有前进的意识，能适应社会的需求。最先是发行杂志，出版新书，首创活叶文选，和认真编校中小学教本，到现在自然也不能不被逼到翻印古书的路上去了。开明版《二十五史》是首先出现，接着《二十五史补编》和《清名家词》也来了。但开明的翻印古书，并非杂乱地翻印，也不仅照样地翻印，更不翻印了一遍再来复翻。《二十五史》但在《二十四史》以外增加《新元史》和《明史考证》，更附《人名索引》和《参考书目》，这给读者有不少帮助的。装订的形式又是非常便于携带、翻检；这翻印古书的装订，从此便开了书业界的风气。《二十五史补编》和《清名家词》是很费气力辑集而成的，以后研求史学和清代文学的人可节省不少搜集的工夫吧！所以站在翻印古书的立场来说，开明依旧是有前进的意识的，能适应社会的需求的。

书业界的苦闷现在是到了顶尖，而民族的生机快要被人斩绝，但书业界究竟负有文化使命的，将怎样把觉醒民族的责任担在肩膀上呢。开明在十周纪念的今日，缅怀过去，瞻顾未来，当需要更大的毅力和勇气啊！

出版界之知更鸟

振甫

忆昔肄业中学时，国文英文数学诸师长每不慊于教科书之所选材，病其贫乏，而有选文之举。每选一篇必抄诸黑板，同学依之誊录，以是教学之时因而大減。后虽有胶印版，然以内地学校藏书之贫乏，亦无以资其挹取，教学者常以为憾焉。嗣后得开明书店所创之活叶文选，教学者翕然称便而其憾始已。自是以后，各书局相继仿效，而活叶文选之刊遍南北矣。然开明书店不以自□，浸假而有活叶英文选，浸假而有活叶小学教材，其为类弥多，其取材弥广，其所以便教学者亦弥甚矣。

近四年来寄居沪上，从役于开明书店。每感行箧之中，书籍匮乏，偶有购置，而藏庋为难，移居多累，斯亦居都市者之所同憾矣。于斯时也，开明书店有《廿五史》之刊，以三千五百卅卷之书，缩影精装，汇订九帙，斯亦读者之至便矣。故继是而往，各书局洋装影印古书之风，一时云涌，其机尚未有艾，虽其风会所趋，自有其层累曲折之故，而开明书店实先启之。

昔章行严先生称梁任公为知更之鸟，凡民之欲，有开必先，先之秘息，莫不知之。且凡所知，一一以行。此在政治家为得为失尚未可知，独于文化界出版界则斯为尽美，观于开明书店之行事，宁非其深切着明者邪！抑今日之社会，其变綦亟，所事于文化界出版界者贵能逆睹其流极，由是或为知更鸟之先鸣，或从其后而鞭之，于是能适应其繁变而为裁成辅相之功，庶于社会尽其促进之力。然于先之秘息之启，必无大力者以揠助其长窒息其机而后能，此则今日之所难言。故开明书店之所能先鸣于出版界者，亦存其为粗迹而已。若何去揠助窒息之政，以尽其为文化界出版界之知更鸟，此则我于十周纪念之庆所期于开明书店与全国文化界出版界之共同努力矣！

开明和新少年

杜守敦

开明从成立到现在，已有十年的历史了，假使拿人生过程来比喻的话，它已经不是一个幼稚的小儿，而进入了朝气蓬勃的“少年”的阶段了。开明诞生在新的时代中，自始就以新的姿态透露头角，而现在还是以新的见解和新的方式推进着出版事业，所以我敢说，它——开明——虽然还不过小小的年纪，但它确是一个“新少年”。

一九三六年出版界的园地里发现了一树新奇瑰丽的花枝，时常开放着夺目的花朵，透出异样的清香。——那就是获得全体读者赞美的少年读物《新少年》杂志的出现。

种植这棵奇葩的人，就是开明，这是它替我国少年民众服务的开端，而个人认为是，值得赞美的工作，不是吗？新少年是新中国未来的主人翁，谁都应该对他负起保姆和教师的责任，为理想的中国撒下优美的种子。

开明过去曾为妇女、中学生和一般民众尽过了许多义务；但为未来的中国着想，我希望它以后不要忽略了为新少年淘伴服务的工作，亲切地和他们携起手出，向着光明的前途奔赴。

十周纪念话第一

薛庆三

第一个发起人　章锡琛

第一块招牌写者　孙伏园

第一天始业　十五年八月一日

第一个职员　孙怡生

第一个练习生　赏祥麟

第一个机司　朱元庆

第一种书籍　《妇女问题十讲》

第一种杂志　《新女性》

第一种预约书　《妇人与社会》

第一处分店　北平

我热烈地希望着

沈迪康

开明书店虽然没有悠久的历史，可是到今天已是她十岁的诞辰纪念日了！承社会上各界人士的赞助和创办人的苦心经营，十年以来，竟把她培植得像个模样了。

聪明人说："要国家富强，先要提倡文化。"是的，这话多对啊！你不信，请看看欧美各国就知道了。我们当然要想国家富强，那么我们就得提倡文化；要提倡文化，必先拥挤文化机关。

我热烈地希望着，希望开明的创办人本着先前的一贯精神培植她；同时希望各界人士肯赞助她，使她十年、二十年、三十年……百年的长久发展下去。

敬告读者

须养才

"印刷术的发明，实足以促文学的毁灭。"英国A. Symons的这种见解，实在是很有理由的。固然，我们要使特殊的一般化，要从“象牙之塔”，走向“十字街头”，这对于印刷术的发明，自不能不表示相当敬礼。但就事实而论，印刷术在文学上的贡献，除出书较易而外，更还有什么呢？这点当然可以说是它的好处，但也可以说是它的坏处。

请看现在我国的出版界，虽则与欧美比较起来，还是望尘莫及，然而也总可算为热闹了吧！光就上海一埠而论，小书店随处都是，出版的书汗牛充栋，就量方面说，这诚然比较的可为文化前途抱乐观。但就实质而言，够得到水平线以上的究竟有多少？在这种现象之下，滥印书籍便形成了。只苦了一般读者，靠着自己的命运，在暗中摸索，经济、时间白白地消耗了不必说，有许多时候还着实有危害读者的可能。照这样下去，文化界的前途，未必能够乐观，这也难怪，在普通说起来，书店原是以营业为本位的——但这不能一概而论。

开明书店在读者的爱护之下，居然已有了十年的历史。它的诞生原是以传播文化为大前提的，在新时代的潮流之下，它是负着启迪文化领导读者的使命的。

滥印书籍这不但有害于读者，并且能够阻碍文化的发展。它——开明——为了要弥补这个缺陷，避免这个缺陷，对于出版书籍是慎之又慎的。但一方面仍旧要请求读者们，对于它出版的书籍，与以严格的批评和善意的指导，扶助他走进光明的大道，想来诸位“爱之弥殷，期之弥切”的读者们，一定肯负起这个责任的。

【纪念文献】开明书店始业宣告

书籍是现代人类精神的食粮。除了低等民族外，现代人的日常生活中，书报出版物必须有多量的供给；而负有此种供给的责任的，便是出版家，便是书店。

书店的营业，从一方面说，当然是商业本位的。其唯一的目的，在于图利。但从他方面说，书店的性质，却又和杂货铺、绸缎铺、珠宝铺不同，它所贩卖的，是精神的物品，它是文化的媒介。所以书店的经营者，决不能专顾物质的利益，而忘却精神的价值；他除了一般应守的商业道德外，更负有文化的责任。

但是现在国内出版界却正在混乱状态中。资本雄厚的书肆大多只以营利为目的，出版书物既不经严格的选择，又缺乏改进的计划，对于著作家和读者，都不负相当的责任。至于下等的市侩，专以广告骗钱，连商业道德都谈不到，自然更不必说文化二字了。这种混乱的现象，虽由于批评界不尽力督责，教育不普及，大多数读者易于受欺的缘故，但是我们自身——出版事业的经营者——能逃避这个重大的责任吗？

开明书店创立的基础，是很薄弱的，我们不敢说有什么伟大的理想，不敢说对于出版界将有什么重要的贡献。但是我们承认我们所负文化责任的重大，我们觉得出版事业，如单以营利为目的，那便是出版事业的自杀；因此在开明书店开始营业以前，我们敢十二分的忠诚，向全国著作界、批评界、读者、社会作以下的告白：

（一）我们对于出版书籍的选择，当取慎重态度，不单以营业利益为标准。非比较有价值的读物，决不随意发刊。我们的审别不免有疏漏的时候，希望批评界与一般读者，加以严格的指摘。内容形式如有缺点，或再版改正，或毁板停售。总之我们宁愿牺牲营业的利益，而不愿对于一般读者存丝毫的欺骗。

（二）我们不愿专做投机的出版事业。我们出版书籍，打算确定计划，按序进行。在最近时期内，我们准备刊行“ABC丛书”，介绍各科的常识，以后当再逐步规划，编译各科的专门著述。

（三）开明书店愿为国内各著名学术机关代尽传播学术之责。现在已经接洽，归我们发行的，有立达学会的《一般》杂志，北京大学研究所的《国学门周刊》，妇女问题研究会的《新女性》杂志、《妇女问题丛书》，文学研究会的《文学周报社丛书》，狂飚社的《狂飚丛书》。

（四）我们对于著作界愿采取合作的精神。我们虽为资本所限，书稿酬报不能十分丰厚，但至少当使作者得较优的利益，并处处为著作家谋最大的便利。

（五）书籍的形式，在我国最不讲究。以后我们当对于排印法、装订法、封面图案都特别注意，使书本的内容与形式，都能相称。这样方对得起读者和著者。

（六）为求普及起见，我们的书籍，定价又都力求低廉。而且打破向来书业讨价还价的恶习，一切的书报，概定为实价，不再加折扣。

在目前纷乱的时代，出版事业，不免受着多方面的打击。而我国教育停滞，民智幼稚，书店事业自然更不易有发展的机会。开明书店不过是少数私人的集合，财力与人力的准备，都不十分充足，比之于大资本，老牌子的书肆来，真是瞠乎其后。所以我们对于营业的前途，竟可以说全无把握。但是我们既已认定出版业在文化生活中所负使命的重大，也就顾不得一切的利害得失。"非以役人，乃役于人"，这是我们所确定的目标。希望国内的著作界、批评界，以及一般读者，都能加以谅解。凡是一切友意的指导与扶助，我们十分愿意领受。

（本文刊登于《申报》1936年8月1日第二十一版、第二十二版）

独立出版社的苦斗

程友樵

一、责任太大工作太难

革命成功，宣传力量居其九，武力居其一。这是大家知道的。国父遗教，宣传力量的造成，出版界的功居其九，这是大家虽然知道而尚未□言的一个真理。

今日出版界的责任太大，工作亦太艰苦。要灌输抗战建国的知识，要振奋同仇敌忾的情绪，要鼓励从戎输财的热忱，还要驳斥敌伪的恶意宣传，及国内分歧错杂的言论，责任真大。要是真做得好，那么孙子兵法中“令民与上同意”及“攻心为上”的大功，出版界可以受

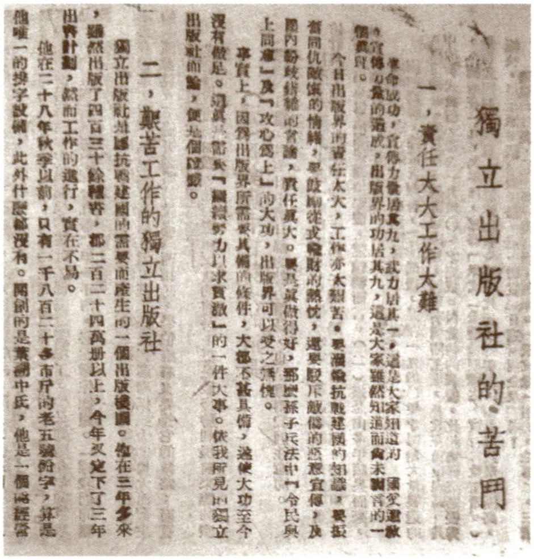

獨立出版社的苦鬥

一，責任太大工作太難

革命成功，宣傳力量居其九，武力居其一，這是大家知道的。國父遺教，宣傳力量的造成，出版界的功居其九，這是大家雖然知道而尚未□言的一個真理。

今日出版界的責任太大，工作亦太艱苦。要灌輸抗戰建國的知識，要振奮同仇敵愾的情緒，要鼓勵從戎輸財的熱忱，還要駁斥敵偽的惡意宣傳，及國內分歧錯雜的言論，責任真大。要是真做得好，那麼孫子兵法中「令民與上同意」及「攻心為上」的大功，出版界可以受之無愧。

事實上，因為出版界所需要具備的條件，大都不甚具備，遂使大功至今沒有做足。須要……需要「繼續努力以求貢獻」的一件大事。依我所見到獨立出版社而論，便是個[illegible]。

二，艱苦工作的獨立出版社

獨立出版社是應抗戰建國的需要而產生的一個出版機關。他在三年多來，雖然出版了四百三十餘種書，都二百二十四萬冊以上，今年又定下了三年出書計劃，然而工作的進行，實在不易。

他在二十八年秋季以前，只有一千八百二十多市斤的老五號鉛字，算是他唯一的排字設備，此外什麼都沒有。開創的是葉溯中氏，他是一個曾經

《独立出版社的苦斗》

之无愧。

事实上，因为出版界所需要具备的条件，大都不甚具备，遂使大功至今没有做足。这真是需要“继续努力以求贯澈”的一件大事。依我所见的独立出版社而论，便是个证据。

二、艰苦工作的独立出版社

独立出版社是应抗战建国的需要而产生的一个出版机关。他在三年多来，虽然出版了四百三十余种书，都二百二十四万册以上，今年又定下了三年出书计划，然而工作的进行，实在不易。

他在二十八年秋季以前，只有一千八百二十多市斤的老五号铅字，算是他唯一的排字设备，此外什么都没有。开创的是叶溯中氏，他是一个能经营出版事业的人。他在二十八年年底以前，出版了“综合丛书”及其他书刊一百五十余种，这丛书虽然集稿较易，大部份系剪集报志中文字而成，确极合当时需要，给青年指出了抗战建国的正路。经费每月一万元，合作的同事二十余位，每月生活费最多的一百五十元，最少的仅三四十元，他自己以苦干的精神，倡导同事奋斗。然而人的精神究竟有限，他终于因此病了。他既病，代他综理社务的童蒙圣氏，只得继续苦干，很不幸，竟因此牺牲了他的生命。

在二十九年的春天，叶病未愈，童死难起，社务落在毛起鹤秘书肩上了，他是一个小矮子，是一个研究统计学的人，代负出版社行政，也苦了他。

到了二十九年春夏之交，张九如氏就奉命接管社务，他是一个懂得宣传力量甚大而又明了出版工作困难的人，开始不敢尝试，为了种种问题，直到十月初才到社。当时与该社有文字因缘的胡秋原氏，曾写信给他，信中说："出版事业不易为，溯中干病了，蒙圣干死了，祝你成功。"一口道破了该社工作的艰辛。在他接办以前，物价工价虽已高涨，但每月经费仍是一万元，各位同事因为生活困难，去者日多，只得请求补助费每月两千元。在此增加的两千元内，先提高同事待遇。但最高的生活费，亦仅为一百九十元，最低者仍五六十元。现各同事虽可以絷之维之，以永今朝，然而排印的困难，终不易解除。

排印工价步步高涨，叙起来倒是出版界得失之林。市上每千字排价，在二十七年是二元左右，二十八年是三元至四元，二十九年是四元至五元，三十年上半年是四元五角至五元五角左右，下半年是十五元至二十元左右，现在是二十二元至三十五元左右。每令纸的价，在二十七年是四元左右，二十八年是六元左右，二十九年是八元至十四元左右，三十年上半年是十五元左右，下半年是二十元至三十元，现在是三十五元至四十元。该社排印工价，虽因接洽有方，较市价为低，但排价在二十七年是五角至七角，二十八年是二元至二元五六角，二十九年是三元至三元六七角，三十年是五元至七元上下，现在是九元左右。印价呢，该社在二十八年是三元五六角，二十九年是八元左右，三十年是十一元左右，现在是十六元左右。

在二十九年冬，该社因为订约排字商人，要求加价，并不断的要求，便另找门路，和一个新由綦江迁来的日报社订约，虽规定每千字排工五元，每月排足一百万字，每零纸印价十六元，每月印一百零纸，约期为三十年度全年，照他所有的铅字，每月并可排到二百多万字，照他所有的印刷机，每月并可印二百零纸以上，但太令人失望了，一因管理不善，二因空袭时来，三因工人时有更动，四因接排工价较高的外件，遂至每月所排字数，距一百万甚远，印则始终开不起工来，无论如何劝导，如何督促，终不见效。该社为救急计，只得将急要稿件，随时以八元至十元的排价，向市上印刷界□排。印则开始试用在二十八年购置而尚未配足零件的一部对印机。因为它是本地造的机器，铁质既差，齿轮亦不甚吻合，使用以后，毛病时出，不是销条断折，便是版口差池；不是胶棍在夏天不能用，便是空袭与停电，陷于停工，不是印刷的工人怠工，便是承印的老板要求加价，虽然辛勤交涉的结果，较市价所减甚多，可是精神的感召力，仍敌不住物质的引诱力，于是每月印刷一百零纸的规定，亦无法达到。

因为心有余而力不足，该社在三十年度仅能出版十六开本的书五万一千八百余册，三十二张本的书二十一万五千八百余册。以册数计，共计二十六万七千四百余册，以页数计，则为一千九百六十九万一千四百页以上，以字数计，则为六百五十二万三千字以上，以每月平均数计，月出书二万二千二百八十余册，月印纸七十九万一千六百六十六页。其在三十一年一月至四月，共出三十二开本书二十四种，八万零五百余册，三百六十四万六千五百页。十六开本六种，二万三千多册，一百二十三万四千页以上，字数则为二百四十九万四千七百多字。以每月平均数计，则三十二开本之书为六种，二万零一百二十五册，九十一万一千六百二十五页。十六开本之书为十五种，五千七百五十册，三十万八千五百页。

与排印有连带关系的各种工种，各种纸料，各色油墨，亦都价随时涨。如纸型价十六开本每页的工价在二十七年是一元二角，二十八年是二元，二十九年是三元，三十年是八元，现在是十六元。三十二开本的每页工价，在二十七年是六角，二十八年是一元，二十九年是一元五角，三十年是四元，现在是十元。如拼版工价，十六开本的每页在二十七年是三角，二十八年是六角，二十九年是一元二角，三十年是四元，现在是八元。三十二开本的，每页在二十七年是一角八分，二十八年是三角，二十九年是六角，三十年是二元，现在是四元。如装订工价，每万页在二十七年是一元，二十八年是三元，二十九年是五元，三十年上半年是七元，下半年是八元，现在是十五元至二十五元。如薄型纸，本是敌货，涨的更离奇了，每令价在二十七年是六十元至一百元，二十八年是一百二十元至二百元，二十九年是二百四十元至三百元，三十年上半年是四百元左右，下半年便一跃而为二千四百元，现在已涨到六千元，还是有价无货。如新闻纸每令价在二十七年是十元至十五元，二十八年是四十元，二十九年上半年是八十六元，下半年是一百五十元，三十年上半年是二百元，下半年是五百元，现在是一千四百元，亦是有价无货。本地出的龙章纸，每令价在三十年是一百六十元、一百九十元、二百一十元、三百二十元。三十一年开始，则为四百五十元、五百九十五元，现在已涨到八百六十元，亦是价高货稀。如嘉乐纸，每令价在二十七年是九元，二十八年是三十二元，二十九年是六十元，三十年是二百元至三百元，现在是七百元。如道林纸，七十磅价在二十七年是五十元，二十八年是一百五十元，二十九年二百七十元至三百二十二元，三十年每磅是六元至二十四元，现在每磅是四十五元。如经常所用的土报纸，每令价在二十七年是三元至五元，二十八年是十四元至十九元，二十九年上半年是十六元至二十六元，下半年是三十元至四十元，三十年上半年是四十五元至五十五元，下半年是九十五元至一百二十元，现在是一百二十五元至一百四十余元。如色油墨，红色的每磅价，在二十七年是三元，二十八年是六元，二十九年是十元，三十年是十八元至一百八十元，现在是三百三十元。黑色的每磅价，在二十七年是五角，二十八年是一元，二十九年是二元，三十年是三元，现在是十六元。

排印材料之价，像这样的飞涨，该社负责人便用尽方法，除净一切陋规。不论选购何物，总是秘密分派数人，在互不相知之下，查报货样市价，听候核购，并剔出层层的掮客，使他们无从上下其手。因此上，所购之物，总较便宜，可是亦因此上，掮客不上门，有时找不到买处，在这样奋斗之下，去年年底，居然购进了五百多令纸，用到现在，还存土报纸三百多令，别种纸亦不少，积存的各色油墨也很多。

因为得来不易，所以使用更谨慎。向来印刷工人，最难管理，各种纸张，一到印刷房工人手里，总不甚珍惜，你尽管规定放头，他依然不怯破烂，你尽管准他在剔出的破烂后实印实报，他依然把破烂纸夹入印出，你尽管时去监视，但一转眼他又把纸张当凳子坐，或把一张完整的纸当擦油手布用，你想出一个改良办法，他总会还你一个作弊手腕，或不负责任的行为。印刷界有两句话“塞不满的排字房，管不好的印刷所”，该社虽用尽方法想打消这两句口号，还没有完全做到。

在排印装订部份，还有一个联系上的困难。因为各种工作都是仰面求人。所求的又不只一个人，于是问题就来了。承包该社排字的商人是一家，印刷的又是一家，这两家都在社的左右，联系还比较容易。担任打纸型和浇板的又分为两家，都在李子坝，排字房排好几框字，须随时从香国寺过江到李子坝去通知打纸型的过江工作，时间上的计算稍一错误，或者打纸型的忙于别家生意，稍一延迟，便耽误了排字房的工作，使他仅有的铅字睡在本框里，不能腾出应市，同时贻误了印刷房装订房的工作，害得他无版可印，无印页可订。一个出版机关，不论规模大小，他的各部份工作，总是有很密切的联系性的，从约稿撰稿审稿付排付校付印付装订，必须步步紧接，才能着着速成，要是那一部份稍□脱节，必贻误了全部工作，减低了工作效率。该社因为排印设备极不完善，十之八九要出外求人，当然要饱尝各种苦味，亦当然只能结出一种苦果。

一个健全的出版机构，不但内部设备要健全，即外面运销也须有办法。该社因为所出各书，向归正中书局中国文化服务社两家代销，所以何种书最适切读者需要，不易知道。因为财力人力不足，所以不敢在各地自设销售机关。因为靠他人代销，所以发出去的书，尽管每种是四千三四百份，收账是照定价六折，但是过了三四个月，总不能清账。因为要适合读者的购买力，每种书价尽管定得特别低，比任何书店之价都低，低到全国慰劳总会认为少有，但一经代销者加上包装费运寄费种种费用之故，很容易照定价加到五十成，依然不能使读者买到便宜书。因书账不能在三四个月内收清，所以通常要垫三四个月的本钱，遂使经费愈加周转不灵。因为运销太难，所以又无法要求代销者按时付款。

谈到稿件，更是其难其慎。文稿是出版界的主要材料，缺此材料，纵有完善的排印设备，也印不出书来。该社不但排印设备等于零，即稿费也低微的很。在二十七八年间，因为时势需要，剪编报志中的现成材料，编印“综合丛书”所以不须付稿费，间或约集外稿。因为当时稿价与物价甚低，每千字三元，便很够拉稿了。到了二十八年以后，“综合丛书”的需要，早随时代过去，而三民主义化的社会科学书稿之需要，迎着时代到来。为了适应需要，除鼓励社中四五编书先生自己写作外，不得不约集外稿，可是因为经费有限之故，每千字稿费平均只在四五元左右，有若干书稿，还是凭情面拉来。到了三十年度重庆的稿费，一般者加到十五元至二十元，该社依然是五元至十元。依物质报酬看，是乎拉不到好稿子，可是从精神感召力看，所约来的外稿，其内容却不在任何出版界之下。定期刊物如《时代精神》月刊及初办时期的《文史杂志》，内容都在水平线上，读者早有定评，不必代为游扬。

纵观他出版的各种丛书，如“抗战建国史丛书”“统一丛书”“各国建国史丛书”“二十年来各国兴衰史丛书”“抗战建国小丛书”“各国哲学名著译丛”《近代哲学史丛刊》“民族复兴丛书”“公民知识小丛书”“国民经济研究丛书”“战时国际小丛书”“新民族小丛书”“新政丛书”“行政效率丛书”“抗战文艺丛书”“抗战文学丛刊”“抗战戏剧丛书”“戏剧理论丛书”“中国诗艺丛书”“戏剧史丛书”《民族诗坛丛刊》，以及不用该社名称出版的特种书刊，都以青年读者为对象，其程度都适合高中生大学生小学教师阅读参考之用。各丛书中最足称道的，有《二十年来各国兴衰史》八种，有斯本格拉所著《马克斯主义在欧洲》译本，有施享利所著《历史唯物论》译本，有《菲希德生平及其哲学》译本，有《民族反省与努力》，有《德国三大哲学家处国难时之态度》《近代唯心论》《科学之新趋势》《辩证法论》等。而全部八十万言的《总理遗教与抗战建国》一书，不但定价仅七元，其内容并承蒙蒋委员长嘉奖，并通令全国购阅。特别是章士钊先生承蒋委员长之命撰著的《逻辑旨要》一书，都二十万言，由该社负责人张九如氏本道义气谊之交，不费分文稿酬，请得印行，实为抗战中全国最有价值的一部书，为指导学者思想规则最有力的一部书，正在以四号字加工精印，不日可以出版。

在三十年度，约编外稿共十一种，收到外稿共七十六种，自编者共十种，继续审查之稿共九十种，合计为一百八十七种。审查结果，审定者为三十七种，在野者一百二十种，退还或修正者一百多种，暂存者十七种。

该社审稿，十分仔细，每稿必经三审以后，始决定去取。最后一审则由张九如氏躬亲担任。据言，社会科学书稿，最难审查，须看他思想是否正确，所言是否不背抗战建国的最高准绳，又是否合乎社中所定的程度，特别是引用国父遗教的稿子，更须细审，稍一不慎便有曲解误解之处，被其瞒过。照过去经验所示，竟间有杜撰遗教自去引用的稿子到来。这虽非作者有意捏造，或系误于记忆不清，信笔写上一段“想当然耳”的论调，如苏轼之所为。然若任其存在，那真贻误不小。

该社编审四人，编辑一人，校对六人。服务规约，甚为严格，编审编辑每月须自写稿二万五千字，如审稿过多，得酌量减少，在规定所写的字数以外，尤为过剩，得酌致稿费，照外稿八折致酬。校对也忙得很。因排字工人技术高明的往往被外间拉去，技术差的排出之稿，往往须校对到三四次以上，有时竟要校到五次，还不免有脱误的印入。校对开夜工，真是常事。来稿的整理，亦很麻烦，大概因为战时关系，来稿誊写潦草不易辨认者甚多，作者既不愿自去改正，排者又无辨认能力，只得由编审编辑代劳。特别是关于思想方面，作家恒不愿自改，割爱又太可惜弃瑕余印的责任，又只得代劳了。更因为稿酬太低，约稿的困难，更使负责人寝食俱废。讲交情，靠面子，书笺往还，跋涉叩求，殆无所不用其极。遂使作家认替该社写稿，是一个苦差事，可是又却不过情面。

在今年开始，该社又定了个分量质量都很重的三年编辑计划。一是“建国丛书”，计分二辑，各十五册，每册约十万言。二是“新社会科学丛书”，计十七册，每册约七万言至十万言。三是“总理总裁思想丛书”，计五册，每册约五万言。四是“国家总动员丛书”，计八册，每册约五万言。五是“文学理论丛书”，计十五种，每种约十万言。六是“各国哲学名著译丛书”，暂定为十五册。七是“近代哲学史丛刊”，计十五册，每册约十万言。八是“主义辨微”，计五册，每册约十万言。九是“战后世界建设丛书”，计五册，每册约十万言。十是二次世界之战各国战事检讨丛书，暂定二十五册，每册约八万言至十万言。十一是新文艺建设丛书，暂定五类，每种约八万言。有的已出版，有的正约编，出版的约占百分之十。

该社经费，在三十年五月前是一万二千元，到是年十一月，请到增加职员生活费三千余元，于是最高的待遇，每月有三百八十元，可是最低的还只是六七十元，支最高费的不过七人。平价米及眷属津贴，各机关有的也都有。支薪少的同事，因为生活不易，常存去志，即又想出维系之法。张九如氏把他写稿之费，移作奖励努力者及生活特别困难之用。数虽有限，发的次数亦不多，大家因为来处不易之故，也就情意难却，不好轻易言去。综计全社二十三人，分为编审业务总务三组，各组中人，正在为了抗战建国埋头去干着，一向不愿自己宣传，连出书广告也不大登，故至今外间还不甚明了该社的内容与成绩。

三、一个总评和一些建识

文化工作本是苦事，独立出版社的苦干，分所应为，但到他苦干不来时，总须予以相当的动力才是，听说该社存纸虽尚够三个多月之用，未收回书款尚有八万多，可是因为排字价要涨到将近一倍，要由现在的每千字九元涨到十五元左右，其他工程费亦要求高涨，遂使每月的经常费，只够付排字费。尤其是发行问题发生了困难，正中书局尚待熟□续约，文化服务社亦只包销一千份，文化驿站管理处虽允转销一千份，可是还没订约，其余零销的不到五百份，销数既少，成本自然加大，此不但妨碍读者，并阻碍了社务的进行。负责人想不出办法，已表示不能再干。他未尝不可请求补助经费，但他有一个信条，不到自力完全用尽时，决不向公家请求援助，以为这是无能者的办法。

如果在公家援助之下去干，任何人都优为之，便表示不出奋斗苦干的精神来。

宣传工作正在重要时代，出版事业正须各尽其力。渝市各出版界各印刷业设备完善的不少，公营的出版机关未能充分发挥其生产能力的亦多，只要能为之调整，使大家有无相通，通力合作，那么该社不必自己添购印刷设备，不必增加一文经费，亦可向着所定的三年编辑计划迈进。该社负责人张九如氏在一年来曾不断催促成立中央出版事业管理委员会，以为调整此一工作的最高机关，今既成立，当然不只是独立出版社一个机关之幸。至于各书店都减低书价，各运输机关都公运书刊，同此平抑纸张油墨价排工印工，亦是需要急办的事。

独立出版社这种困难这样苦干的出版机关，当然不少，我这个举例，这些建议，只是借此发端而已。

（本文刊登于《现实评论》1942年第1卷第9期）